Testaufgaben.
Das Übungsprogramm

Hesse/Schrader

Testaufgaben.
Das Übungsprogramm

Banken, Versicherungen, Industrie,
Verwaltung, Öffentlicher Dienst, Pilotentest

Eichborn.

Die Autoren

Jürgen Hesse, Jahrgang 1951, Diplompsychologe im Büro für Berufsstrategie, Geschäftsführer der Telefonseelsorge Berlin.
Hans Christian Schrader, Jahrgang 1952, Diplompsychologe am Krankenhaus »Am Urban« (Abt. Psychotherapie/Psychosomatik) in Berlin.

Diverse gemeinsame Veröffentlichungen, u.a.: *Das Hesse/Schrader Bewerbungshandbuch; Die perfekte Bewerbungsmappe; Arbeitszeugnisse; Die überzeugende schriftliche Bewerbung; Das erfolgreiche Vorstellungsgespräch; Erfolgreiche Bewerbung und Stellensuche im Internet; Mehr Geld durch erfolgreiche Gehaltsverhandlungen; Networking als Bewerbungs- und Karrierestrategie; Testtraining 2000 plus* (alle im Eichborn Verlag).

Anschrift der Autoren
Hesse/Schrader
Büro für Berufsstrategie
Oranienburger Straße 4-5
10178 Berlin
Tel. 0 30 / 8 51 92 06
Fax. 0 30 / 8 51 92 61
www.berufsstrategie.de

Die Deutsche Bibliothek – CIP-Einheitsaufnahme

Hesse, Jürgen:
Testaufgaben: das Übungsprogramm : Banken, Versicherungen, Büro, Verwaltung, Öffentlicher Dienst, Pilotentest / Jürgen Hesse ; Hans Christian Schrader. – Frankfurt : Eichborn, 2001
ISBN 3-8218-3801-9

Umschlaggestaltung: Christina Hucke
Lektorat: Petra Begemann
Gesamtherstellung: Fuldaer Verlagsagentur, Fulda
ISBN 3-8218-3801-9

Verlagsverzeichnis schickt gern:
Eichborn Verlag, Kaiserstraße 66, D-60329 Frankfurt am Main
www.eichborn.de

Inhalt

Willkommen!

Einstellungs- und Auswahltests sind der absolute Horror einer jeden Bewerbungs- und Aufstiegssituation. Sie verlieren jedoch ihren Schrecken, wenn man weiß, was auf einen zukommt, was verlangt wird und worum es wirklich geht.

Mit diesem Buch möchten wir Ihnen einen Überblick über die gängigen Testverfahren geben und Ihnen die Gelegenheit bieten, anhand von zahlreichen Beispielen Testaufgaben zu üben. Denn: Übung macht den Meister! Sie werden danach viel souveräner in eine Testsituation hineingehen und wesentlich besser abschneiden.

Zur Einstimmung:
Wer war Konrad Lorenz?
Erdbebenforscher, Pädagoge, Verhaltensforscher oder Kabarettist?

In welches Meer mündet die Wolga?
Ins Schwarze Meer, Kaspische Meer, Ägäische Meer oder ins Rote Meer?

Wann erfolgte die Proklamation der Menschen- und Bürgerrechte in Frankreich?
1776, 1789, 1813 oder 1850?

Nun zwei andere Aufgaben:
Vorgestern war fünf Tage vor Sonntag. Welchen Tag haben wir heute?

Es gelten folgende Behauptungen: Alle Katzen können fliegen. Alle Reißzwecken sind Katzen.
Ist dann die folgende Aussage richtig oder falsch:
»Also können alle Reißzwecken fliegen«?

Oder ist statt Logik die Rechtschreibung Ihre Stärke?
Welche Schreibweise ist richtig?
a) Hämorhoiden b) Hämohrriden c) Hämorrhoiden d) Hämorriden e) Haemorrieden
Kennen Sie sich mit der neuen Rechtschreibung aus, und können Sie benennen, wie folgender Satz nach der Rechtschreibreform geschrieben wird?
Der Koch wußte/wusste, wie er die wäßrige/wässrige Soße/Sosse noch retten konnte.

Vielleicht liegen Ihre Vorzüge eher im mathematischen Denken. Lösen Sie folgende Textaufgabe:
Ein Draht von 90 m Länge ist so zu zerschneiden, daß das eine Stück 2/3 der Länge des anderen beträgt. Wie lang ist das kürzere Stück Draht?

Oder setzen Sie die Zahlenreihe fort:
*7 10 13 17 21 26 31 ?**
Aber bitte: Keine Angst und nicht verzweifeln – in und mit diesem Buch lernen Sie dies jetzt alles!

Sicher haben Sie einen starken Charakter und werden mit Persönlichkeitstestfragen wie diesen spielend fertig (Zutreffendes bitte ankreuzen):
»Ich frage mich, ob ich in meinem Leben wirklich immer alles richtig gemacht habe.«
stimmt – teils/teils – stimmt nicht

Die Antwort darf nicht im Widerspruch stehen zu:
Ich würde mein Leben, wenn ich es noch einmal zu leben hätte:
- *mir genauso wünschen*
- *ganz anders planen*
- *weiß nicht*

Auch solche Fragen aus Persönlichkeitstests lernen Sie zu durchschauen.
Außerdem: Wie Profis in Personalberatungsfirmen mit Bewerbern umgehen und was Sie über Assessment-Center-Tests wissen sollten, finden Sie in diesem Buch ebenso wie Testaufgaben für Büro- oder Verwaltungsarbeitsplätze und den Öffentlichen Dienst. Aber auch bei Tests in den Bewerbungsbereichen Banken, Versicherungen und Wirtschaft ermöglichen wir Ihnen hier einen »Tag der offenen Tür«.
Last but not least: Wer Pilot/in werden will, weiß jetzt, welche Testaufgaben auf sie/ihn zukommen.
Nicht zu vergessen: Beteiligen Sie sich an der Verleihung des EISERNEN TESTHAMMERS!

*** Lösungen**
Konrad Lorenz: Verhaltensforscher / Wolga mündet ins Kaspische Meer / Proklamation: 1789 / heute: Donnerstag / Aussage stimmt / c) Hämorrhoiden – seien Sie froh, wenn Sie nicht wissen, was das ist! / Der Koch wusste, wie er die wässrige Soße noch retten konnte. / kürzeres Stück Draht: 36 m / 37: System = +3+3 +4+4 +5+5 +6...

Bearbeitungshilfen und worauf es noch ankommt

Wenn Ihnen nach den Beispielen in der Einleitung die Haare zu Berge stehen bei der Vorstellung, daß Sie es mit solchen Testverfahren zu tun bekommen, ist das verständlich. Sie werden sicherlich Schwierigkeiten haben, falls Sie zum ersten Mal mit solchen Tests konfrontiert sind. Trotzdem ist das kein Grund zum Verzweifeln. Machen Sie sich klar, daß Sie nicht allein dastehen und daß Sie diese Testaufgaben mit Hilfe dieses Buches üben können.

Vor allem kommt es auf die richtige Vorbereitung an. Hierbei geht es um organisatorische Dinge und besonders um Ihre emotionale und intellektuelle Einstellung zu den Tests. Folgende Aspekte sollten Sie beachten; sie können Ihnen eine Hilfe sein:

- Nutzen Sie die Zeit der Aufgabenerklärung zu Beginn der Tests: Verdeutlichen Sie sich das Aufgaben- und Lösungsschema. Versuchen Sie sich an ähnliche, bereits gelöste Aufgaben aus Testtrainingsbüchern zu erinnern. Fragen Sie den Testleiter bei Unklarheiten, solange dazu Gelegenheit besteht.
- Arbeiten Sie so schnell wie möglich, mit einem sinnvollen Maß an Sorgfalt.
- Beißen Sie sich nicht an schwierigen Aufgaben fest. Sie verlieren sonst wertvolle Bearbeitungszeit für andere, vielleicht viel leichtere Aufgaben. In der Regel sind Testaufgaben mit steigendem Schwierigkeitsgrad angeordnet.
- Sind verschiedene Antwortmöglichkeiten vorgegeben, wenden Sie bei Zweifeln bezüglich der richtigen Lösung die folgenden Strategien an:
  - Versuchen Sie, falsche Lösungen zu eliminieren, um so die richtige »einzukreisen« (Ausschlußstrategie). Es ist leichter, z.B. unter zwei verbleibenden Möglichkeiten auszuwählen als unter mehreren.
  - Raten Sie notfalls lieber eine Lösung, anstatt gar nichts anzukreuzen.
- Nehmen Sie nur an einem Test teil, wenn Sie sich absolut gesund fühlen und gut ausgeschlafen sind. Vermeiden Sie zusätzliche Belastungen neben dem Teststreß – auch wenn dies manchmal leichter gesagt als getan ist. Sollten Sie mal nicht so fit sein, versuchen Sie lieber, einen neuen Testtermin zu vereinbaren. Mit einer guten Begründung kann man dies in der Regel leicht erreichen.
- Machen Sie sich mit der Prüfungssituation »Test« bereits im Vorfeld gut vertraut. Gehen Sie die Angelegenheit möglichst gelassen an. Das bedeutet einerseits die Bereitschaft, wirklich etwas dafür zu tun, damit es klappt. Andererseits darf man seine Enttäuschung nicht zu groß werden lassen, wenn es nicht auf Anhieb gelingt, den angestrebten Arbeitsplatz zu bekommen.
- Ganz wichtig ist das Sammeln von Informationen über Tests und Bewerbungsverfahren bei für Sie in Frage kommenden Arbeitgebern. Warum bewerben Sie sich zum Beispiel nicht einfach mal bei einem Unternehmen, bei dem Sie nicht unbedingt die Ausbildung machen möchten oder eine Stelle einnehmen möchten – nur unter dem Aspekt, Test-(und Bewerbungs-)Erfahrung zu sammeln? Außerdem hat das Zusammentreffen mit anderen Bewerbern echte Vorteile. Man trifft Leidensgenossen und hat Zeit zum ausführlichen Erfahrungsaustausch.
- Machen Sie Ihr Selbstwertgefühl nicht von Testergebnissen abhängig. Von wissenschaftlicher Seite wird der Ableitbarkeit des Berufserfolgs vom Testerfolg sogar

entschieden widersprochen. Das Testresultat ist kein Gottesurteil und sagt absolut nichts über Ihre Intelligenz, Ihre wirkliche Leistungs- und Konzentrationsfähigkeit und schon gar nichts über Ihren Wert als Mensch und Ihre angebliche (Nicht-)Eignung für eine bestimmte Position aus.

- Bauen Sie Ihre Test-, Autoritäts- und Wissenschaftsgläubigkeit ab und versichern Sie sich der unterstützenden Solidarität wichtiger Personen Ihrer Umgebung. Und zeigen Sie doch einfach mal Besserwissern und Meckerern ein paar Testaufgaben mit der Aufforderung, diese doch selbst einmal zu lösen.

Zur Einschätzung Ihrer Ergebnisse

Ganz wichtig zu wissen: In den meisten Fällen werden Sie – hier im Buch wie in der realen Testsituation – die große Menge der Ihnen vorgelegten Testaufgaben in der Kürze der vorgegebenen Zeit nicht erfolgreich bearbeiten können. Das ist auch in der Testrealität so beabsichtigt, d.h., man will Sie als Kandidaten zusätzlich unter Streß setzen, wenn Sie erleben müssen, wie wenig Sie eigentlich schaffen. Hinzu kommt, daß die Aufgaben in der Regel im Schwierigkeitsgrad ansteigen, so daß Sie immer langsamer vorankommen.

Für Ihre persönliche Auswertung berücksichtigen Sie bitte, daß 50% richtig gelöster Aufgaben (in der Gesamtmenge *eines* Testaufgabentyps) schon recht befriedigend sind. 100% sind im Grunde genommen nie zu erreichen, und wenn Sie um die 60 bis 70% liegen, können Sie wirklich mit Ihrer Leistung zufrieden sein.

Übrigens: Wer alles bzw. fast alles richtig löst, kann trotzdem nicht sicher sein, daß er sein angestrebtes Ziel erreicht, denn oftmals sind Testern und Personalchefs zu gute Kandidaten im höchsten Maße suspekt.

Unser Anliegen ist es vor allem, daß Sie sich mit den verschiedenen Testaufgabentypen vertraut machen und somit besser wissen, was bei einer testgesteuerten Personalauslese auf Sie zukommen kann. Wir wissen aus unserer 15jährigen Praxis, daß der Lern- und Trainingseffekt enorm groß ist. Entstehende Ähnlichkeiten zwischen den Tests hier und denen in der realen Prüfungssituation sind nicht zufällig.

Noch eine wichtige Empfehlung

Stecken Sie nicht gleich den Kopf in den Sand, wenn die erste Bewerbungs-Testsituation nicht so gut gelaufen ist, wie Sie es sich vorgestellt haben. Wir möchten noch einmal betonen: Machen Sie nur nicht Ihr Selbstbewußtsein vom Testergebnis abhängig. Sie können trotzdem zu den Gewinnern zählen, wenn Sie aus Ihren Erfahrungen lernen und sich weiterhin bewerben. Denken Sie an Lottospieler, die auch nicht gleich aufgeben, wenn sie am Wochenende keine sechs Richtigen haben. Auch wenn es hart ist – das oberste Bewerbungsgebot lautet: Dranbleiben und Durchhalten, bis es endlich klappt. Wir wünschen Ihnen auf jeden Fall viel Glück und gutes Gelingen!

Und vergessen Sie nie:

Wir sind nicht auf der Welt, um so zu sein, wie andere uns haben wollen.

Teil 1

Hier stellen wir Ihnen immer wieder eingesetzte Testaufgaben aus folgenden großen Bereichen vor:

- **Allgemeinwissen**
- **Intelligenz**
- **Rechnen**
- **Logisches Denken/Abstraktionsvermögen**
- **Rechtschreibung (vor und nach der Rechtschreibreform)**
- **Leistungs- und Konzentrationsvermögen**
- **Assessment-Center**
- **Persönlichkeit**
- **Technisches Verständnis**

Eine ausreichende Anzahl von Übungsaufgaben, die knallhart an der Testrealität orientiert sind, ermöglicht Ihnen eine konkrete Vorbereitung und Einübung.

Zu wissen, was auf einen zukommen kann, und zu sehen, daß eine Test-Vorbereitung möglich ist, hilft, eine unangenehme Streß- und Prüfungssituation besser zu überstehen.

Wissen Sie – um wieder ein reales Test-Beispiel zu nennen , *welches Wort dem Begriff Traktat in der Bedeutung am ähnlichsten ist?*
a) Vortrag, b) Quälerei, c) Abhandlung oder d) landwirtschaftliche Maschine?

Lösung: siehe Lösungsteil S. 202, Intelligenz-Testaufgaben, 1. Wortbedeutungen, Aufgabe 17

Noch ein Beispiel:
»Diät« verhält sich zu »Gewicht« wie »Medikament« zu:
a) Arzt, b) Rezept, c) Gesundung oder d) Schmerz?

Lösung: siehe Lösungsteil S. 202, Intelligenz-Testaufgaben, 3. Wortanalogien, Aufgabe 26

Nach diesem Vorgeschmack geht es nun endlich los!

Allgemeinwissens-Testaufgaben

Wir haben es schon immer gewußt: Wir Deutschen lieben Quizshows. Ganz ähnlich geht es bei vielen Allgemeinwissens-Tests zu. Was unter dem sogenannten Allgemeinwissen zu verstehen ist, bestimmen die Arbeitsplatzvergeber. Aber auch Psychologen neigen dazu, in ihren Testfragensammlungen willkürlich festzulegen, was man ihrer Meinung nach wissen sollte.

Meistens geht es um folgende Sachgebiete: Staat, Politik, Geschichte, Geographie, Wirtschaft, berühmte Persönlichkeiten, Schöngeistiges (Kunst/Literatur/Musik), manchmal auch Sport und Technik, weniger Biologie, Physik und Chemie.

Von Minisammlungen (etwa 10 Fragen) am Anfang einer Testbatterie bis zu 200 Fragen (10 Gebiete à 20 Fragen) reicht die Palette. Oftmals werden die Fragensammlungen durch berufsspezifische Wissensfragen erweitert.

Man kann sich viele Allgemeinwissensfragen ausdenken – unsere Beispiele jedoch stammen aus Originaltests der täglichen Testpraxis, geordnet nach Sachgebieten, unter Berücksichtigung von Wichtigkeit und Häufigkeit.

Wir präsentieren Ihnen eine Aufgabensammlung aus den folgenden 13 Allgemeinwissensgebieten:

1. Staat und Politik
2. Geschichte
3. Bedeutende Persönlichkeiten
4. Wirtschaft
5. Geographie
6. Literatur
7. Kunst
8. Musik
9. Sport
10. Technik
11. Biologie
12. Physik
13. Chemie

Auch wenn die folgenden Aufgaben abenteuerlich anmuten und sich die Frage aufdrängt, was das alles mit der Qualifikation für bestimmte Berufe zu tun hat – es ist lohnend, sich das folgende »Bildungsgut« anzueignen.

Versuchen Sie, die 13 Aufgabengebiete mit 181 Aufgaben in 45 Minuten durchzuarbeiten.

1. Staat und Politik

1. Von wem werden in der BR Deutschland Gesetze verabschiedet?
   a) vom Bundespräsidenten
   b) vom Bundestag
   c) vom Bundesrat
   d) vom Bundeskanzler

2. Wie lange dauert im Normalfall eine Legislaturperiode in der BR Deutschland?
   a) 3 Jahre
   b) 4 Jahre
   c) 5 Jahre
   d) 7 Jahre

3. Von wem wird der Bundespräsident der BR Deutschland gewählt?
   a) vom Bundestag
   b) vom Bundesrat
   c) von der Bundesversammlung
   d) direkt vom Volk

4. Die Staatsform der BR Deutschland nennt man ...
   a) bundesstaatliche Präsidialdemokratie
   b) Volksdemokratie
   c) föderale Präsidialrepublik
   d) demokratisch-parlamentarischen Bundesstaat

5. Wer diskutiert und verabschiedet den Haushalt in der BR Deutschland?
   a) der Bundestag
   b) das Finanzministerium
   c) der Bundesrat
   d) das Bundeskabinett

6. Wie war die Abkürzung der Vorläuferorganisation der EU?
   a) ETA
   b) EFTA
   c) EG
   d) COMECON

7. Wann trat das Grundgesetz der BR Deutschland in Kraft?
   a) Mai 1949
   b) Mai 1945
   c) Mai 1948
   d) Mai 1955

8. Wofür steht die Abkürzung KSZE?
   a) Kommunistisch-Sozialistisches Zentralorgan/Einheitspresse

b) Kinderschutzzentrum in Europa
c) Konferenz für Sicherheit und Zusammenarbeit in Europa
d) Kommission zur Sicherstellung von Zielen der Ethik

9. Wie lautet die Bezeichnung für das Parlament der USA?
a) Senat
b) Kongreß
c) Oberhaus
d) Duma

10. Welcher Staat ist eine parlamentarische Monarchie?
a) Irland
b) Spanien
c) Estland
d) Tschechien

11. Welches Bundesministerium wurde Ende 1997 ersatzlos aufgelöst?
a) Auswärtiges Amt
b) Bundesministerium für Gesundheit
c) Bundesministerium für Post und Telekommunikation
d) Bundesministerium für Verkehr

12. Was sind die Aufgaben des Bundesrats?
a) Verabschiedung des Haushaltes
b) Wahl der Bundesminister
c) Vertretungsgremium Deutschlands bei der UNO
d) Mitwirkung der Länder bei Gesetzgebung und Verwaltung des Bundes

13. Wozu ist man als Staatsangehöriger der BR Deutschland nicht verpflichtet?
a) zu wählen
b) zum Schulbesuch
c) sich beim Einwohneramt registrieren zu lassen
d) ein Schöffenamt wahrzunehmen

14. Was bedeutet CIA?
a) Center for International Affairs
b) Central Intelligence Agency
c) Capability to International Access
d) Chicago International Airport

15. Was besagt der Artikel 1 (1) des Grundgesetzes der BR Deutschland?
a) Das deutsche Gemeinwesen ist höchstes zu schützendes Gut. Dafür einzutreten ist oberste Pflicht aller Deutschen.
b) Das Deutsche Volk verpflichtet sich stets zum Frieden in der Welt.
c) Die Bundesrepublik Deutschland ist ein demokratischer Staat.
d) Die Würde des Menschen ist unantastbar. Sie zu achten und zu schützen ist Verpflichtung aller staatlichen Gewalt.

16. Was ist die UNESCO?
    a) UN-Organisation für Erziehung, Wissenschaft und Kultur
    b) UN-Organisation für industrielle Entwicklung
    c) Weltpostverein
    d) UN-Organisation zum Artenschutz

17. Ein verfassungsmäßig zustande gekommenes Volksbegehren nennt man ...
    a) Quotation
    b) Referendum
    c) Konsortium
    d) Konvention

18. Was sind Schöffen?
    a) juristische Berater bei der Gesetzgebung
    b) Mitarbeiter im Justizministerium
    c) ehrenamtliche Laienrichter
    d) Vorsitzende in Kommunalparlamenten

19. Nach der Verabschiedung durch den Bundestag muß ein Gesetz ausgefertigt werden, um in Kraft treten zu können. Wer ist dafür zuständig?
    a) der Justizminister
    b) der Vorsitzende des Bundesverfassungsgerichtes
    c) der Bundeskanzler
    d) der Bundespräsident

20. Wo befindet sich der Sitz der Deutschen Bundesbank?
    a) Stuttgart
    b) Dresden
    c) Frankfurt am Main
    d) Düsseldorf

21. Was versteht man unter einer politischen Lobby?
    a) Interessensgruppe zur Beeinflussung von Abgeordneten
    b) ein parteipolitisches Organ
    c) das höchste Gremium einer Partei
    d) die turnusmäßige Zusammenkunft der Fraktionsvorsitzenden

22. Was bedeutet Föderalismus?
    a) zentrale Regierungsgewalt
    b) staatliche Eingriffe in einzelne Wirtschaftssektoren
    c) Zusammenfassung einzelner Staaten in einem Bundesstaat
    d) Wirtschaftsbündnis souveräner Staaten

23. Was versteht man unter dem passiven Wahlrecht?
    a) die Möglichkeit der Briefwahl
    b) die Möglichkeit, selbst gewählt zu werden
    c) die Möglichkeit, im Ausland wählen zu können
    d) die Wahlausübung durch einen Vormund

24. Wer hat in den USA die höchste Gerichtsbarkeit inne?
   a) der Präsident
   b) der Kongreß
   c) der Supreme Court
   d) das Pentagon

25. Wie lange beträgt die Amtszeit des Bundespräsidenten?
   a) 6 Jahre
   b) 2 Jahre
   c) 4 Jahre
   d) 5 Jahre

26. Wofür steht die Bezeichnung »House of Lords«?
   a) gesamtbritisches Parlament
   b) englisches Oberhaus
   c) Sitz des Premierministers
   d) gemeinsames Gremium von Krone und Regierung

27. Wo befindet sich der Sitz des Internationalen Gerichtshofes?
   a) Den Haag
   b) New York
   c) Wien
   d) Rom

28. Was versteht man unter Imperialismus?
   a) Globalisierung der Weltwirtschaft unter der Führung von einzelnen internationalen Konzernen
   b) Militäraktion eines Staates gegen einen zweiten
   c) Bestrebung eines Staates, seinen Machtbereich auszudehnen, ohne dabei auf die Belange anderer Staaten Rücksicht zu nehmen
   d) Einschränkung der Grundrechte in einem Staat

29. Was bedeutet bilateral?
   a) vom Vatikan beschlossen
   b) wirtschaftliche Neutralität
   c) wechselseitige Beziehungen zweier Staaten zueinander
   d) Zahlungsunfähigkeit eines Staates

30. Wie nennt man den Grundsatz der Nichteinmischung in fremde Angelegenheiten?
   a) Pazifismus
   b) Pluralismus
   c) Neutralismus
   d) Generalismus

31. Hat man in der BR Deutschland durch den Besitz von Eigentum auch soziale Pflichten?
   a) nein, diese sind durch das Zahlen von Steuern beglichen
   b) ja, denn Artikel 14 (2) des Grundgesetzes besagt, daß Eigentum verpflichtet. Sein Gebrauch soll zugleich dem Wohle der Allgemeinheit dienen.

c) ja, ab einer gewissen Größe wird der Staat Teilhaber des Eigentums
d) nein, dies würde dem Gedanken der freien Entfaltung widersprechen

32. Wer sind die Tories?
a) Angehörige des spanischen Parlamentes
b) Mitglieder der britischen konservativen Partei
c) UN-Kontrolleure in Krisengebieten
d) volkstümliche Bezeichnung für die Regierung der USA

33. Welches Recht gilt als Grundrecht?
a) Arbeitsrecht
b) Mietrecht
c) Bürger- und Menschenrecht
d) Eherecht

34. Welches Bundesorgan setzt sich ausschließlich aus Vertretern der Länderregierungen zusammen?
a) der Bundestag
b) die Bundesversammlung
c) der Bundesrat
d) die Bundesregierung

35. Wie lautet die Inschrift über dem Portal des Reichstagsgebäudes in Berlin?
a) Die Diener des Volkes
b) Einigkeit und Recht und Freiheit
c) Dem Deutschen Volke
d) Auferstanden aus Ruinen

2. Geschichte

1. Wer war der erste Bundeskanzler der BR Deutschland?
a) Theodor Heuss
b) Gustav Stresemann
c) Otto Grotewohl
d) Konrad Adenauer

2. Was waren die »Konföderierten Staaten von Amerika«?
a) Bund der 11 von den USA abgefallenen Südstaaten
b) lockerer Zusammenschluß der USA, Kanadas und Mexikos im 19. Jh.
c) Staatenbund der lateinamerikanischen Staaten 1918-1931
d) ursprüngliche Bezeichnung Kanadas nach der Unabhängigkeitserklärung

3. Wann endete in Europa der 2. Weltkrieg?
a) Dezember 1945
b) August 1945
c) Mai 1945
d) Januar 1946

4. In welchem Jahrhundert fand die Reformation statt?
   a) im 18. Jahrhundert
   b) im 16. Jahrhundert
   c) im 14. Jahrhundert
   d) im 15. Jahrhundert

5. Welche deutschen Politiker wurden 1919 nach dem Spartakusaufstand ermordet?
   a) Käthe Niederkirchner und Friedrich Meineke
   b) Ernst Bebel und Clara Zetkin
   c) Franz Mehring und Ernst Thälmann
   d) Rosa Luxemburg und Karl Liebknecht

6. Wofür steht die Bezeichnung »Märzrevolution«?
   a) für die mexikanische Revolution, die 1910 ausbrach
   b) für eine bürgerliche Revolution in Österreich 1918, durch welche die Monarchie beseitigt wurde
   c) für revolutionäre Vorgänge in deutschen Staaten und in Österreich zur Durchsetzung bürgerlicher Grundrechte und Bauernbefreiung 1848
   d) für die erste Phase der französischen Revolution 1789

7. Wer war der Initiator zur Gründung des Deutschen Reiches 1871?
   a) Bernhard Heinrich Martin Fürst von Bülow
   b) Paul von Hindenburg
   c) Otto Fürst von Bismarck
   d) Gustav Stresemann

8. Was war »der lange Marsch«?
   a) Migration der Westgoten von Italien zur iberischen Halbinsel während der Völkerwanderung im 4. und 5. Jh.
   b) Auszug der Israeliten aus Ägypten um 1200 v. Chr.
   c) Zug der chinesischen Roten Armee unter Mao Zedong nach Schensi 1934/35
   d) Deportation der Indianer in den USA in Reservate Ende des 19. Jh.

9. Von wem ist der Satz überliefert, Politik sei die Kunst des Möglichen?
   a) Otto Fürst von Bismarck
   b) Harry S. Truman
   c) Konrad Adenauer
   d) Winston Churchill

10. Welcher Präsident der USA mußte 1974 wegen der Watergate-Affäre zurücktreten?
   a) Gerald Ford
   b) Lyndon B. Johnson
   c) Richard Nixon
   d) Jimmy Carter

11. Wer leitete den gescheiterten Attentatsversuch gegen Hitler am 20. Juli 1944?
   a) Claus Graf Schenk von Stauffenberg
   b) Carl Friedrich Goerdeler

c) die Geschwister Sophie und Hans Scholl
d) Philipp Scheidemann

12. Was war der »Prager Frühling«?
a) der Vertrag zur friedlichen Auflösung der Tschechoslowakei am 1.1.1993
b) Bezeichnung für den Versuch Alexander Dubčeks 1968, in der damaligen ČSSR einen »menschlichen Sozialismus« aufzubauen
c) die Gründung der Tschechoslowakei im Oktober 1918
d) die Ereignisse zu Beginn des Böhmischen Aufstandes 1618

13. Wann und wo wurde Karl der Große zum Kaiser gekrönt?
a) 814 in Aachen
b) 796 in Konstantinopel
c) 800 in Rom
d) 802 in Ravenna

14. Wann erfolgte die Proklamation der Menschen- und Bürgerrechte in Frankreich?
a) 1776
b) 1789
c) 1813
d) 1850

15. Welcher Nationalität war Christopher Kolumbus?
a) Portugiese
b) Italiener (Genuese)
c) Spanier (Katalane)
d) Franzose (Montegasse)

16. Wofür steht die Bezeichnung »Killing Fields«?
a) für die Minenfelder, die nach dem Bürgerkrieg in Angola zurückblieben
b) für den Ort am Wounded Knee Creek, an dem 1890 mehr als 400 Sioux-Indianer einem Massaker der US-Armee zum Opfer fielen
c) für die Massengräber in Kambodscha, wo während der Schreckensherrschaft Pol Pots 1975-77 ca. 1 Million Menschen durch Hunger und Exekutionen ums Leben kamen
d) für die englische Bezeichnung der ehemaligen innerdeutschen Grenzanlagen

17. Von wann bis wann existierte die DDR?
a) 1945-1989
b) 1950-1990
c) 1948-1989
d) 1949-1990

18. Wann endete der Vietnamkrieg?
a) April 1975
b) Februar 1974
c) September 1978
d) Dezember 1977

19. Was war der Auslöser für den Kriegseintritt der USA gegen Japan im 2. Weltkrieg?
    a) die japanische Invasion in China 1940/41
    b) die Besetzung Hongkongs durch die japanische Armee am 25. Dezember 1941
    c) der japanische Überfall auf den amerikanischen Flottenstützpunkt Pearl Harbor am 7. Dezember 1941 ohne vorherige Kriegserklärung
    d) die Unterzeichnung des deutsch-japanischen Beistandsabkommens 1940

20. Wann fand in Rußland die Oktoberrevolution statt?
    a) 1917
    b) 1914
    c) 1919
    d) 1901

3. Bedeutende Persönlichkeiten

1. Ferdinand Lassalle
    a) Gründer des Allgemeinen deutschen Arbeitervereins
    b) Bedeutender französischer Arzt
    c) Entdecker der Großen Antillen
    d) Gründer des Roten Kreuzes

2. Ruggiero Leoncavallo
    a) italienischer Baumeister in Florenz
    b) italienischer Astronom
    c) italienischer Opernkomponist
    d) italienischer Meisterkoch

3. Oskar Kokoschka
    a) bedeutender Regisseur
    b) bedeutender Maler und Graphiker
    c) Kunstauktionator in München
    d) bekannter Musiker

4. Ernst Heinkel
    a) Erfinder des Turbostrahltriebwerks bei Flugzeugen
    b) Erfinder der Taschenuhr
    c) Erfinder der Turbinentechnik
    d) Waschmittelfabrikant

5. Emil Wiechert
    a) Minister in der Weimarer Zeit
    b) Begründer der Erdbebenkunde
    c) bedeutender deutscher Dichter
    d) Begründer der Farbenlehre

6. Alfred Nobel
    a) Museumsgründer

b) Kunstforscher
c) Preisstifter
d) Politiker

7. Otto von Guericke
   a) Erfinder des Zeichenbretts
   b) Erfinder des Kugelschreibers
   c) Erfinder der Luftpumpe
   d) Erfinder des Flugzeugs

8. Leonardo da Vinci
   a) Erfinder des Luftreifens
   b) Erfinder des Sturzhelms
   c) Erfinder des Fallschirms
   d) Erfinder der Zwölftonmusik

9. Vasco da Gama
   a) Entdecker des Seeweges nach Indien
   b) Entdecker der Antillen
   c) Entdecker Alaskas
   d) Entdecker der Kurillen-Inselgruppe

10. Johannes Kepler
   a) Entdecker der Sonnenstrahlung
   b) Entdecker der Planetengesetze
   c) Entdecker der Mondkrater
   d) Entdecker der Mondanziehungskraft

11. Benjamin Franklin
   a) Erfinder des Blitzableiters
   b) Erfinder des Glasglühlichts
   c) Erfinder des Thermometers
   d) Entdecker des Wechselstroms

12. James Watt
   a) Erfinder der Dampfmaschine
   b) Erfinder des Revolvers
   c) Entdecker des Pulvers
   d) Erfinder der Glühbirne

13. Rosa Luxemburg
   a) Malerin
   b) Filmemacherin
   c) Politikerin
   d) Schriftstellerin

14. Sophie Scholl
   a) Pädagogin

b) Widerstandskämpferin
c) Politikerin
d) Musikerin

15. Konrad Lorenz
a) Erdbebenforscher
b) Kabarettist
c) Pädagoge
d) Verhaltensforscher

16. Wilhelm Conrad Röntgen
a) Erfinder des Fotoapparats
b) Entdecker des Tuberkelvirus
c) Physiker
d) Chemiker

17. Heinrich Schliemann
a) Filmemacher
b) Fußballer
c) Archäologe
d) Geschäftsmann

4. Wirtschaft

1. Die von einem Kreditnehmer zu zahlenden Kosten für einen Kredit bezeichnet man als ...
a) Dividende
b) Zinsen
c) Devisen
d) Prämie

2. Was sind Subventionen?
a) staatliche Zuschüsse
b) indirekte Steuern
c) eine Art Schutzzoll
d) eine Art Investitionsabgabe

3. Was charakterisiert am ehesten die Marktwirtschaft?
a) die Produktion ist staatlich gelenkt
b) die freie Konsumwahl wird durch staatliche Maßnahmen eingeschränkt
c) die Produktionsmittel gehören überwiegend dem Staat
d) die Unternehmen betreiben ihre Planentscheidungen individuell

4. Wie bezeichnet man die gesamtwirtschaftliche Größe der in einem Jahr produzierten Sachgüter und Dienstleistungen?
a) Sozialvermögen
b) Sozialprodukt

c) Volksvermögen
d) Volkseinkommen

5. Wie bildet sich der tägliche Aktienkurs an der Börse?
a) durch Angebot und Nachfrage
b) durch Prognosen der Börsenmakler
c) durch staatliche Festsetzung
d) aufgrund der Konjunkturlage

6. Was versteht man unter der Liquidität eines Unternehmens?
a) die Zahlungsfähigkeit
b) die Auflösung und Beendigung
c) die Kreditwürdigkeit
d) eine Form der Unternehmensfinanzierung

7. Wie bezeichnet man die Lösung finanzieller Unternehmensschwierigkeiten?
a) Inventur
b) Sanierung
c) Bankrott
d) Konkurs

8. Was versteht man unter dem Begriff »Inflation«?
a) einer großen Geldmenge steht eine geringe Gütermenge gegenüber; die Preise steigen, der Geldwert sinkt
b) einer kleinen Geldmenge steht eine große Gütermenge gegenüber; die Preise steigen, der Geldwert bleibt gleich
c) einer großen Gütermenge steht eine große Geldmenge gegenüber; die Preise bleiben stabil
d) der Geldwert sinkt mit den Preisen; die Geldmenge wächst, ebenso wie die Gütermenge

9. Wie bezeichnet man das herrschende Wirtschaftssystem in der Bundesrepublik?
a) zentrale Verwaltungswirtschaft
b) gesteuerte Planwirtschaft
c) soziale Marktwirtschaft
d) gelenkte Verbrauchswirtschaft

10. Wie definiert man bargeldlosen Zahlungsverkehr?
a) Kreditkauf
b) Ratenkauf
c) Überweisung von Konto zu Konto
d) Kauf von Devisen mittels Eurocheque

11. Was ist ein Wechsel?
a) die Übertragung von Aktienmehrheiten
b) die Verpflichtungserklärung eines Schuldners
c) eine Veränderung der Konjunkturlage
d) ein Begriff aus der Börsenwelt

12. Was ist ein Pfandbrief?
    a) eine festverzinsliche Schuldverschreibung
    b) die Urkunde eines Leihhauses
    c) eine Hypothek
    d) die Verpflichtungserklärung eines Schuldners

13. Was versteht man unter Dividende?
    a) einen bestimmten Steuersatz
    b) einen nicht zu versteuernden Lotteriegewinn
    c) einen Gewinnanteil an einer Aktiengesellschaft
    d) eine finanzielle Beteiligung an einer Gesellschaft

14. Wie nennt man land- und forstwirtschaftlichen Besitz des Staates?
    a) Migräne
    b) Domäne
    c) Latifundien
    d) kein Begriff ist richtig

15. Eine Handelsvollmacht mit bestimmten Rechten und Pflichten bezeichnet man als ...
    a) Valuta
    b) Matura
    c) Prokura
    d) Validität

16. Der Überschuß auf der Soll- oder Habenseite heißt ...
    a) Insolvenz
    b) Debet
    c) Manko
    d) Saldo

17. Der Preisnachlaß auf eine Ware wird bezeichnet als ...
    a) Prolongation
    b) Rabatt
    c) Skonto
    d) Diskont

18. Wie heißt ein unterschriebener, aber nicht ausgefüllter Scheck?
    a) Überbringerscheck
    b) Blankoscheck
    c) Verrechnungsscheck
    d) ungedeckter Scheck

19. Die rechtliche und wirtschaftliche Verschmelzung von Unternehmen nennt man ...
    a) GmbH
    b) Koalition
    c) Union
    d) Fusion

20. Die Einziehung von Bargeld nennt man ...
    a) Impresso
    b) Inferno
    c) Inkasso
    d) Insolvenz

5. Geographie

1. Wo liegt Melbourne?
    a) USA
    b) Australien
    c) Afrika
    d) Großbritannien

2. Was ist die Tundra?
    a) eine gebirgige Landschaft
    b) eine wüstenähnliche Landschaft
    c) eine steinige Graslandschaft
    d) eine baumlose Steppenlandschaft

3. Was ist im Süden von Südamerika?
    a) Ärmelkanal
    b) Kap der Guten Hoffnung
    c) Cap Canaveral
    d) Kap Horn

4. Europas längster Fluß?
    a) Rhein
    b) Wolga
    c) Rhône
    d) Donau

5. Wie alt ist etwa die Erde?
    a) eine Million Jahre
    b) 10 Millionen
    c) 100 Millionen
    d) weniger als 1 Million

6. Welche der folgenden Ländergruppen enthält Länder, die keine gemeinsame Grenze mit der Bundesrepublik Deutschland haben?
    a) Tschechien, Österreich, Schweiz
    b) Österreich, Liechtenstein, Polen
    c) Dänemark, Belgien, Luxemburg
    d) Niederlande, Luxemburg, Frankreich

7. Bei welcher Stadt fließt die Elbe in die Nordsee?
   a) Hamburg
   b) Cuxhaven
   c) Heiligenhafen
   d) Bremerhaven

8. Durch welchen Gebirgszug werden das europäische und das asiatische Rußland getrennt?
   a) Karpaten
   b) Kaukasus
   c) Ural
   d) Pyrenäen

9. Persiens heutiger Staatsname lautet ...
   a) Syrien
   b) Irak
   c) Iran
   d) Sudan

10. Istanbul wird durch folgende Meerenge geteilt:
   a) Kalmar-Sund
   b) Bosporus
   c) Dardanellen
   d) Seychellen

11. Die Insel Korsika gehört politisch zu ...
   a) Spanien
   b) Frankreich
   c) Italien
   d) Griechenland

12. Der Verbindungskanal zwischen Stillem Ozean und Karibischem Meer heißt ...
   a) Canal de Grande
   b) Suezkanal
   c) Panamakanal
   d) keine Lösung ist richtig

13. Das berühmte Zweistromland zwischen Euphrat und Tigris heißt ...
   a) Macedonien
   b) Mesopotamien
   c) Apulien
   d) Katalanien

14. Die Pyrenäen bilden Grund und Boden für ...
   a) Monaco
   b) San Marino
   c) Andorra
   d) Liechtenstein

15. Welcher Kontinent hat die größte Bevölkerung?
    a) Europa
    b) Amerika
    c) Asien
    d) Afrika

6. Literatur

1. Der bedeutendste Erziehungs- und Entwicklungsroman um 1800 war »Wilhelm Meisters Lehr- und Wanderjahre« und stammt von ...
   a) Herder
   b) Schiller
   c) Lessing
   d) Goethe

2. Hans Jakob Christoffel von Grimmelshausen schuf im 17. Jahrhundert eine satirische Dichtung mit dem Namen ...
   a) die Betschwester
   b) der Arme Heinrich
   c) der Simplicissimus
   d) der Mann mit dem Goldhelm

3. Ein bedeutender französischer Komödiendichter des 17. Jahrhunderts war ...
   a) Guy de Maupassant
   b) Balzac
   c) Molière
   d) Tartuffe

4. »Die Buddenbrooks«, die Familiengeschichte einer Lübecker Kaufmannsfamilie, schrieb 1901 ...
   a) Thomas Mann
   b) Stefan Zweig
   c) Hermann Löns
   d) Hermann Hesse

5. Gerhard Hauptmanns soziales Drama »Die Weber« stammt aus der Epoche des ...
   a) Symbolismus
   b) Impressionismus
   c) Naturalismus
   d) Expressionismus

6. Wer schrieb den Roman »Krebsstation«?
   a) Solschenizyn
   b) Bulgakow
   c) Pasternak
   d) Dostojewski

7. Wer schrieb »Die fromme Helene«?
   a) Heine
   b) Kleist
   c) Busch
   d) Wagner

8. Wer schrieb »Der Hauptmann von Köpenick«?
   a) Zuckmayer
   b) Valentin
   c) Böll
   d) Hauptmann

9. Eine mittelalterliche Dichtung, die vor allem das Rittertum verherrlichte, war ...
   a) Parzival
   b) Der arme Heinrich
   c) Tristan und Isolde
   d) Die Judenbuche

10. Zahlreiche Operntexte für Richard Strauß schrieb ...
    a) Hofmannsthal
    b) Zuckmayer
    c) Grillparzer
    d) Büchner

11. Welcher deutsche Schriftsteller wurde bekannt durch einen Kriegsroman?
    a) Zweig
    b) Brecht
    c) Remarque
    d) Mörike

7. Kunst

1. Renoir gehörte zu den Malern, die das moderne Leben in der Großstadt malten. Die Stilgruppe heißt ...
   a) Expressionismus
   b) Impressionismus
   c) Surrealismus
   d) Realismus

2. In welchem Stil ist der Kölner Dom gebaut?
   a) Renaissance
   b) Klassizismus
   c) Romantik
   d) Gotik

3. Die Mona Lisa (1502) malte ...
   a) Verrachio

b) Da Vinci
c) Michangelo
d) Tizian

4. Wie heißt die deutsche Graphikerin und Bildhauerin, die vor allem soziale Themen beeindruckend darstellte?
a) Waldorf
b) Zille
c) Lasker-Schüler
d) Kollwitz

5. Um 1888 wurde eine neue Pinseltechnik entwickelt. An der Punkt-Strich–Malerei erkennt man den Stil von...
a) van Gogh
b) Picasso
c) Raffael
d) Cézanne

6. Der bekannteste Vertreter der abstrakten Kunst in Rußland um 1900 war ...
a) Kokoschka
b) Kandinsky
c) Rodin
d) Degas

7. Aus dem sog. Jugendstil entwickelte sich auch das Plakat. Der »Erfinder«, der sich an den Japanern orientierte, war ...
a) Toulouse Lautrec
b) Ferdinand Hodler
c) Chagall
d) Marees

8. Die byzantinische Epoche hat insbesondere die Kunstart der ... entwickelt und gepflegt.
a) Fresken
b) Glasmalerei
c) Mosaike
d) Ornamentik

9. Welcher Maler des 19. Jahrhunderts befaßte sich in seinen Bildern besonders liebe- und humorvoll mit dem Leben von Kleinstädtern und Sonderlingen?
a) Liebermann
b) Zille
c) Dix
d) Spitzweg

10. Welcher französische Maler verwendete mit Vorliebe Motive aus der Inselwelt Polynesiens (Südsee)?
a) Cézanne

b) Gauguin
c) Marc
d) Magritte

8. Musik

1. Welcher Notendreiklang ergibt einen C-Dur-Akkord?
   a) C – D – G
   b) D – F – A
   c) C – D – F
   d) C – E – G

2. Wie viele Noten hat eine Oktave?
   a) 10 Noten
   b) 8 Noten
   c) 12 Noten
   d) 6 Noten

3. Wer komponierte den Liederzyklus »Die Winterreise«?
   a) Schubert
   b) Schumann
   c) Bartók
   d) Schulz

4. Wieviele Saiten hat eine »normale« Gitarre?
   a) 4 Saiten
   b) 6 Saiten
   c) 10 Saiten
   d) 8 Saiten

5. Wer komponierte die »Dreigroschenoper«?
   a) Rossini
   b) Schumann
   c) Brecht
   d) Weill

6. Wer komponierte »Tosca«?
   a) Puccini
   b) Bizet
   c) Verdi
   d) Leoncavallo

7. Wer komponierte »Porgy and Bess«?
   a) Paul Hindemith
   b) George Gershwin
   c) Werner Egk
   d) Benjamin Britten

8. Das Geburtsland des Jazz ist ...
   a) Afrika
   b) Lateinamerika
   c) Nordamerika
   d) Asien

9. Wie bezeichnet man eine Tonleiter, die sich aus Halbtonstufen zusammensetzt?
   a) melodische
   b) harmonische
   c) disharmonische
   d) chromatische

10. Größter Meister der Barockmusik ist neben Bach auch ...
   a) Haydn
   b) Beethoven
   c) Mozart
   d) Händel

9. Sport

1. Wie setzt sich die nordische Kombination zusammen?
   a) Skisprung und Langlauf
   b) Eisschnellauf und Slalom
   c) Taubenschießen und Abfahrtslauf
   d) Skispringen und Slalom

2. Welcher Tanzstil gehört nicht zu den lateinamerikanischen Tänzen?
   a) der Paso doble
   b) der Jive
   c) die Rumba
   d) der Flamenco

3. Was versteht man beim Tennis unter einem Ass?
   a) einen direkt verwandelten, für den Gegner unerreichbaren Aufschlagball
   b) einen deutlichen Sieg ohne einen Aufschlagverlust
   c) einen Ball, der gegen die Laufrichtung des Gegners gespielt wird
   d) den Gewinner der internationalen US-Meisterschaft in Flushing Meadows

4. In welcher Sportart gibt es einen Penalty?
   a) Rugby
   b) Boxen
   c) Eishockey
   d) Hallenhandball

5. In welcher Sportart spricht man von einem Libero?
   a) Volleyball
   b) Handball

c) Fußball
d) Hockey

6. Bei welcher Sportart kann man »einen Krebs fangen«?
   a) Rudern
   b) Schwimmen
   c) Segeln
   d) Tennis

7. Wie viele Spieler zählen zu einer Rugbymannschaft?
   a) 11 Spieler
   b) 15 Spieler
   c) 19 Spieler
   d) 13 Spieler

8. Bei welcher Sportart ist körperloses Spiel höchstes Gebot?
   a) Wasserball
   b) Rugby
   c) Basketball
   d) Hallenhandball

9. Ein Box-Weltmeisterschaftskampf geht über wie viele Runden?
   a) 10 Runden
   b) 12 Runden
   c) 13 Runden
   d) 15 Runden

10. In welcher Sportart gibt es eine »spanische Eröffnung«?
   a) Polo
   b) Krikett
   c) Schach
   d) Golf

10. Technik

1. Von der Sonne bis zur Erde braucht Licht ...
   a) 8 Minuten 13 Sek.
   b) 30 Minuten 15 Sek.
   c) 1 Stunde 03 Sek.
   d) 2 Stunden 14 Sek.

2. Das ... ist ein Meßinstrument für den Luftdruck.
   a) Hygrometer
   b) Barometer
   c) Thermometer
   d) Spektroskop

3. Der/das ... ist ein Meßinstrument für Erdbeben.
   a) Manometer
   b) Quadrometer
   c) Seismograph
   d) Tremblograph

4. Was zeigt ein Geigerzähler an?
   a) Röntgenstrahlen
   b) radioaktive Strahlung
   c) Sonnenstrahlen
   d) Wärmestrahlen

5. Was versteht man unter einem Semaphor?
   a) beim Flugzeug das Staurohr zur Bestimmung der Geschwindigkeit
   b) einen Mast zur optischen Signalgebung (Schiffahrt)
   c) das Eisenbahnsignal, mit dem die Strecke freigegeben wird
   d) ein Meßinstrument in der Astronomie

6. Wie wird beim Flugzeug die Geschwindigkeit geregelt?
   a) durch Neigungsveränderung der Flugflächen
   b) durch Ausfahren der Räder
   c) durch Gasgeben und Drosseln
   d) durch Verstellen der Landeklappen

7. Nach welchem Prinzip wird Rohrpost befördert?
   a) mit Druck- oder Saugluft
   b) mit dem Prinzip der schiefen Ebene
   c) mit Flüssigkeit
   d) mit dem Prinzip der Anziehungskraft

8. Wo findet die Braunsche Röhre ihre Verwendung?
   a) in der Stereoanlage
   b) als Lichtverstärker im Laserapparat
   c) im Röntgenapparat
   d) als Fernsehbildröhre

9. Wie heißt das mechanische Teil, das eine Vor und Rückwärtsbewegung eines Kolbens in eine Drehbewegung umsetzt?
   a) Pleuelstange
   b) Kardanwelle
   c) Zylinder
   d) Schiebemuffe

10. Hausstrom hat ... Hertz
   a) 220
   b) 85
   c) 50
   d) 100

11. Biologie

1. Welcher Teil der Zelle spielt bei der Fortpflanzung eine Hauptrolle?
   a) Zellmembran
   b) Zellflüssigkeit
   c) Zellmantel
   d) Zellkern

2. Wie viele Chromosomen hat die menschliche Zelle?
   a) 38 Chromosomen
   b) 46 Chromosomen
   c) 40 Chromosomen
   d) 58 Chromosomen

3. Welcher Stoff sorgt dafür, daß ein Rasen grün ist?
   a) Chlorophorm
   b) Chlorophyll
   c) Chlorose
   d) Chlorathylen

4. Welches Teil des Auges ist für das Sehen hauptverantwortlich?
   a) Netzhaut
   b) Pupille
   c) Linse
   d) Strahlenkörper

5. Die Mücke legt ihre Eier ab in/auf ...
   a) Müll
   b) Blätter
   c) Sand
   d) Wasser

6. Wie viele Zähne hat der Mensch (normalerweise)?
   a) 28 Zähne
   b) 32 Zähne
   c) 42 Zähne
   d) 38 Zähne

7. Welcher Stoff ist am meisten in der Luft enthalten?
   a) Sauerstoff
   b) Ozon
   c) Stickstoff
   d) Kohlenstoff

8. Was versteht man unter Ornithologie?
   a) Insektenkunde
   b) Balzverhalten

c) Paarungsverhalten
d) Vogelkunde

9. Wo befindet sich der Adamsapfel?
a) am Kehlkopf
b) am Schienbein
c) neben der Milz
d) an der Bauchspeicheldrüse

10. Wie heißt das innere Ohr?
a) Labyrinth
b) Ohrtrompete
c) Trommelfell
d) Schnecke

11. Welche Tiere haben Facettenaugen?
a) Schlangen
b) Insekten
c) Säugetiere
d) Fische

12. Physik

1. Was ist ein Ion ?
a) ein Molekül oder ein Atom, das fähig ist, elektrischen Strom zu leiten
b) die antike Bezeichnung für einen vermuteten »Stromkörper«
c) die physikalische Maßeinheit für Stromverlust durch Widerstand
d) ein Atom, das entweder durch Anlagerung von Elektronen negativ (Anion) oder durch den Verlust von Elektronen positiv (Kation) geladen ist

2. Welcher der folgenden Stoffe leitet die Wärme am besten?
a) Luft
b) Holz
c) Glas
d) Metall

3. Wie lautet die Einheit zur Angabe der elektrischen Stromstärke?
a) Volt (V)
b) Ampere (A)
c) Coulomb (C)
d) Watt (W)

4. Was versteht man unter dem spezifischen Gewicht?
a) frühere Bezeichnung für das Gewicht von 1 m^3 eines Gegenstandes auf einem zweiachsigen Wagen, das von 2 Pferden in 1 Minute 100 Meter weit gezogen werden konnte
b) das Gewicht, das ein Stoff ohne jeglichen Einfluß der Erdanziehungskraft hätte

c) die Dichte eines Stoffes, also das Gewicht pro Raummaß (g/cm^3)
d) das Gewicht eines Stoffes, das sich im Vergleich mit 1 dm^3 reinem Gold ergibt

5. Welche Funktion hat ein Transformator?
a) die Überführung von mechanischer Energie (Bewegung) in elektrischen Strom
b) die Vermeidung von Kurzschlüssen in einem elektrischen System
c) die Speicherung von elektrischer Energie in Trafospeichern
d) die Umwandlung von niedrigen elektrischen Wechselspannungen in höhere oder umgekehrt

6. Was versteht man unter einem Faradayschen Käfig?
a) einen historischen Blitzableiter
b) eine geschlossene Hülle aus Blech oder Maschendraht, in die von außen kein elektrisches Feld eindringen kann
c) die Sicherheitshülle eines Atomreaktors, die die radioaktive Strahlung von der Außenwelt abschirmt
d) eine physikalische Experimentierbox für Röntgenstrahlen

13. Chemie

1. Auf welchem Grundstoff basiert die gesamte organische Chemie?
a) auf Sauerstoff
b) auf Wasserstoff
c) auf Kohlenstoff
d) auf Stickstoff

2. Wozu wird eine Pipette benutzt?
a) als Rührstab
b) als Saugheber
c) als Zerstäuber
d) als Voltmesser

3. Was ist ein Molekül?
a) der kleinste Schwebepartikel aus Wasser im Nebel
b) die kleinste Einheit einer chemischen Verbindung aus mindestens 2 Atomen, die noch die typischen Eigenschaften dieser Verbindung besitzt
c) ein Kühlmittel, das vor allem in Kühlschränken zum Einsatz kommt
d) das atomare Teilchen der Atmosphäre, durch das sich Lichtwellen ausbreiten

4. Was ist Quecksilber (Hg)?
a) eine Legierung aus Silber und Eisen
b) eine giftige, silberfarbige Lauge
c) ein Element und Metall
d) eine silberglänzende ätzende Säure

5. Wie viele chemische Elemente sind der Wissenschaft bekannt?
   a) ca. 70
   b) ihre Zahl gilt als unbegrenzt
   c) mehr als 100
   d) genau 4

6. Was bezeichnet man als »weiches Wasser«?
   a) Wasser mit starkem Kalkgehalt
   b) Wasser ohne Kalkgehalt
   c) Wasser, das abgekocht wurde
   d) Wasser, das radioaktiv strahlt

Intelligenz-Testaufgaben

»Viele Leute sind sich im klaren darüber, daß unsere gegenwärtigen Vorstellungen von Intelligenz unzureichend sind, aber bis wir eine neue und bessere Theorie entwickelt haben, werden wir uns weiterhin das Gerede über ›die Intelligenz‹ und über IQ-Tests anhören müssen«, schreibt der amerikanische Psychologie-Professor und Intelligenzforscher Howard Gardner.

Der Professor untertreibt. Wir müssen uns nicht nur das Gerede anhören, sondern für mehrere hunderttausend Menschen werden jedes Jahr fragwürdige und völlig veraltete sogenannte Intelligenztests zu Fallstricken für ihre berufliche Entwicklung und Zukunft. Da bleibt keine andere Wahl, als sich vorzubereiten. Zunächst:

1. Wortbedeutungen

In dieser Aufgabe geht es darum, das Lösungswort (a-d) herauszufinden, das dem ersten vorgegebenen Wort gleicht oder ähnlich ist.

Beispiel: Regen
a) Wetter
b) Gewitter
c) Niederschlag
d) Klima

Lösung: c (Niederschlag entspricht am ehesten der Wortbedeutung von Regen)

Für die folgenden 30 Aufgaben haben Sie 10 Minuten Zeit.

1. Wagen
   a) Risiko
   b) Mut
   c) Fahrzeug
   d) Fahrrad

2. perfekt
   a) gescheit
   b) vollkommen
   c) richtig
   d) gelocht

3. diskret
   a) schweigsam
   b) still
   c) ruhig
   d) verschwiegen

4. publizieren
   a) veröffentlichen
   b) entwickeln
   c) versteigern
   d) vortragen

5. mannigfaltig
   a) faltenreich
   b) zahlreich
   c) maßvoll
   d) vielfältig

6. Eingabe
   a) Anliegen
   b) Gesuch
   c) Anmeldung
   d) Bericht

7. absurd
   a) unbedingt
   b) ungeschickt
   c) unwiederbringlich
   d) widersinnig

8. subversiv
   a) exzessiv
   b) widerlich
   c) umstürzlerisch
   d) intensiv

9. unverzüglich
   a) unversehens
   b) unerwartet
   c) sofort
   d) bedenkenlos

10. unerläßlich
   a) unwiderruflich
   b) unverkennbar
   c) zwingend
   d) uneingeschränkt

11. rührig
   a) regsam
   b) strebsam
   c) gefühlvoll
   d) ergreifend

12. Fügung
   a) Macht
   b) Verhängnis
   c) Zufall
   d) Schicksal

13. Konvoi
   a) Verbindung
   b) Geleitzug
   c) Überzeugung
   d) Konvention

14. kolossal
   a) außergewöhnlich
   b) außerordentlich
   c) erdrückend
   d) gewaltig

15. irden
   a) irren
   b) menschlich
   c) aus Ton
   d) zur Erde gehörig

16. echt
   a) aufrichtig
   b) unverfälscht
   c) ehrlich
   d) anständig

17. Traktat
   a) Vortrag
   b) Quälerei
   c) Abhandlung
   d) landwirtschaftliche Maschine

18. Honorar
   a) Angst
   b) Horror
   c) Bezahlung
   d) Ehre

19. Gesinde
   a) Mädchenname
   b) Lumpenpack
   c) Hausangestellte
   d) Blumenstrauß

20. Fuge
   a) Furche
   b) Graben
   c) landwirtschaftliches Gerät
   d) Musikstück

21. autonom
   a) selbständig
   b) selbstverständlich
   c) selbstherrlich
   d) selbstbewußt

22. vereiteln
   a) verraten
   b) petzen
   c) verleugnen
   d) hintertreiben

23. vorurteilsfrei
   a) sachlich
   b) kühl
   c) gerecht
   d) einfach

24. ausmerzen
   a) ausrotten
   b) ausreißen
   c) zerstören
   d) verderben

25. bevormunden
   a) erziehen
   b) gängeln
   c) belehren
   d) zurechtweisen

26. gefügig
   a) gutwillig
   b) willfährig
   c) gefällig
   d) bereitwillig

27. Verquickung
   a) Vermittlung
   b) Verwechslung
   c) Verschwendung
   d) Verbindung

28. Vorwand
   a) Hintergrund
   b) Vorschein
   c) Scheingrund
   d) Notlüge

29. Toleranz
   a) Rücksicht
   b) Nachgiebigkeit
   c) Duldsamkeit
   d) Friedfertigkeit

30. Abscheu
   a) Widerwille
   b) Verachtung
   c) Vorbehalt
   d) Schüchternheit

LESE- UND ARBEITSHINWEISE

→ Zum Teil handelt es sich um einen Fremdwörtertest – im Anhang des Buches »Testtraining 2000« (s. S. 200) finden Sie nahezu alle gängigen Fremdwörter in Tests.

2. Sprichwörter

Bei der nächsten Aufgabe geht es darum, Sprichwörter mit ähnlicher Bedeutung zu erkennen.

Beispiel:
Wie in den Wald hineingerufen wird, so schallt es heraus.
a) Wer rastet, der rostet.
b) Wie man sich bettet, so liegt man.
c) Alte Liebe rostet nicht.
d) In einen Eimer geht nicht mehr, als er fassen kann.

Richtige Lösung: Nur das Sprichwort b hat eine ähnliche Bedeutung wie das fett gedruckte Sprichwort.

Für 15 Aufgaben haben Sie 6 Minuten Zeit.

1. Wer sich in Gefahr begibt, kommt darin um.
   a) Wer einmal lügt, dem glaubt man nicht.
   b) Was Jupiter darf, darf der Ochse noch lange nicht.
   c) Vorsicht ist besser als Nachsicht.
   d) Wer sich unter die Kleie mischt, den fressen die Schweine.

2. Wie die Alten sungen, so zwitschern die Jungen.
   a) Wer A sagt, muß auch B sagen.
   b) Reden ist Silber, Schweigen ist Gold.
   c) Junge fideln, wie Alte die Geigen gestimmt haben.
   d) Jung gewohnt, alt getan.

3. Sorge dich nicht um die Wiege, ehe dein Kind geboren ist.
   a) Ein ungelegtes Ei ist ein ungewisses Huhn.
   b) Ein blindes Huhn findet auch ein Korn.
   c) Frisch gewagt ist halb gewonnen.
   d) Ehrlichkeit währt am längsten.

4. Kleinvieh macht auch Mist.
   a) Kommt Zeit, kommt Rat.
   b) Wer A sagt, muß auch B sagen.
   c) Steter Tropfen höhlt den Stein.
   d) Rom ist nicht an einem Tag erbaut worden.

5. Ein Unglück kommt selten allein.
   a) Glück und Glas, wie schnell zerbricht das.
   b) Unglück kennt keine Moral.
   c) Wenn Unglück dir geschadet, denk nicht, es sei nun satt.
   d) Jeder ist seines Unglückes Schmied.

6. Was ein Häkchen werden will, krümmt sich beizeiten.
   a) Altes Holz brennt am besten.
   b) Es ist noch kein Meister vom Himmel gefallen.
   c) Was Hänschen nicht lernt, lernt Hans nimmermehr.
   d) Gut Ding braucht Weile.

7. Wer zuletzt lacht, lacht am besten.
   a) Ende gut, alles gut.
   b) Jeder möchte alt werden, aber nicht alt sein.
   c) Die Mode kommt, die Mode geht.
   d) Unverhofft kommt oft.

8. Ein gesprungener Topf hält lange aus.
   a) Die Zeit heilt alle Wunden.
   b) Gut Ding braucht Weile.
   c) Was lange währt, wird endlich gut.
   d) Wer immer klagt, stirbt nicht so bald.

9. Wer zuerst kommt, mahlt zuerst.
   a) Morgenstunde hat Gold im Munde.
   b) Was du heute kannst besorgen, verschiebe nicht auf morgen.
   c) Nur der schnellste Hund fängt den Hasen.
   d) Trinke, sobald du am Brunnen bist.

10. Ohne Fleiß kein Preis.
   a) Es ist nicht alle Tage Sonntag.
   b) Wer Heu machen will, wartet, bis die Sonne scheint.
   c) Wie man den Acker bestellt, so trägt er.
   d) Man lebt nicht immer im Schlaraffenland.

11. Überdruß kommt auch von Überfluß.
   a) Übereilen bedeutet manchmal Verweilen.
   b) Glück ist wie der Wind, es kommt und geht geschwind.
   c) Mach den Bissen nicht größer als das Maul.
   d) Nichts ist schwerer zu ertragen als eine Reihe von guten Tagen.

12. Ein Baum fällt nicht beim ersten Hieb.
   a) Rom ist nicht an einem Tag erbaut worden.
   b) Eine Schwalbe macht noch keinen Sommer.
   c) Einer allein, das ist nicht fein.
   d) Wer nur einen Teil hört, hört keinen.

13. Man muß das Eisen schmieden, solange es heiß ist.
   a) Man muß eine Gelegenheit beim Schopfe packen.
   b) Selbst getan, ist bald getan.
   c) Bei gutem Wind ist gut Segeln.
   d) Durch Zufall kann auch ein Krüppel einen Hasen fangen.

14. Ein Esel macht dem anderen den Hof.
   a) Ein Esel schimpft den anderen Langohr.
   b) Tauben und Krähen fliegen nie zusammen.
   c) Man muß mit den Wölfen heulen.
   d) Gleich und gleich gesellt sich gern.

15. Jung gewohnt, alt getan.
   a) Wie die Alten sungen, so zwitschern jetzt die Jungen.
   b) Wie die Saat, so die Ernte.
   c) Es muß der Junge lernen, was der Alte können will.
   d) Es ist noch kein Meister vom Himmel gefallen.

3. Wortanalogien

Es werden drei Wörter vorgegeben, bei denen zwischen dem ersten und zweiten eine gewisse Beziehung besteht. Aufgabe ist es, zwischen dem dritten und einem allein passenden Wahl- und Lösungswort eine ähnliche Beziehung herzustellen.

Beispiel:
Dach verhält sich zu Keller wie Decke zu ...?...
a) Teppich b) Leuchter c) Wand d) Boden
Lösung: d – Dach verhält sich zu Keller wie Decke zu Boden.

Noch ein **Beispiel**:
Faulheit verhält sich wie Fleiß wie Tapferkeit zu ...?...
Lösungsvorschläge:
a) Mut b) Feigheit c) Kühnheit d) Treue
Lösung: b – Faulheit verhält sich zu Fleiß wie Tapferkeit zu Feigheit.

Für 30 Aufgaben haben Sie 10 Minuten Zeit.

1. Nichts verhält sich zu alles wie hohl zu ...?...
   a) schwer b) leer c) halbvoll d) gefüllt

2. Ernst (verhält sich zu) heiter (wie) weinen (zu) ...?...
   a) beweinen b) trauern c) lachen d) witzeln

3. Bild – Rahmen / Buch – ...?...
   a) Buchrücken b) Bücherbrett c) Buchinhalt d) Bucheinband

4. Gehen – laufen / Wind – ...?...
   a) blasen b) Sturm c) Wetter d) pfeifen

5. Eingang – Tür / Flasche – ...?...
   a) Hals b) Bier c) Korkenzieher d) Korken

6. Notwendigkeit – Luxus / Stuhl – ...?...
   a) Bar b) Hocker c) Tisch d) Sessel

7. Gehen – schlendern / sprechen – ...?...
   a) lallen b) plaudern c) schwafeln d) stottern

8. Stoffwechsel – Natur / Verbrennung – ...?...
   a) Maschine b) Kraft c) Motor d) Antrieb

9. Gerade – Viereck / Kurve – ...?...
   a) Fläche b) Abbiegung c) Kugel d) Kreis

10. Wind – Sturm / rinnen – ...?...
    a) strömen b) tröpfeln c) einsickern d) brausen

11. Ton – Melodie / Farbe – ...?...
a) Brillanz b) Kunstobjekt c) Gemälde d) Farbkasten

12. Molekül – Atom / Pfund – ...?...
a) Menge b) Last c) Zentner d) Gramm

13. Gramm – Gewicht / Stunde – ...?...
a) Minuten b) Zeit c) Uhr d) Tag

14. Wasser – Erosion / Alter – ...?...
a) Jugend b) Kindheit c) Falten d) Lebenszeit

15. Chronisch – akut / dauerhaft – ...?...
a) ständig b) öfter c) zeitweilig d) langwierig

16. Flut – Damm / Regen – ...?...
a) Tropfen b) Schirm c) Wasser d) feucht

17. Liberal – radikal / gemäßigt – ...?...
a) gleichgültig b) verständnisvoll c) extrem d) engagiert

18. Seite – Buch / Satz – ...?...
a) Wörter b) Buchstaben c) Kapitel d) Inhalt

19. Zunge – sauer / Nase – ...?...
a) salzig b) brenzlig c) kosten d) schmecken

20. Haus – Treppe / Fluß – ...?...
a) Schiff b) Wasser c) Ufer d) Schleuse

21. Ziffer – Buchstabe / Zahl – ...?...
a) Wörter b) Sätze c) Summen d) Rechnungen

22. Schneiden – kleben / Trennung – ...?...
a) Spaltung b) Verbindung c) Teilung d) Lösung

23. Verlangen – gierig / wachsen – ...?...
a) sprießen b) Entwicklung c) Wucherung d) Vergrößerung

24. Töne – Musik / Wörter – ...?...
a) Stimmen b) Sprachen c) Klänge d) Ausdruck

25. Freude – Erfolg / Müdigkeit – ...?...
a) Arbeit b) Pause c) Reise d) Traum

26. Diät – Gewicht / Medikament – ...?...
a) Arzt b) Rezept c) Gesundung d) Schmerz

27. Zorn – Affekt / Trauer – ...?...
   a) Begeisterung b) Verärgerung c) Stimmung d) Verzweiflung

28. Zahlen – Werte / Wörter – ...?...
   a) Sprachen b) Bedeutungen c) Sätze d) Klänge

29. Karikatur – Porträt / schildern – ...?...
   a) deuten b) Kritik c) beleidigen d) übertreiben

30. Viereck – Pyramide / Kreis – ...?...
   a) Zylinder b) Kugel c) Kegel d) Kuppel

Bei den folgenden Wortgleichungen fehlt das Anfangs- und Endwort. Die Sätze sind aus den vorhandenen Lösungsmöglichkeiten so zu ergänzen, daß sie einen Sinn erhalten.

Beispiel:
...?... verhält sich zu Blindheit wie Ohr zu ...?...

a) Auge	1 hören
b) Sehfähigkeit	2 Gehör
c) Brille	3 Taubheit
d) Blindenhund	4 Schwerhörigkeit

Lösung: a3 (Auge verhält sich zu Blindheit wie Ohr zu Taubheit)

31. ...?... verhält sich zu Länge wie Gramm zu ...?...

a) Entfernung	1 Waage
b) Geschwindigkeit	2 Gewicht
c) Zentimeter	3 abwiegen
d) Abstand	4 Kilo

32. ...?... verhält sich zu niemand wie alles zu ...?...

a) manche	1 mehr
b) jeder	2 immer
c) viele	3 nichts
d) einige	4 nie

33. ...?... verhält sich zu Kreis wie Würfel zu ...?...

a) Kegel	1 Quadrat
b) rund	2 sechs
c) Kugel	3 Rechteck
d) Kuppel	4 Rhombus

34. ...?... verhält sich zu Herz wie Takt zu ...?...

a) Pumpe	1 Dirigent
b) Pulsschlag	2 Komposition
c) Gesundheit	3 Musik
d) Leben	4 Musiker

35....?... verhält sich zu Krankheit wie Schweiß zu ...?...

a) Arzt	1 Erfolg
b) Tablette	2 Anstrengung
c) Fieber	3 Lob
d) Thermometer	4 Chef

LESE- UND ARBEITSHINWEISE

→ Viele Aufgaben aus der Testrealität finden Sie auch in den Büchern »Testtraining Logik« und »Testtraining 2000« (hier auch hilfreiche Lösungsstrategien, s. S. 200).

4. Unmöglichkeiten

Vier Behauptungen werden aufgestellt. Drei davon sind richtig, und eine ist falsch. Oder: Drei davon sind falsch, und nur eine ist richtig. Aufgabe ist es, die eine richtige oder die eine falsche Behauptung herauszufinden.

1. Beispiel: Es ist völlig unmöglich, daß ein Huhn ...
   a) gackert
   b) Eier legt
   c) Milch gibt
   d) Körner pickt

Welche der Behauptungen ist entweder als einzige richtig oder falsch? Als einzige falsch ist c, alle anderen Aussagen sind richtig. Lösung also: c.

2. Beispiel: Es ist völlig unmöglich, daß ein Zebra ...
   a) kleiner ist als ein Pferd
   b) kariert gestreift ist
   c) in einem Stall lebt
   d) als Reittier dient

Als einzige Behauptung ist hier b richtig, alle anderen Aussagen sind falsch (es ist ja nicht unmöglich, daß ein Zebra kleiner ist als ein Pferd usw.). Lösung also: b.

Für 18 Aufgaben haben Sie 10 Minuten Zeit.

1. Es ist völlig unmöglich, daß ein Mensch ...
   a) keinen Vater hat
   b) keine Mutter hat
   c) ewig lebt
   d) keine Kinder hat

2. Es ist völlig unmöglich, daß man durch einen Lottogewinn ...
   a) Millionär wird
   b) ewige Gesundheit erwirbt

c) wie ein Vogel fliegen lernen kann
d) immer lebt

3. Es ist völlig unmöglich, daß bei starkem Westwind ...
a) sich das Wetter ändert
b) Rauchschwaden nach Westen abziehen
c) eine dunkle Wolkenbildung erfolgt
d) Niederschläge erfolgen

4. Es ist völlig unmöglich, daß ein Sohn ...
a) klüger ist als sein Vater
b) jünger ist als sein Vater
c) größer ist als sein Vater
d) älter ist als sein Vater

5. Es ist völlig unmöglich, daß eine Mutter ...
a) den gleichen Vornamen hat wie ihre Tochter
b) älter ist als ihre Tochter
c) jünger ist als ihre Tochter
d) hübscher ist als ihre Tochter

6. Es ist völlig unmöglich, daß ein Kind ...
a) eine andere Hautfarbe hat als die Eltern
b) klüger ist als seine Eltern
c) älter ist als seine Eltern
d) eine andere Sprache spricht als die Eltern

7. Es ist völlig unmöglich, Flüssigkeiten ...
a) zu färben
b) verdampfen zu lassen
c) in einem Sieb zu transportieren
d) kristallisieren zu lassen

8. Es ist völlig unmöglich, daß eine Sackgasse ...
a) vor einem Wald endet
b) länger als 2000 Meter ist
c) durchfahren werden kann
d) mit Steinen gepflastert ist

9. Es ist völlig unmöglich, Arbeiten zu verrichten ohne ...
a) Ausdauer
b) Unterstützung
c) Anweisungen
d) Kraftaufwand

10. Es ist völlig unmöglich, daß Schall sich ausbreitet ...
a) in Gasen
b) in geschlossenen Räumen

c) in leeren Räumen
d) in Flüssigkeiten

11. Die Summe zweier positiver Zahlen ist unmöglich ...
a) gleich 0
b) durch 7 teilbar
c) kleiner als 2
d) größer als 2 000 000

12. Bei Gegenverkehr ist es wirklich unmöglich, daß ...
a) einem LKWs entgegenkommen
b) man selbst überholt wird
c) Autos am Straßenrand parken
d) Kraftfahrzeuge nur in eine Richtung fahren

13. Auf dem Lande kann ein Fisch unmöglich leben, weil er ...
a) an der Luft austrocknen würde
b) nur Flossen hat
c) nur Kiemen besitzt
d) das Wasser liebt

14. Ein Atomkraftwerk kann unmöglich ...
a) einen Unfall haben
b) abgestellt werden
c) billigen Strom produzieren
d) ohne Sicherheitsvorkehrungen auskommen

15. Elektrischer Strom kann auf keinen Fall ...
a) gefährlich sein
b) in Gas umgewandelt werden
c) in Wärme umgewandelt werden
d) in Energie umgewandelt werden

16. In Afrika ist es völlig unmöglich, ...
a) Jaguare zu jagen
b) Ski zu fahren
c) Orangen zu pflücken
d) den längsten Fluß der Erde zu finden

17. Unter keinen Umständen kann man in der Antarktis ...
a) Pinguine antreffen
b) russische Forscher antreffen
c) Eisbären antreffen
d) amerikanische Forscher antreffen

18. In einem Kühlschrank ist es unmöglich, ...
a) Rum gefrieren zu lassen
b) Nahrung zu gefrieren

c) Eis schmelzen zu lassen
d) Eis herzustellen

LESE- UND ARBEITSHINWEISE

→ Bei Schwierigkeiten mit diesem Aufgabentyp empfehlen wir: »Testtraining 2000« (s. S. 200).

5. Logisches Denken

Beantworten Sie die folgenden Fragen unter Berücksichtigung der Informationen, die Sie bekommen.

Beispiel:
Welche Lampe ist die hellste?
Lampe A ist dunkler als Lampe B
B ist heller als C
C ist gleich hell wie D
B ist heller als D
D ist heller als A

Lösung: B
Es kann auch vorkommen, daß keine eindeutige Aussage möglich ist.

Für 8 Aufgaben haben Sie 5 Minuten Zeit.

1. Wer ist der Klügste?
   C ist klüger als A
   A ist dümmer als B
   C ist dümmer als B

2. Wer ist der Stärkste?
   J ist stärker als C
   F ist schwächer als R
   R ist schwächer als C

3. Was ist die hellste Farbe?
   Weiß ist heller als Gelb
   Schwarz ist heller als Gelb
   Blau ist dunkler als Schwarz
   Weiß ist heller als Blau
   Grau ist dunkler als Blau

4. Wer ist der Größte?
   D ist größer als A
   C ist kleiner als B
   F ist größer als E

G ist kleiner als B
D ist genauso groß wie B

5. Welches Auto ist am langsamsten?
Das Auto C ist schneller als das Auto A
B ist langsamer als K
A ist langsamer als C
C ist genauso schnell wie B

6. Wer ist am klügsten und schönsten?
Karl ist klug, aber nicht schön.
Alfred ist klüger und schöner als Detlef.
Bernd ist genauso klug wie Detlef, aber nicht schöner als Fred.
Fred ist fast so schön wie Alfred.
Detlef ist weniger schön als Fred.
Hans ist nicht so klug wie Karl, aber etwas klüger als Detlef.

7. Wer ist am wenigsten erfolgreich?
Anja ist erfolgreich, Kathrin auch.
Angela ist erfolgreicher.
Bärbel ist nicht erfolgreicher als Angela, aber erfolgreicher als Anja.
Dagmar ist nicht so erfolgreich wie Kathrin.
Marion ist fast am erfolgreichsten, wenn da nicht Angela wäre.
Kathrin ist ebenso erfolgreich wie Anja.

8. Wer von den Damen belegt Platz 3?

Jetzt geht es darum, zu überprüfen, ob Schlußfolgerungen, die aufgrund bestimmter Behauptungen gezogen werden, formal richtig oder falsch sind. Die »reale Wirklichkeit« spielt dabei überhaupt keine Rolle, was die Sache erschwert und – wie so oft in Tests – Verwirrung stiftet.

Beispiele:
Behauptungen: Alle Häuser sind Fische. Alle Fische sind Katzen.
Schlußfolgerung: Deshalb sind alle Häuser Katzen.
a) stimmt b) stimmt nicht
Lösung: a

Alle Häuser sind Fische. Alle Fische sind Katzen.
Deshalb sind alle Katzen Häuser.
a) stimmt b) stimmt nicht
Lösung: b

Für die folgenden 12 Aufgaben haben Sie 8 Minuten Zeit.

9. Einige Bäume sind Hunde. Alle Hunde lieben Ameisen.
Also lieben alle Bäume Ameisen.
a) stimmt b) stimmt nicht

10. Alle Katzen können fliegen. Alle Reißzwecken sind Katzen.
Also können alle Reißzwecken fliegen.
a) stimmt b) stimmt nicht

11. Einige Krokodile sind Lokomotiven. Einige Lokomotiven spielen Karten.
Also spielen einige Krokodile Karten.
a) stimmt b) stimmt nicht

12. Keine zwei Baumarten sehen gleich aus. Tannen und Eichen sehen genau gleich aus.
Also sind Tannen und Eichen nicht zwei Baumarten.
a) stimmt b) stimmt nicht

13. Niemand mit toter Hose kann Barmixer sein. Alle Ameisen haben tote Hosen.
Also kann keine Ameise Barmixer sein.
a) stimmt b) stimmt nicht

14. Alle Geier sind Kunstsammler. Manche Kunstsammler sitzen in Käfigen.
Also sitzen manche Geier in Käfigen.
a) stimmt b) stimmt nicht

Welche der jeweils angegebenen Folgerungen a-e sind richtig? Es können auch mehrere Lösungen richtig sein oder auch gar keine.

15. Nur schlechte Menschen betrügen oder stehlen.
Elfriede ist gut.
a) Elfriede betrügt
b) Elfriede stiehlt
c) Elfriede stiehlt nicht
d) Elfriede betrügt und stiehlt
e) Elfriede betrügt nicht.

16. Alle Flugzeuge können nicht fliegen.
Alle Flugzeuge haben Beine.
a) Flugzeuge ohne Beine können fliegen
b) Manche Flugzeuge haben keine Beine
c) Alle Flugzeuge, die Beine haben, können nicht fliegen
d) Flugzeuge können nicht fliegen, weil sie Beine haben
e) Flugzeuge haben Beine und können nicht fliegen

17. Manche Menschen sind Europäer.
Europäer haben drei Beine.
a) Manche Menschen haben drei Beine
b) Europäer, die Menschen sind, haben manchmal drei Beine
c) Menschen mit zwei Beinen sind keine Europäer
d) Europäer sind Menschen mit drei Beinen
e) Europäer mit zwei Beinen sind manchmal Menschen

18. Affen sind grüne Schachteln.
Affen trinken Schnaps.
a) Alle grünen Schachteln trinken Schnaps
b) Alle grünen Schachteln sind Affen
c) Manche grünen Schachteln trinken Schnaps
d) Affen, die Schnaps trinken, sind grüne Schachteln
e) Grüne Schachteln sind keine Affen

19. Jedes Quadrat ist rund.
Alle Quadrate sind rot.
Manche Ecken sind rund.
a) Es gibt Quadrate mit roten Ecken
b) Es gibt Quadrate mit runden Ecken
c) Es gibt runde rote Ecken
d) Ecken in Quadraten sind rund und rot
e) Rote Quadrate haben runde Ecken

20. Alle Geraden sind gebogen.
Jeder Kreis hat vier Ecken.
Alle Ecken sind Geraden.
a) Jeder Kreis hat vier gebogene Geraden
b) Alle Geraden sind gebogene Ecken
c) Es gibt Ecken, die gebogene Geraden sind
d) Alle Kreise haben vier gebogene Ecken
e) Manche Geraden sind gebogene Kreise

6. Buchstabenreihen

Vier Buchstabengruppen werden vorgegeben. Wie sieht die fünfte Buchstabengruppe aus, damit sie die Reihe logisch sinnvoll fortsetzt?

1. Beispiel:	AAAA	BBBB	CCCC	DDDD	Lösung: EEEE
2. Beispiel:	ABCV	BCDW	CDEX	DEFY	Lösung: EFGZ

Für die ersten 9 Aufgaben haben Sie 10 Minuten Zeit.

Teil A

1.	CCBB	FFEE	IIHH	LLKK	....
2.	NNON	AABA	PPQP	CCDC	....
3.	ACEG	BDFH	CEGI	DFHJ	....
4.	IMMJ	JNNI	LOOM	MPPL	....
5.	DCBA	HGFE	LKJI	PONM	....
6.	ABDE	CDFG	EFHI	GHJK	....
7.	SSTS	RRSR	QQRQ	PPQP	....
8.	LNMO	QSRT	VXWY	ACBD	....
9.	FEDC	EDCB	KJIH	JIHG	....

Welche zwei Buchstaben ergänzen die folgenden Buchstabenreihen jeweils sinnvoll? Für die folgenden 5 Aufgaben haben Sie 5 Minuten Zeit.

Teil B

1. a	b	c	d	e	f	g	h	i	j	?	?
2. c	e	g	i	k	m	o	q	s	u	?	?
3. x	a	y	b	z	c	a	d	b	e	?	?
4. c	d	e	e	d	c	f	g	h	h	?	?
5. i	x	k	v	m	t	o	r	q	p	?	?

LESE- UND ARBEITSHINWEISE

➔ siehe auch Zahlenreihen in diesem Buch.

7. Graphische Aufgaben zum logischen Denken

Nun erfolgt die Überprüfung Ihres logischen Denkvermögens in Form von graphischen Aufgaben, wie sie in sog. Intelligenztests häufig vorkommen.

A

Sie sehen ein Rechteck mit zwei mal neun Feldern. Im linken Feld die Aufgabe, im rechten Feld die Lösungsvorschläge. Im linken Feld: 8 Symbole sind eingezeichnet, ein Feld ist frei und soll von Ihnen mit dem allein richtigen Symbol aus den Lösungsvorschlägen a-h ergänzt werden.

Also: Welches Symbol a-h paßt als einziges in das neunte freie Kästchen auf der linken Seite und ergänzt die anderen sinnvoll/logisch? Sollte kein Lösungsvorschlag zutreffen, ist j anzukreuzen.

Hier ein **Beispiel**:

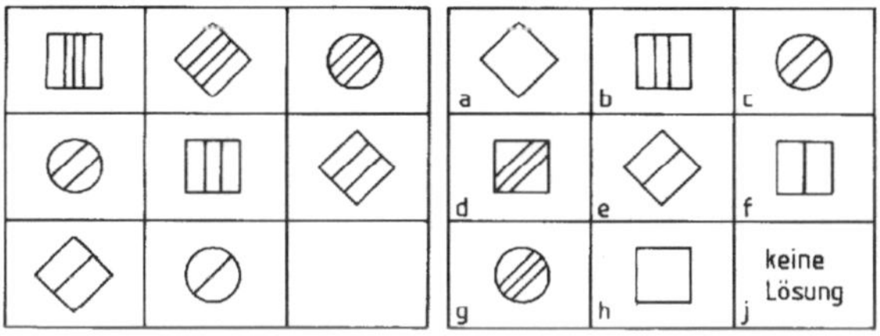

Lösung: f.

Für 5 Aufgaben haben Sie 10 Minuten Zeit.

1

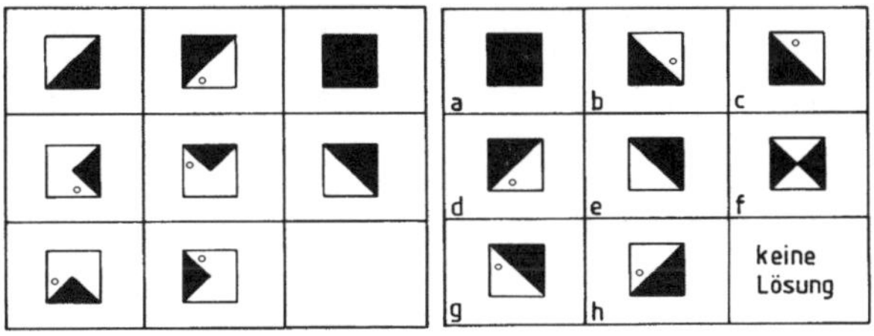

2

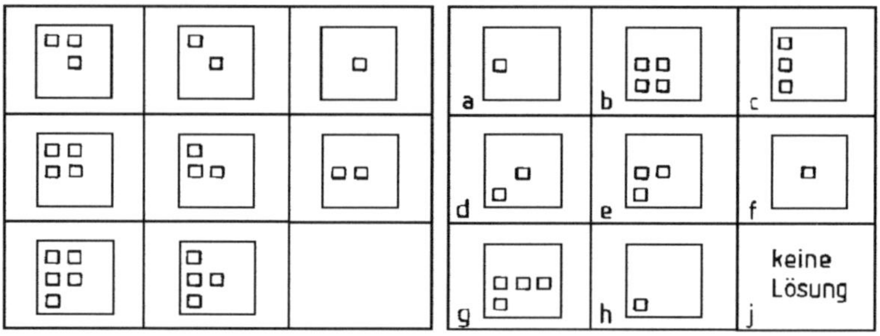
a
b
c
d
e
f
g
h
j
keine Lösung

3

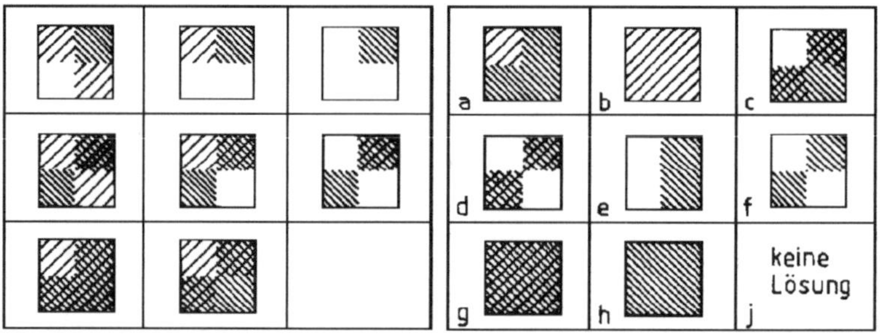
a
b
c
d
e
f
g
h
j
keine Lösung

4

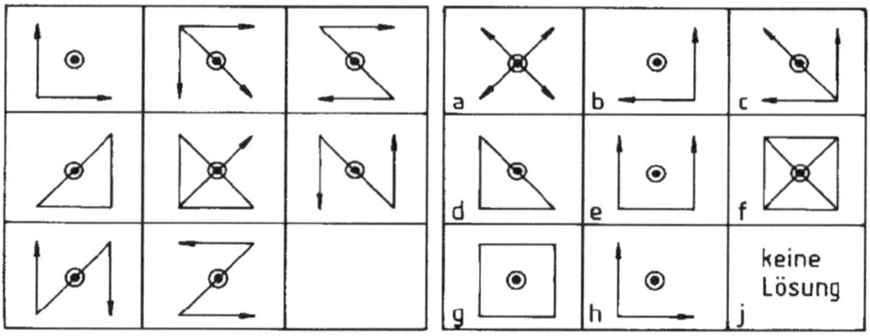
a
b
c
d
e
f
g
h
j
keine Lösung

5

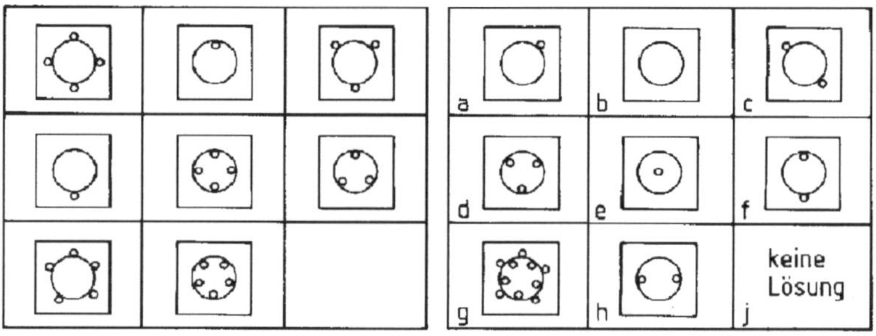
a
b
c
d
e
f
g
h
j
keine Lösung

B

Welcher Dominostein aus der rechten Lösungsgruppe a-f paßt in die linke Dominogruppe? Gesucht wird der Stein, der durch seine Punktzahl oben und unten die linke Dominogruppe logisch sinnvoll ergänzt. Dazu 2 **Beispiele**:

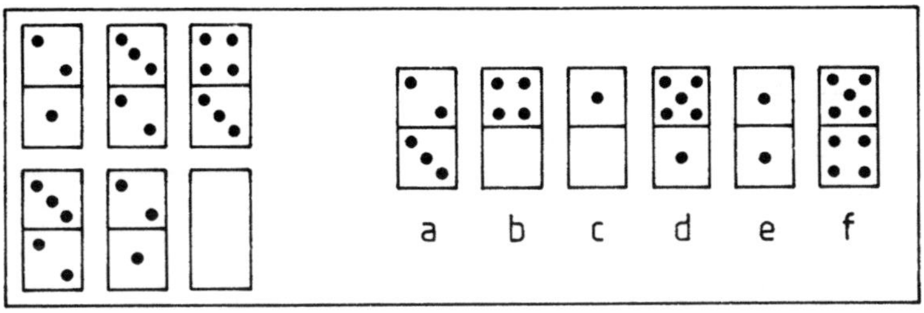

Lösung: c, weil das obere Feld eine 1 haben muß und das untere 0 Punkte (Prinzip: oben immer +1, unten −1).

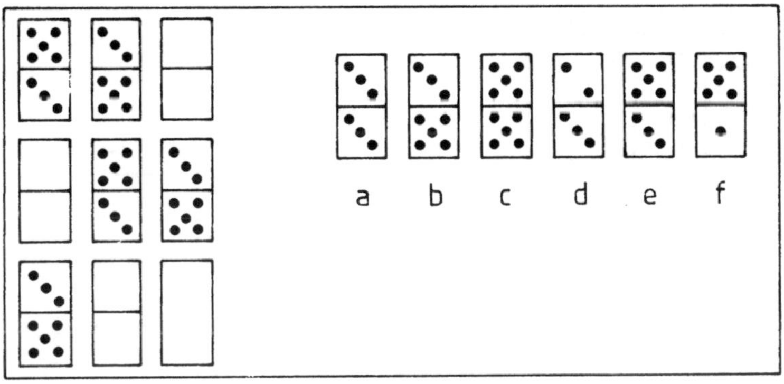

Lösung: e (die Zahlen 0, 3 und 5 werden oben und unten in einem bestimmten Rhythmus dargeboten).

Für die folgenden 12 Aufgaben haben Sie 10 Minuten Zeit.

1

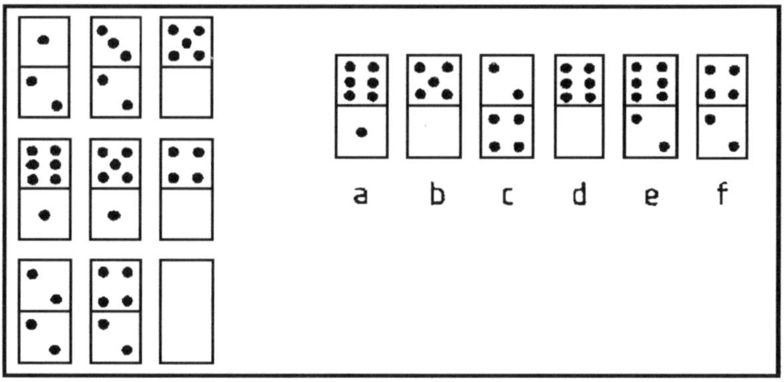

2

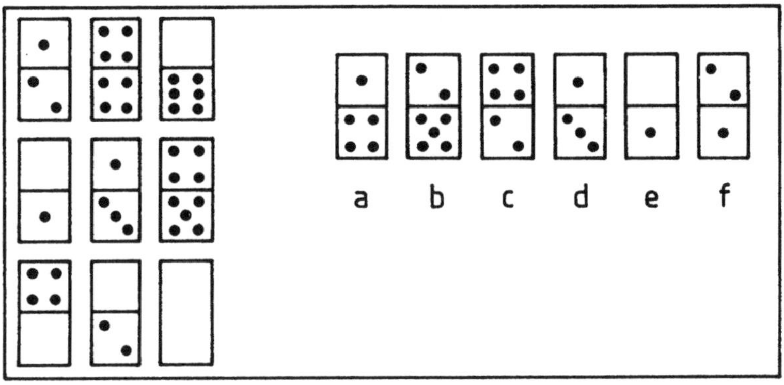

3

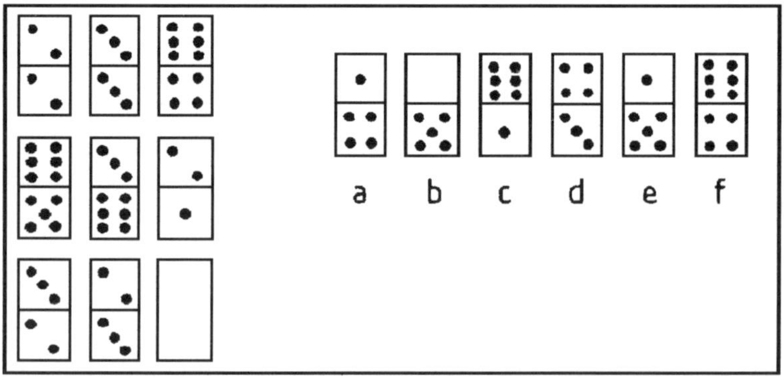

4

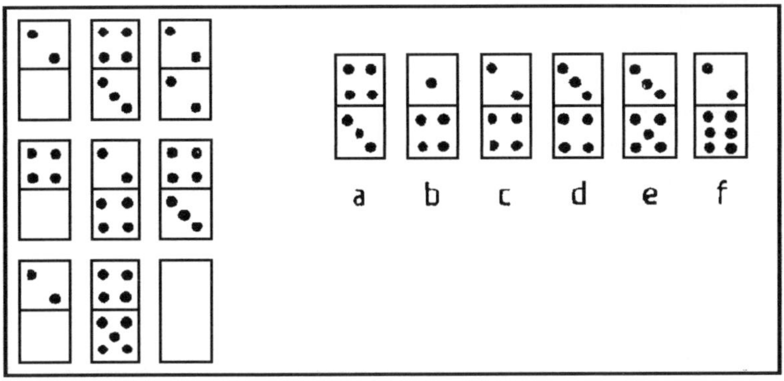

5

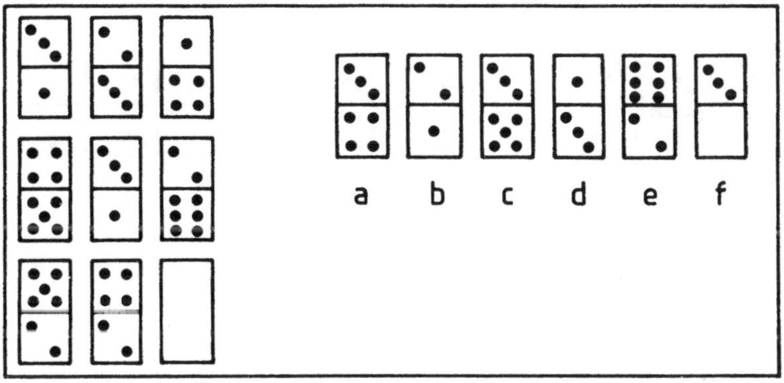

6

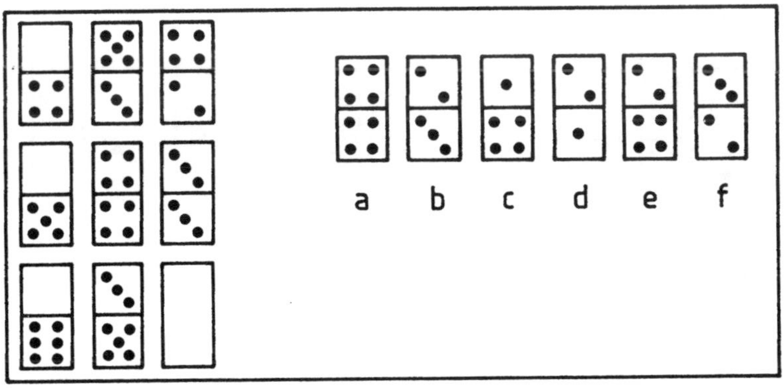

7

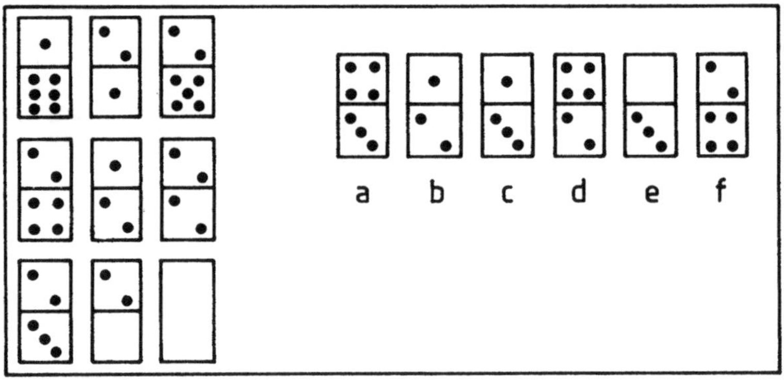

8

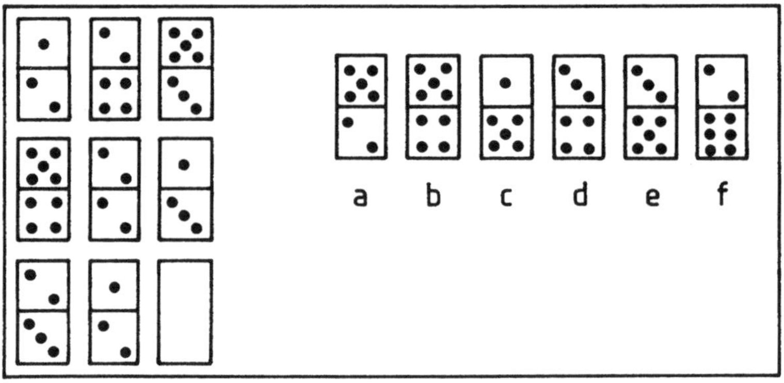

9

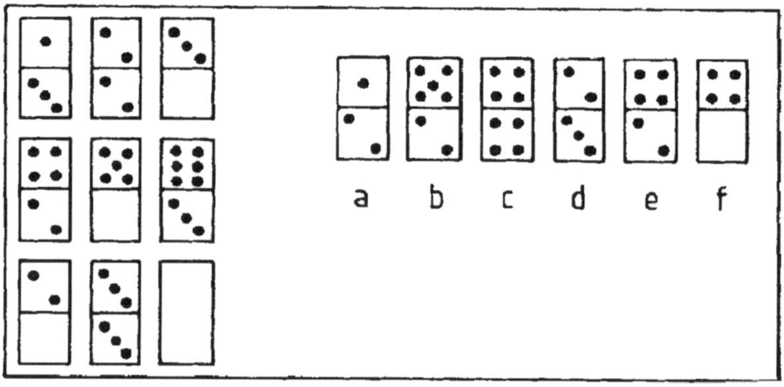

10

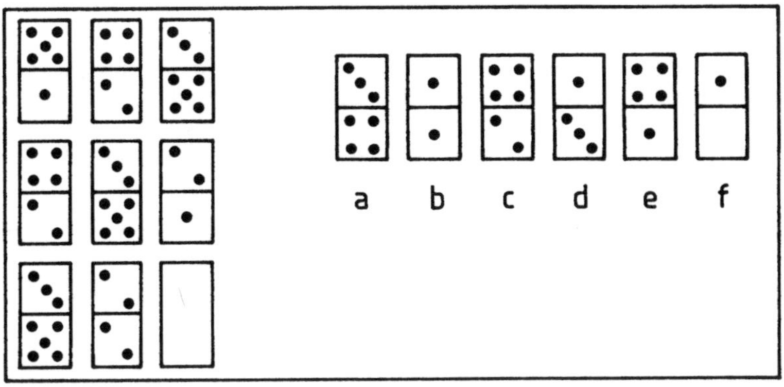

11

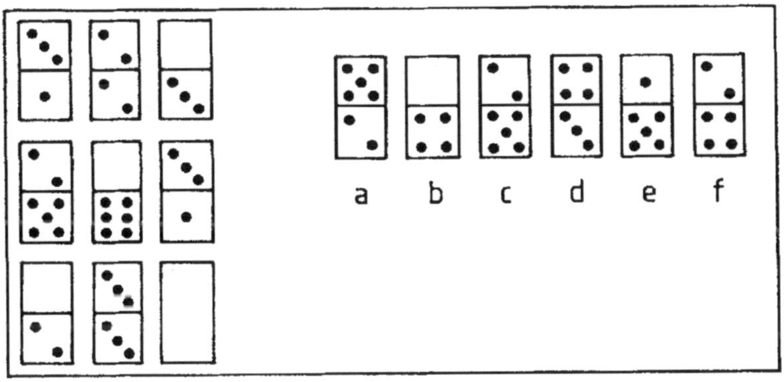

12

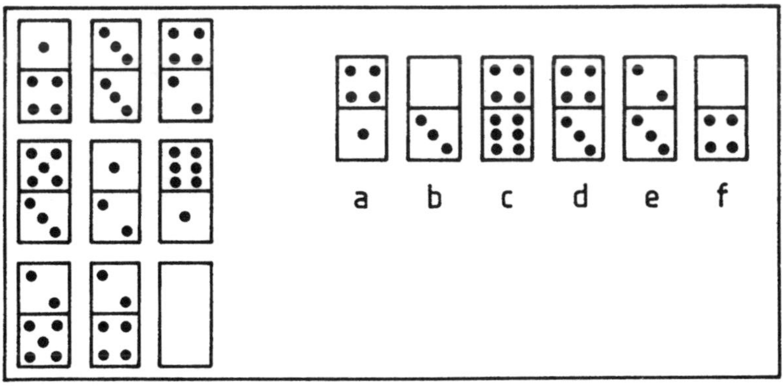

C

Hier werden Zahlen durch bestimmte Symbole ersetzt. Einzelne Symbole entsprechen einer einstelligen Zahl (0–9), zwei nebeneinanderstehende Symbole entsprechen einer zweistelligen Zahl (10–99) usw. Die Aufgabe besteht darin, herauszufinden, welche Zahl für ein bestimmtes Symbol eingesetzt werden muß, damit die Aufgabe richtig gelöst werden kann. Dazu zwei **Beispiele**:

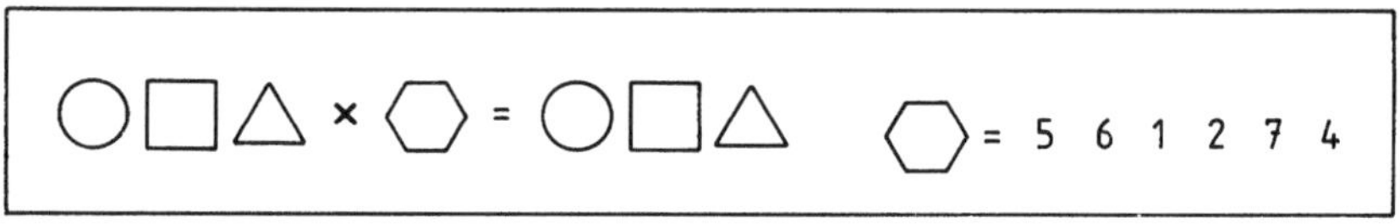

Lösung: 1 (nur eine Zahl mit 1 multipliziert bleibt gleich).

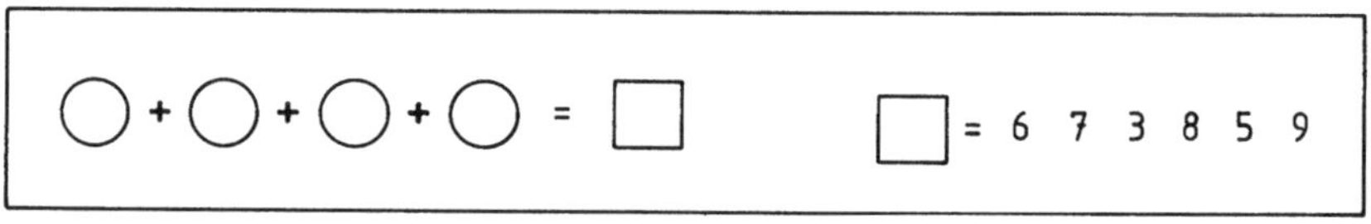

Lösung: 8 (2+2+2+2 = 8).

Für die folgenden 15 Aufgaben haben Sie 10 Minuten Zeit.

A

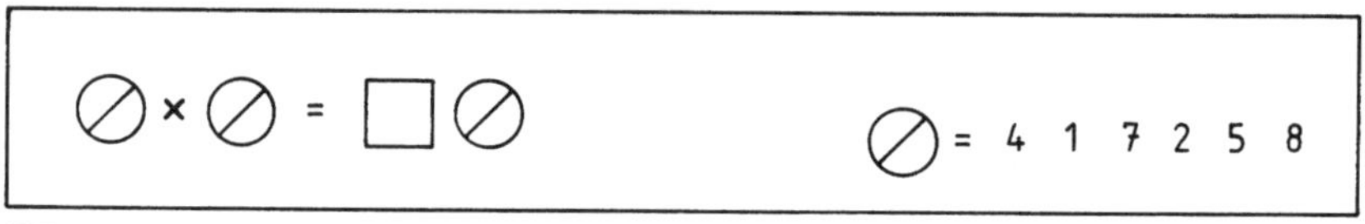

B

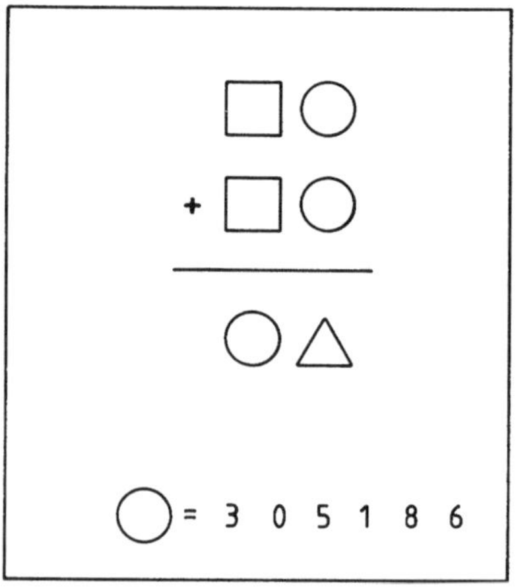

C

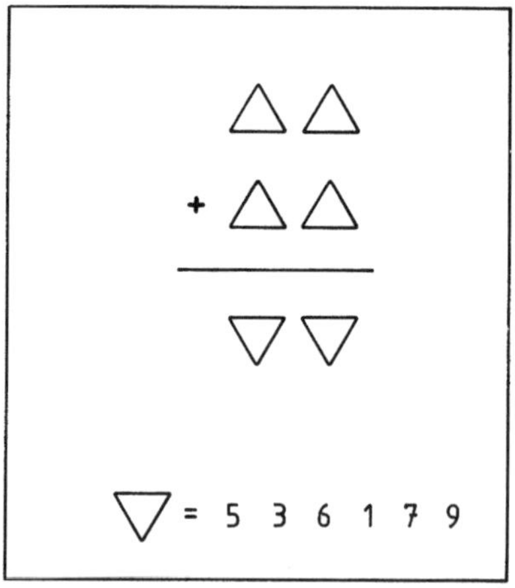

D

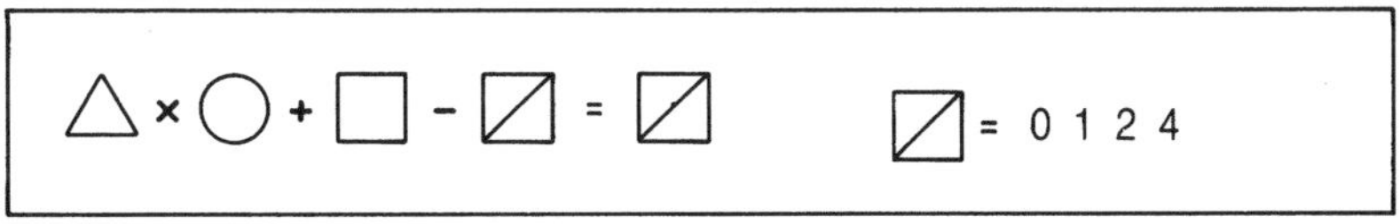

E

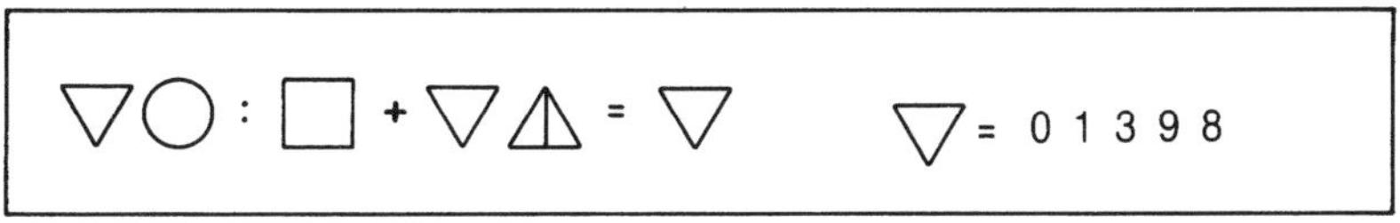

F

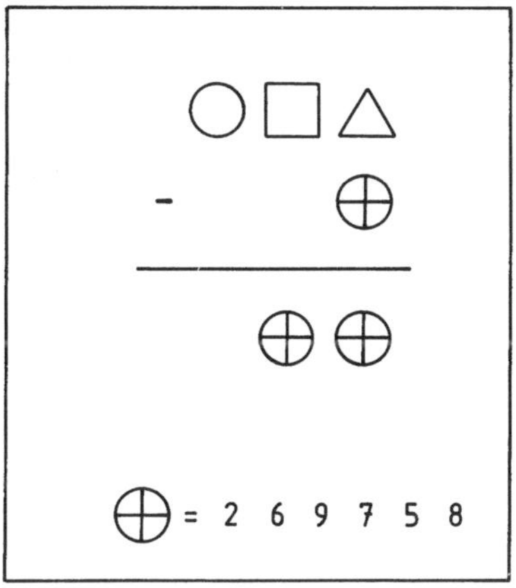

G

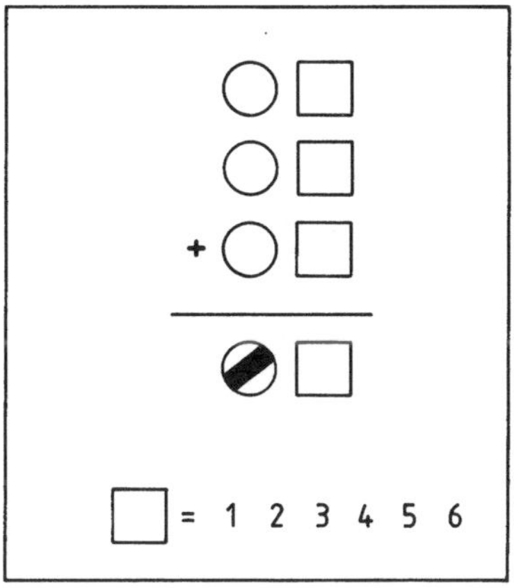

H

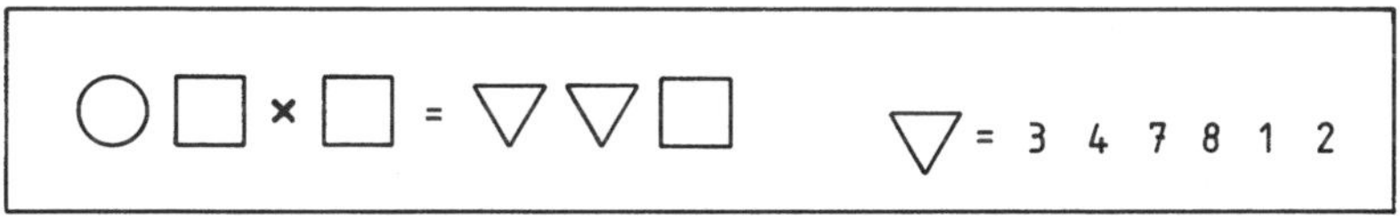

J

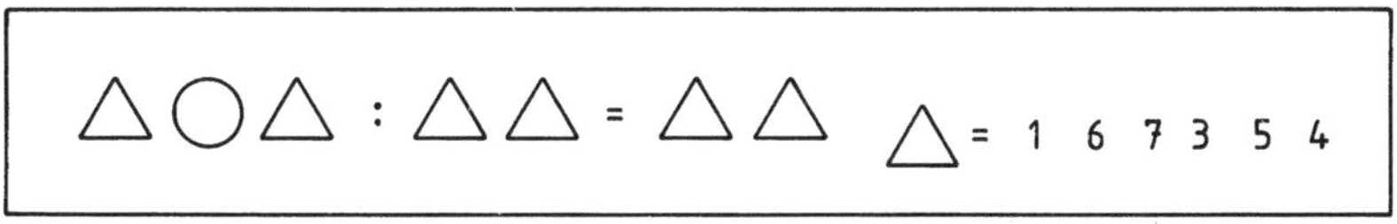

K

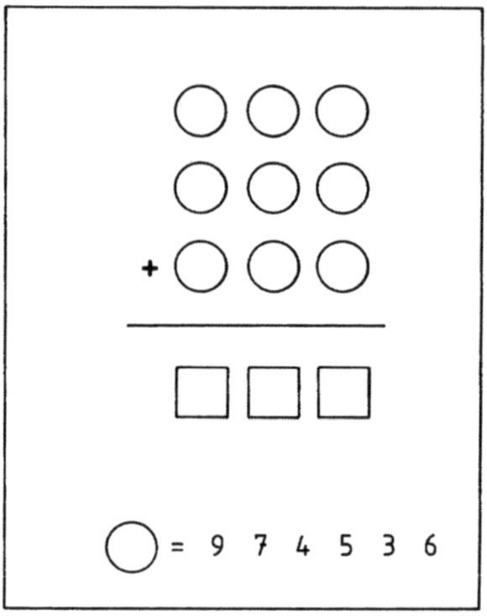

L

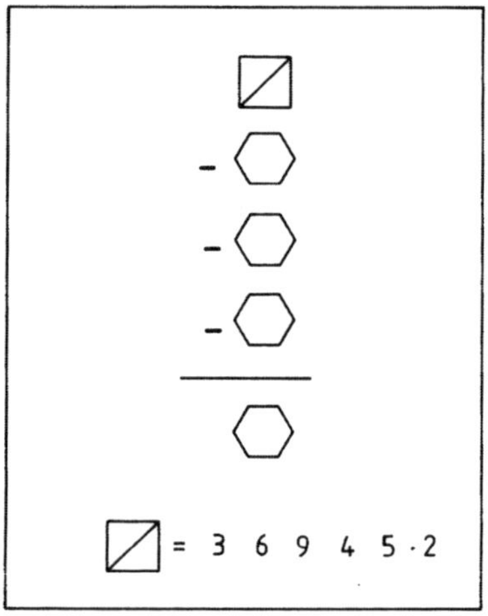

M

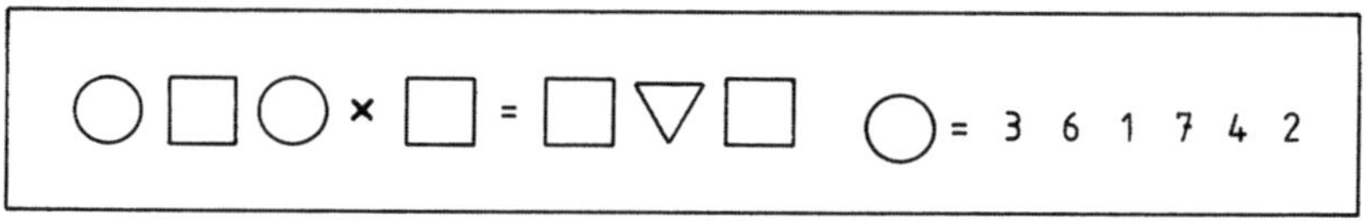

N

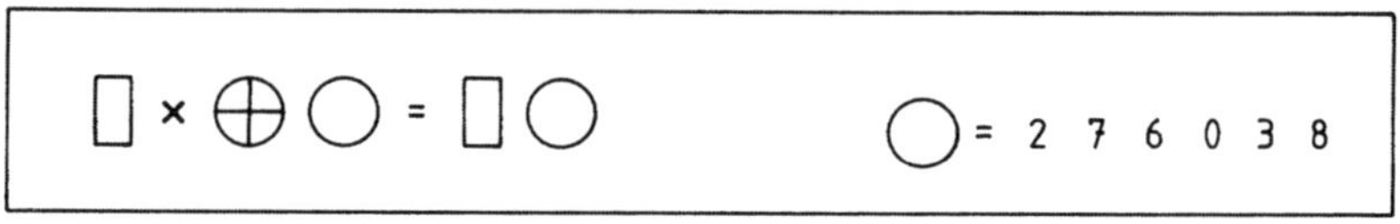

P

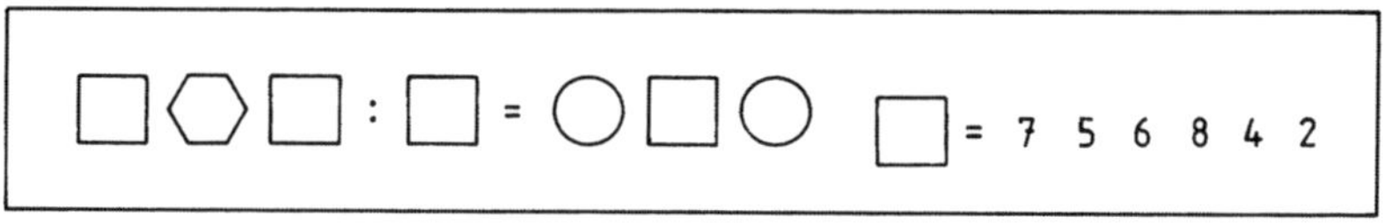

Q

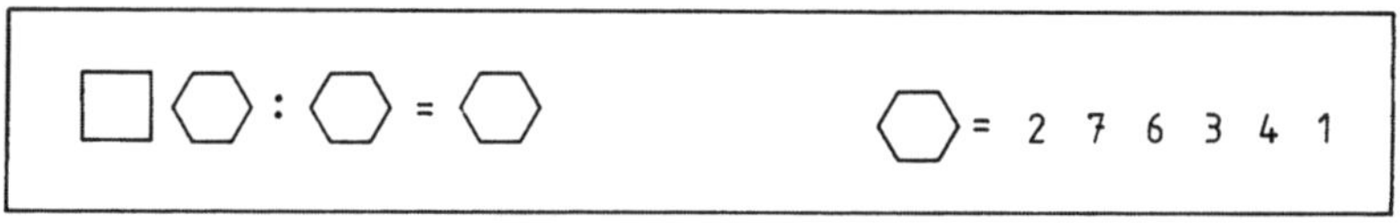

8. Räumliches Vorstellungsvermögen

A Spiegelbilder

Die folgenden Figuren lassen sich durch einfaches Verschieben zur Deckung bringen – bis auf eine, die muß man erst umklappen, bis auch sie durch Verschieben zur Deckung mit den anderen Figuren gebracht werden kann. Welche Figur das ist, sollen Sie herausfinden. Bei der folgenden **Beispiel**aufgabe ist das die Figur C.

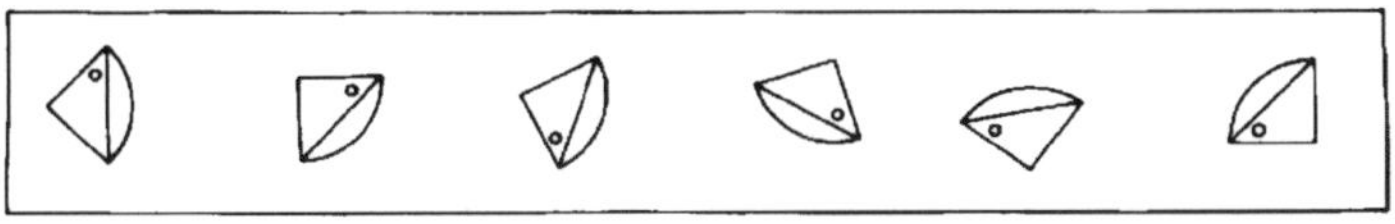

A B C D E F

Für die auf den nächsten 2 Seiten folgenden 20 Aufgaben haben Sie 5 Minuten Zeit.

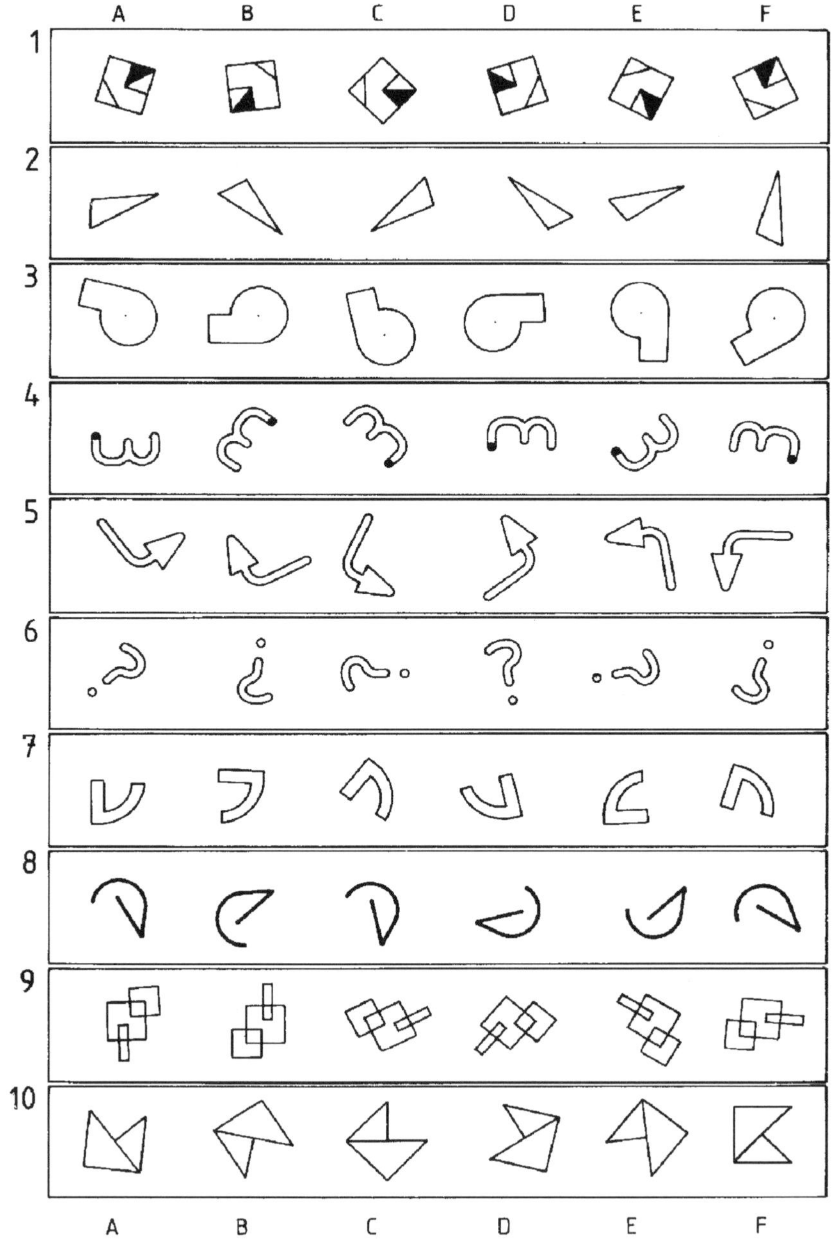
A
B
C
D
E
F
1
2
3
4
5
6
7
8
9
10
A
B
C
D
E
F

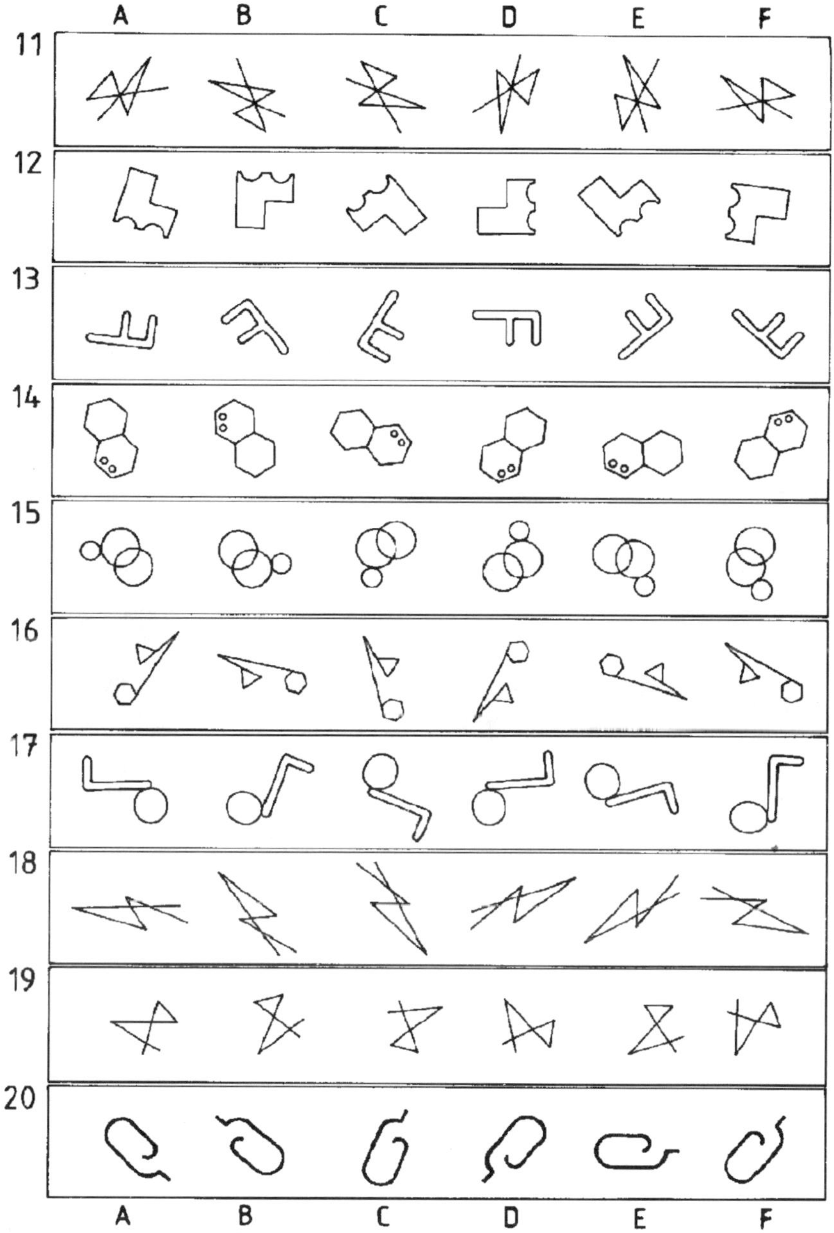
A B C D E F
11
12
13
14
15
16
17
18
19
20
A B C D E F

B Abwicklungen

Auch wenn Ihnen dieses Wort schon einmal in einem anderen Zusammenhang untergekommen ist: Welcher der vier Körper links kann aus der Faltvorlage rechts gebildet werden? Die Faltvorlage stellt immer die Außenseite des Körpers dar. Dazu zwei **Beispiele**:

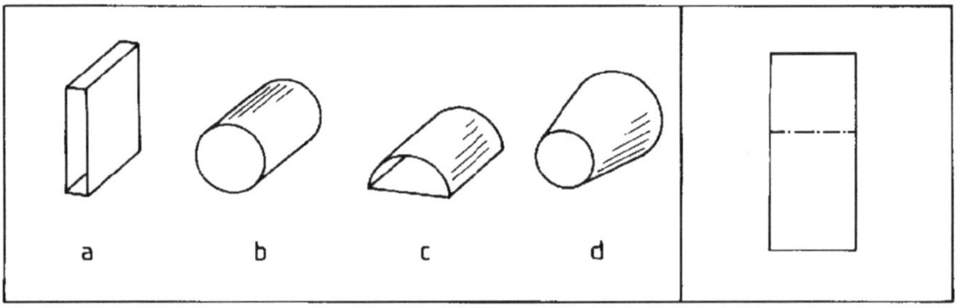

Lösung: c

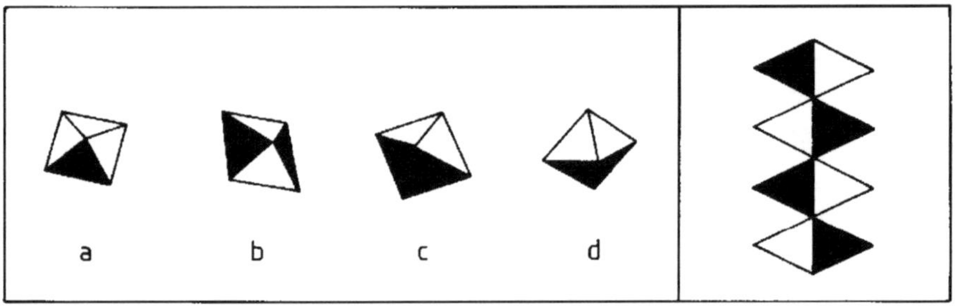

Lösung: b

Für die folgenden 15 Aufgaben haben Sie 10 Minuten Zeit.

1

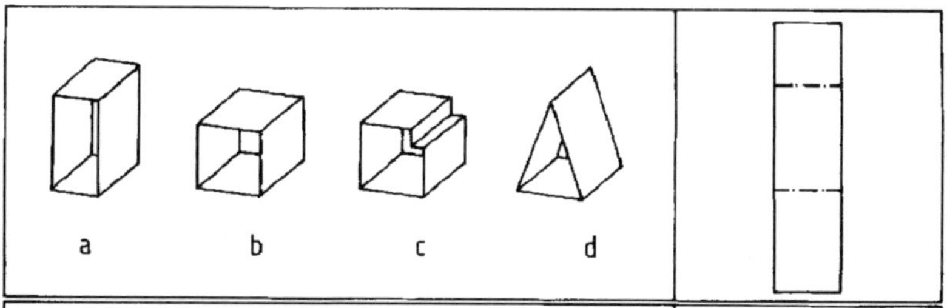

2

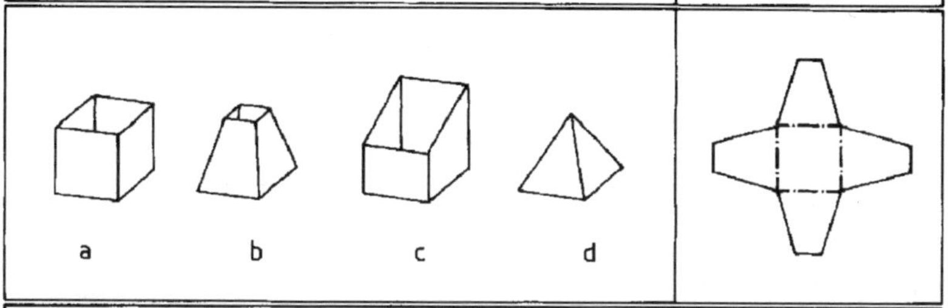

3

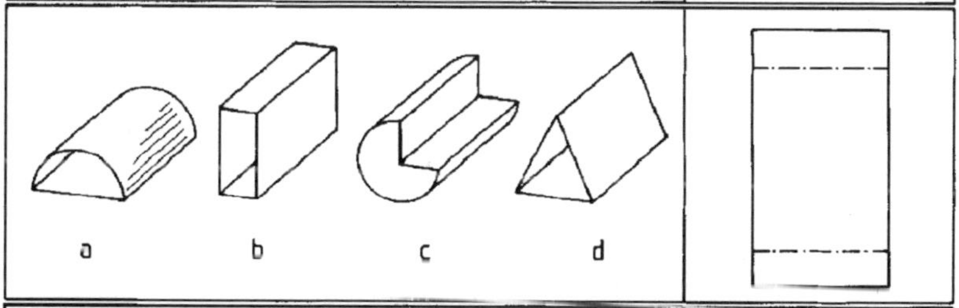

4

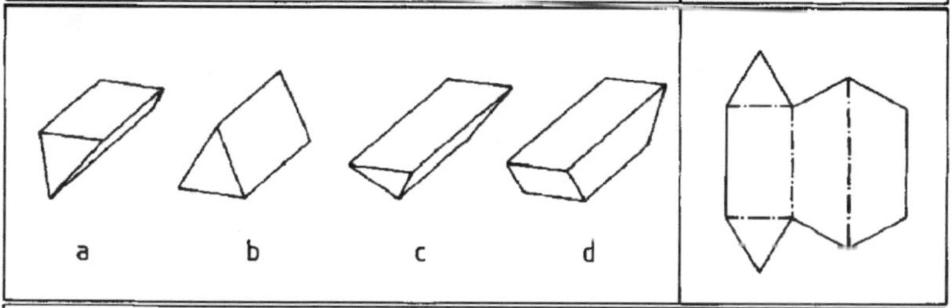

5

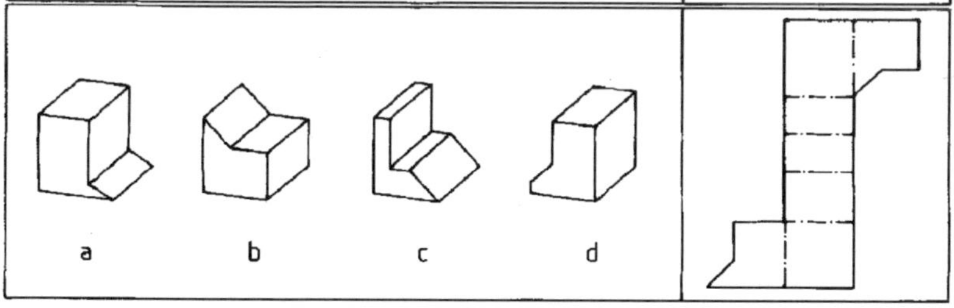

6

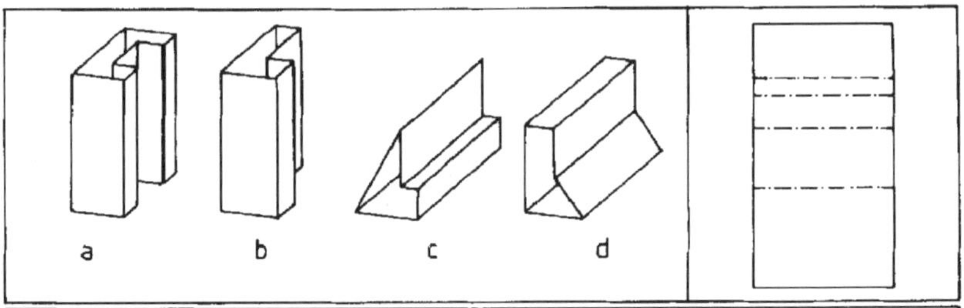

7

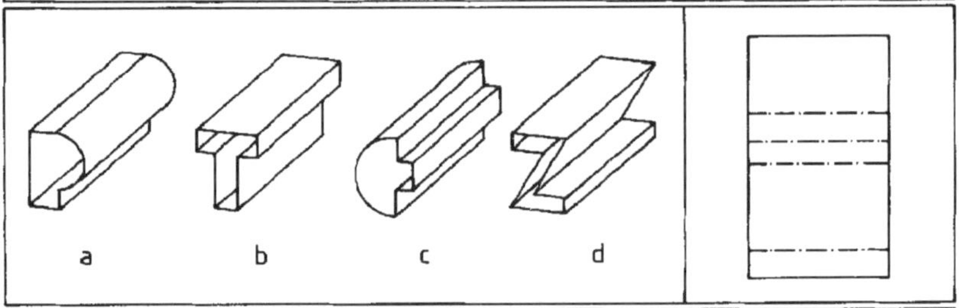

8

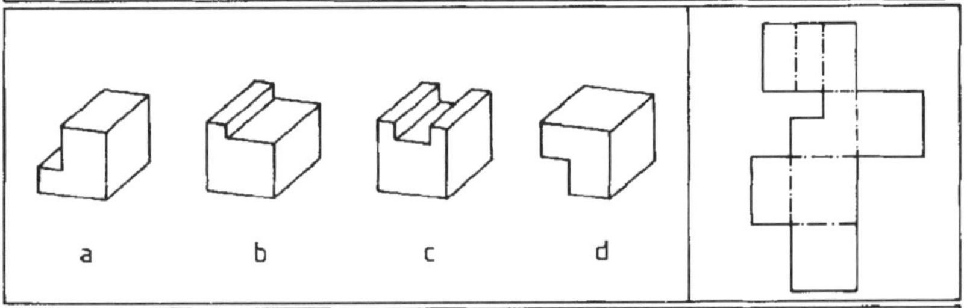

9

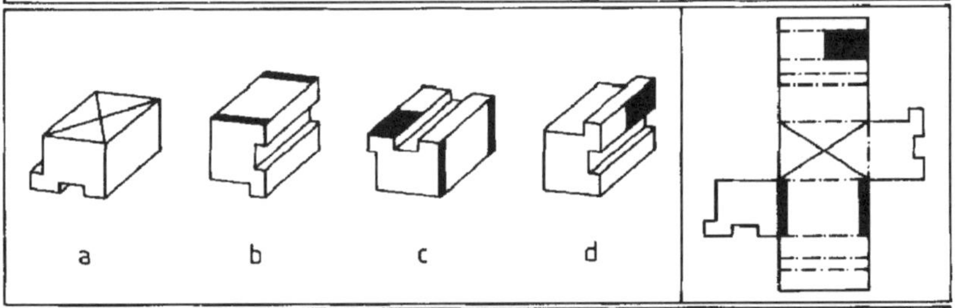

10

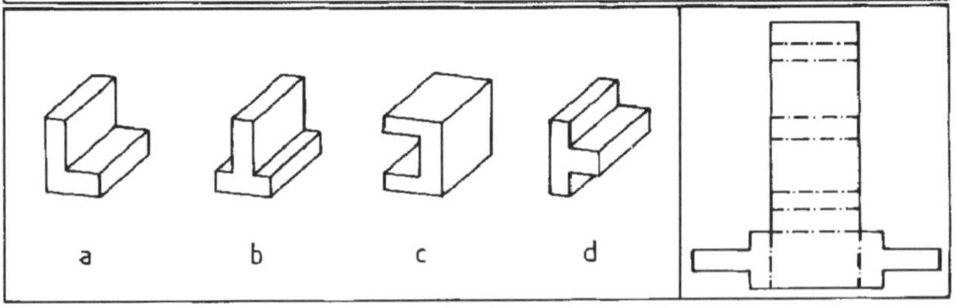

11
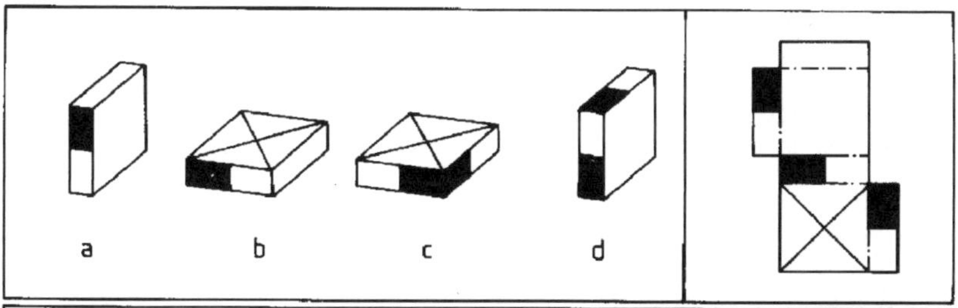

12
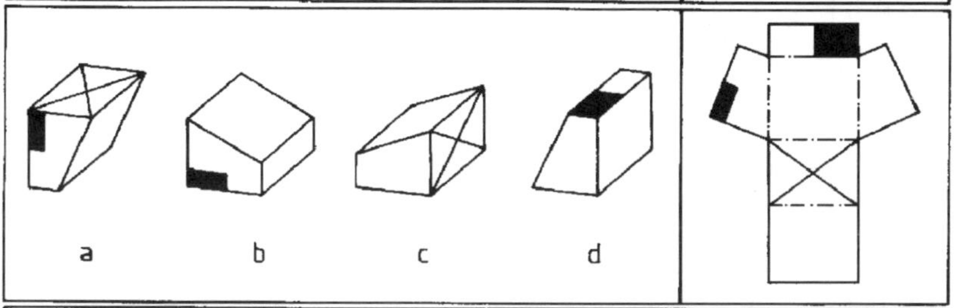

13
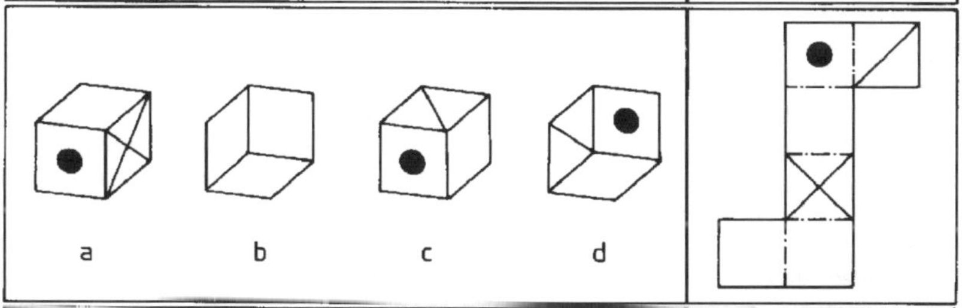

14
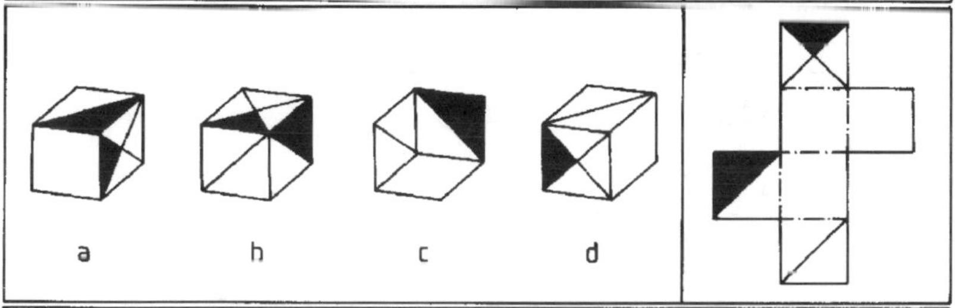

15
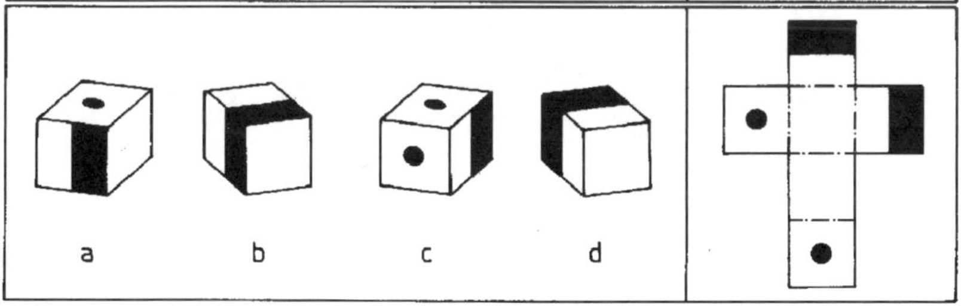

C Würfelaufgaben

Ihnen werden 5 Musterwürfel vorgegeben (a, b, c, d und e). Auf jedem sind sechs verschiedene Zeichen, drei davon können Sie sehen. Finden Sie heraus, welcher Musterwürfel a-e sich in den Aufgabenwürfeln versteckt. Hierzu **Beispiele**:

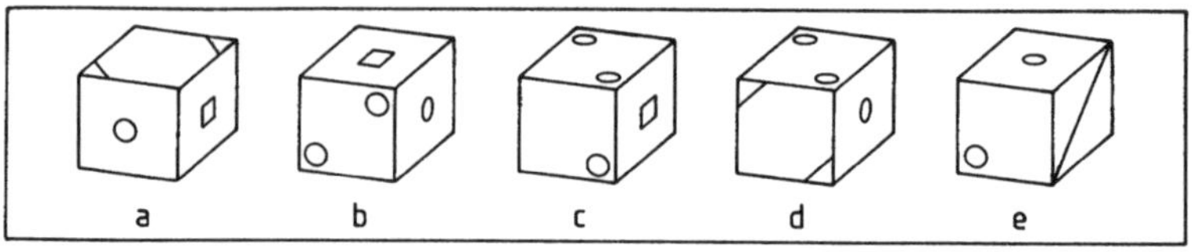

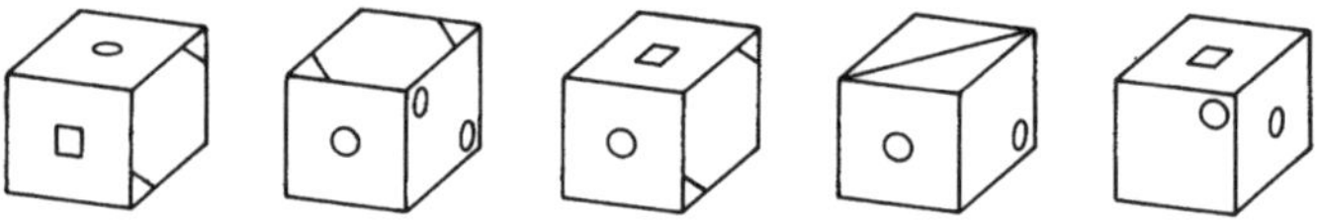

Lösungen (von links nach rechts): a, d, b, e, c.

Der erste Würfel (links) ist der Musterwürfel a, weil dieser nach links gedreht wurde und nach vorne gekippt. Bitte beachten Sie, daß der Würfel gedreht oder gekippt, aber auch gedreht und gekippt sein kann. Dabei kann auch maximal ein neues Zeichen (eine neue Seite) bei den Musterwürfeln sichtbar werden. Beachten Sie weiterhin, daß es sich um 5 verschiedene Würfel handelt, auch wenn die Musterwürfel zum Teil gleiche Zeichen/Symbole tragen. Für die folgenden 15 Aufgaben haben Sie 10 Minuten Zeit.

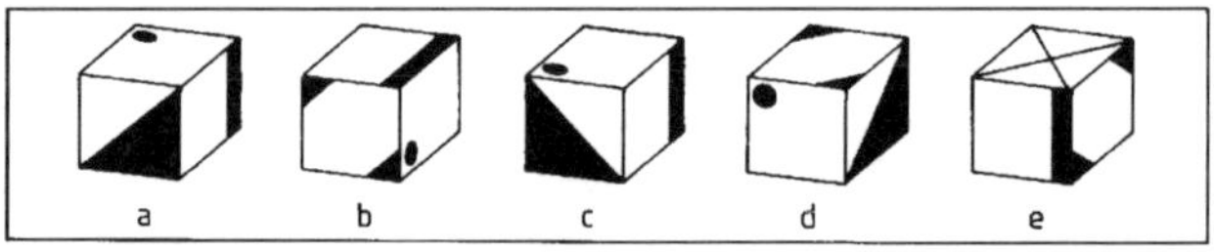

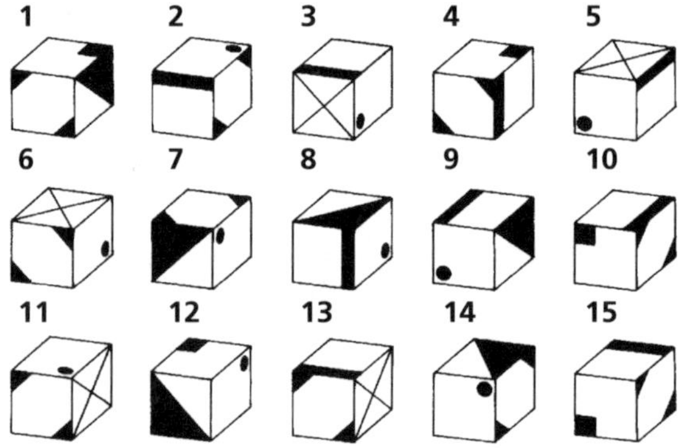

Rechen-Testaufgaben

Neben der Überprüfung der Rechtschreibkenntnisse sind Testaufgaben, die sich Ihren Rechen- und Mathematikkünsten widmen, Hauptbestandteil in fast jedem Bewerbungstest.

1. Zahlenreihen

Die folgenden Zahlenreihen sind nach einer bestimmten Regel aufgebaut. Aufgabe ist es, das nächste Glied in einer Reihe herauszufinden. Pro Aufgabenblock haben Sie 15 Minuten Zeit.

1. Block

A	3	4	6	9	13	18	24	?
B	4	5	6	8	10	13	16	?
C	54	52	26	24	12	10	5	?
D	18	20	40	42	84	86	172	?
E	100	50	52	26	28	14	16	?
F	10	20	40	30	60	120	110	?
G	33	30	15	45	42	21	63	?
H	20	5	9	36	40	10	14	?
I	12	9	27	30	10	7	21	?
J	18	20	10	14	6	12	6	?

2. Block

A	114	57	60	30	34	17	22	?
B	8	7	7	5	10	7	21	?
C	84	21	63	65	64	16	48	?
D	16	19	21	20	23	25	24	?
E	4	8	14	22	32	44	58	?
F	6	8	16	15	13	26	27	?
G	17	14	7	21	18	9	27	?
H	12	19	17	17	23	20	20	?
I	24	26	11	15	3	9	0	?
J	30	34	32	36	38	42	40	?

2. Schätzaufgaben

Bei den folgenden Rechenaufgaben geht es mehr um die Auffassungsgeschwindigkeit bei der Abschätzung der wahrscheinlich richtigen Lösung als um wirkliche Rechenfähigkeit. Für 8 Aufgaben haben Sie 6 Minuten Zeit.

A	**B**		
411 x 511 + 25302 =	a) 235 323	50 384 x 695 =	a) 87 543 218
	b) 255 401		b) 55 437 158
	c) 300 425		c) 35 016 880
	d) 195 798		d) 12 384 758
C	**D**		
199^2 =	a) 39 981	49 371 x 7 =	a) 350 167
	b) 40 001		b) 345 598
	c) 39 681		c) 335 698
	d) 39 601		d) 345 597
E	**F**		
48 190 x 12,5 =	a) 581 900	3 574 158 : 1/2 =	a) 1 787 079
	b) 578 280		b) 7 148 316
	c) 602 375		c) 1 780 018
	d) 601 901		d) 6 985 079
G	**H**		
11 1/2 % von 9755	a 998,745	7,5 % von 1115	a) 83,625
	b) 1320,505		b) 79,123
	c) 100,925		c) 81,013
	d) 1121,825		d) 90,785

3. Kettenaufgaben

Man muß vielleicht sogar froh sein, daß diese Kettenaufgaben nicht mündlich lediglich angesagt, sondern immerhin schriftlich gegeben werden. Für 8 Aufgaben (A–H) haben Sie 18 Minuten Zeit (aber bitte ohne Ihren Taschenrechner ...). ACHTUNG: hier gilt ausnahmsweise nicht Punktrechnung vor Strichrechnung:

A 2 x 5 + 2 : 6 + 4 x 5 + 6 : 6 + 4 x 5 : 2 – 5 : 4 – 4 x 9 + 1 =

B 8 – 4 x 2 : 4 + 9 x 5 : 5 + 4 – 5 : 2 – 4 x 8 + 2 x 7 + 4 : 2 =

C 2 x 4 – 5 + 3 x 6 + 4 – 5 : 7 x 5 + 5 x 2 : 6 x 5 : 2 + 7 – 8 =

D 9 – 6 + 2 x 7 : 5 + 3 x 7 : 7 – 2 x 3 + 6 x 4 – 9 + 2 + 2 – 6 =

E 4 x 5 : 4 + 5 x 4 – 3 x 3 – 1 : 2 – 8 + 3 – 9 x 2 – 1 : 9 + 1 =

F 3 x 3 + 6 – 5 x 7 + 2 : 8 + 6 x 3 + 21 : 11 – 3 x 9 + 3 : 10 x 13 =

G 4 + 22 – 8 + 14 : 4 x 9 + 8 : 8 + 50 – 6 : 6 + 11 – 5 + 12 – 3 : 4 =

H 84 – 6 + 2 : 8 x 7 – 7 : 9 + 45 + 2 : 6 x 5 – 15 + 90 : 60 x 8 : 4 =

4. Zahlenmatrizen

Zahlenmatrizen sind ähnlich wie Zahlenreihen zu bearbeiten. Man muß das Aufbauprinzip erkennen und die Fragezeichen knacken.

Beispiel:

1	2	3	4	
4	3	2	1	
1	2	?	4	Lösung: 3
4	?	2	1	Lösung: 3

Für die folgenden 6 Aufgaben haben Sie 10 Minuten Zeit.

A

2	4	6	8
3	5	7	9
1	3	?	7
?	6	8	?

B

12	34	56
23	?	67
34	56	78

C

16	64	68
12	48	?
8	32	36

D

48	51	17	20
51	54	18	21
54	57	??	22
??	60	20	23

E

5	3	6
2	?	1
8	0	9

F

1	4	9
16	25	?
49	64	81

5. Textaufgaben

Bitte lösen Sie die folgenden 13 Rechentextaufgaben (A-M) in 23 Minuten:

A
Ein rechteckiges Grundstück hat eine Größe von 2193 qm bei einer Front von 51 m Länge. Wie breit ist das Grundstück?

B
Eine Erbschaft von 52 000 DM soll unter zwei Erben so verteilt werden, daß der jüngere Erbe einen dreimal so großen Erbteil bekommt wie der ältere Erbe. Wie groß ist der kleinere Erbanteil in DM?

C
Die Reaktionszeit eines Busfahrers beträgt eine Sekunde. Wie viele Meter fährt der Bus, wenn der Fahrer mit einer Geschwindigkeit von 96 km/h fährt und plötzlich eine Gefahrensituation sieht, bevor er anfängt zu bremsen?

D
Zwei Skateboardfahrer sehen sich bei einem Kurztreffen um 14.55 Uhr. Sie tauschen für 5 Minuten ihre Erfahrungen aus und fahren weiter. Wie groß ist die Entfernung zwischen ihnen nach 80 Minuten, wenn der eine 12 km, der andere Skateboardfahrer 7,5 km in der Stunde zurücklegt?

E
Ein Lottogewinn von 576 000 DM soll im Verhältnis von 4:5 aufgeteilt werden. Wie groß ist der kleinere Gewinn?

F
Von 30 Testaufgaben haben Sie 18 richtig. Wieviel Prozent sind das?

G
1/3 dieser Testaufgaben war leicht, 1/6 schwer. Wieviel Prozent der Aufgaben waren weder schwer noch leicht?

H
Während sich ein großes Zahnrad 36mal dreht, muß sich ein kleineres 108mal drehen. Wenn sich das kleinere aber 432mal gedreht hat, wie viele Male muß sich dann das größere Zahnrad gedreht haben?

I
Wenn von 100 geborenen Kindern 63 Jungen sind, wieviel Prozent Mädchen werden geboren?

J
Wie groß ist die monatliche Rate für die Bank bei einer jährlichen Zinslastbelastung von 9 1/2 % für eine Kreditsumme von 150 000 DM?

K
Wenn man aus einer Vollmilch 3% Fett gewinnen kann, wieviel Kilogramm Milch werden benötigt, um 1,5 kg Fett zu gewinnen?

L
Ein Schreibwarenhändler verkauft Schreibhefte. Für zwei verlangt er soviel, wie ihn drei gekostet haben. Wie hoch ist der Gewinn in Prozent?

M
Ein Jaguar, ein Gepard und eine Hyäne fressen gemeinsam eine Antilope. Der Jaguar allein würde die Antilope in einer Stunde auffressen. Der Gepard bräuchte drei Stunden dafür und die Hyäne sogar sechs. Wieviel Zeit brauchen sie, wenn sie die Antilope zusammen fressen?

LESE- UND ARBEITSHINWEISE

→ Als Basislektüre für Rechen- und Mathetests empfehlen wir unseren Titel: »Testtraining 2000« (dort s. S. 237 ff.) und »Testtraining Rechnen und Mathematik«.

Logik- und Abstraktionsvermögen-Testaufgaben

Obwohl wir im Kapitel Intelligenz-Testaufgaben schon einzelne Tests zum logischen Verständnis vorgeführt haben, möchten wir diesem Thema ein einzelnes Kapitel widmen. Unter dem Begriff »Logik« wird ein folgerichtiges, schlüssiges, gültiges, sogenanntes »denkrichtiges« Denken bezeichnet, das zu einleuchtenden, offenkundig und selbstverständlich richtigen Schlußfolgerungen und Aussagen führt. Logisch, daß Testanwender gern über diese Art zu denken verfügen (möchten) und deshalb auch ihre Testkandidaten bezüglich dieser Qualitäten einer ausführlichen Prüfung unterziehen. Der *Unlogik* – d.h. ihres wissenschaftlich und menschlich höchst fragwürdigen Vorgehens – sind sie sich dabei natürlich nicht bewußt.

Das logische Denken und sein Verwandter, die Abstraktionsfähigkeit, sind »Highlights« in jedem Einstellungs-Testverfahren. Mit Hilfe unterschiedlicher Testaufgabentypen versucht man, sich an Logik- und Abstraktionsfähigkeiten der Getesteten heranzupirschen. Es lassen sich graphische Aufgaben, sprachliche Aufgaben (z.B. Analogien) und Zahlenaufgaben (-reihen) unterscheiden.

1. Wochentage

Mit den Wochentagen kennen Sie sich aus. Ihre Aufgabe ist es jetzt, aufgrund einer Aussage den logisch richtigen Wochentag herauszufinden.

1. Beispiel:
Heute ist Montag. Welcher Tag ist drei Tage nach gestern?

Lösung: Mittwoch. Erklärung: Wenn heute Montag ist, war demzufolge gestern Sonntag. Drei Tage dazugerechnet ergibt Mittwoch.

2. Beispiel:
Vorgestern war 5 Tage vor Sonntag. Welchen Tag haben wir heute?

Lösung: Donnerstag. Erklärung: Wenn vorgestern fünf Tage vor Sonntag war, so muß heute drei Tage vor Sonntag sein, also Donnerstag.

Für 10 Aufgaben haben Sie 10 Minuten Zeit.

1. Übermorgen ist der dritte Tag nach Montag. Welcher Tag war vorgestern?

2. Morgen sind es noch vier Tage bis Sonntag. Welcher Tag ist übermorgen?

3. Gestern waren bis Sonntag noch fünf Tage. Welcher Tag ist morgen?

4. Der Tag, der vor vorgestern lag, liegt drei Tage nach Samstag. Heute ist also ...?

5. Übermorgen in einer Woche ist zwei Tage vor Dienstag. Vorgestern war ...?

6. Vorgestern waren es drei Tage vor Dienstag. Welchen Tag haben wir nach übermorgen?

7. Zwei Tage vor vorgestern war Dienstag. Welcher Tag wird übermorgen sein?

8. Wenn drei Tage vor gestern Mittwoch war, welcher Tag wird morgen sein?

9. Übermorgen ist fünf Tage vor Freitag. Welcher Tag war gestern?

10. Welcher Tag war vorgestern, wenn der Tag nach übermorgen zwei Tage vor Samstag liegt?

2. Grafik-Analogien

Hier ist die Aufgabe, aus fünf vorgegebenen Lösungsvorschlägen das grafische Element auszuwählen, das ein fehlendes Element in einer logischen Folge von grafischen Figuren sinnvoll ergänzt. Oder anders ausgedrückt: Zwei Zeichen sind vorgegeben, zwischen denen eine gewisse Beziehung besteht. Das dritte vorgegebene Element hat mit einem zu suchenden vierten Element ebenso eine logische Beziehung, die es zu suchen gilt. Nur einer der fünf Lösungsvorschläge kommt dafür in Frage.

Beispiel:

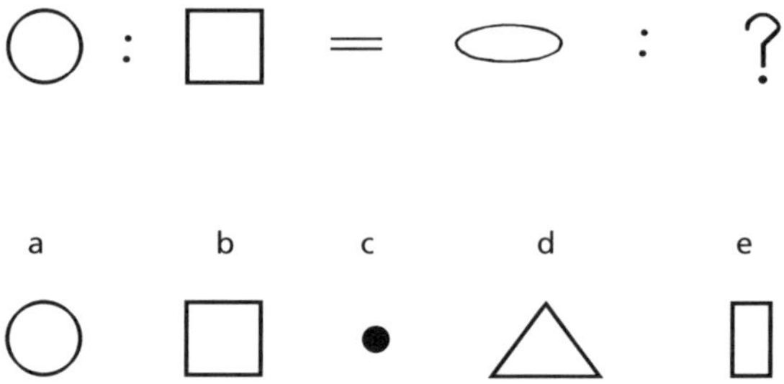

Lösung: e
Der Kreis verhält sich zum Quadrat wie die Ellipse zum Rechteck.

Für die folgenden 16 Aufgaben haben Sie 7 Minuten Zeit.

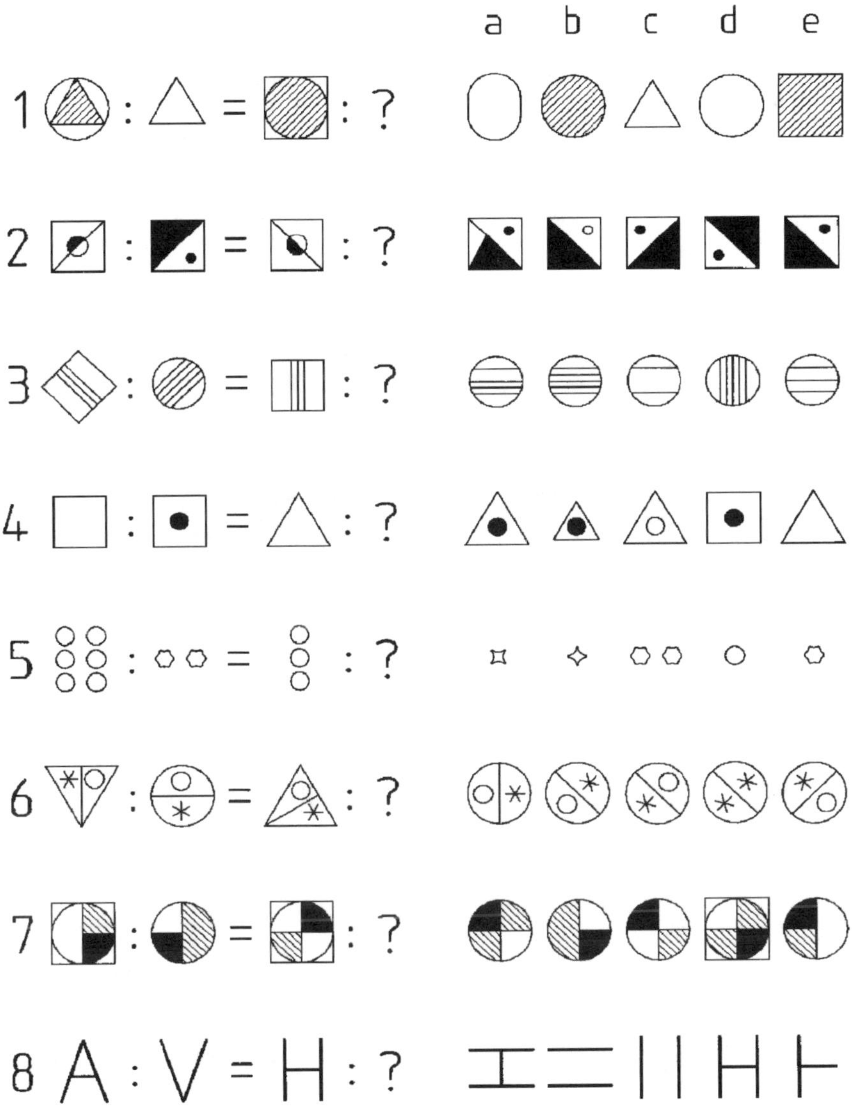
a b c d e
1 : = : ?
2 : = : ?
3 : = : ?
4 : = : ?
5 : = : ?
6 : = : ?
7 : = : ?
8 A : V = H : ?

a b c d e

9 

10 

11 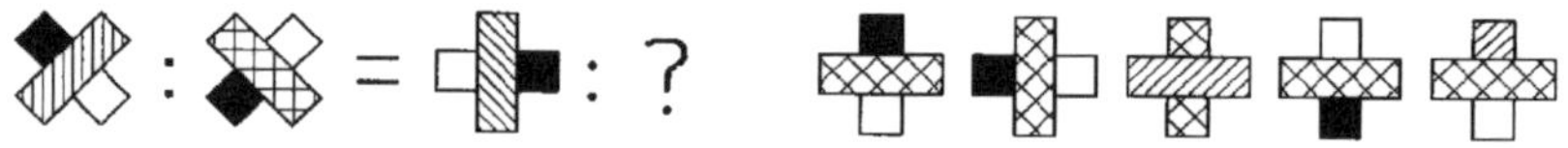

12 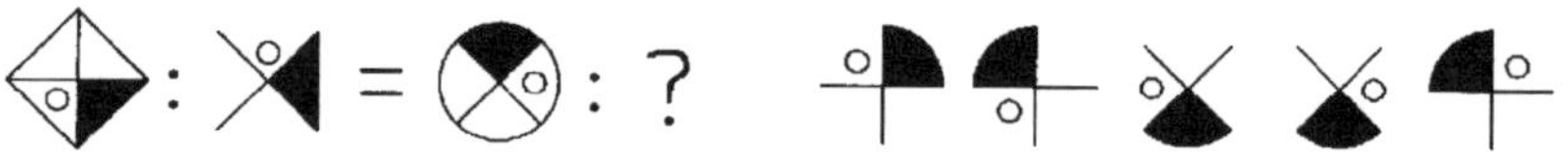

13 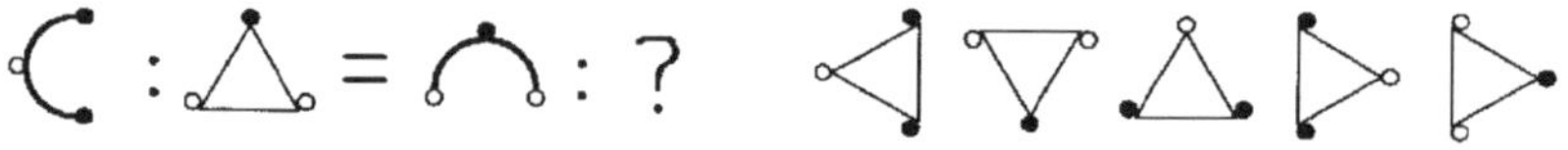

14 

15 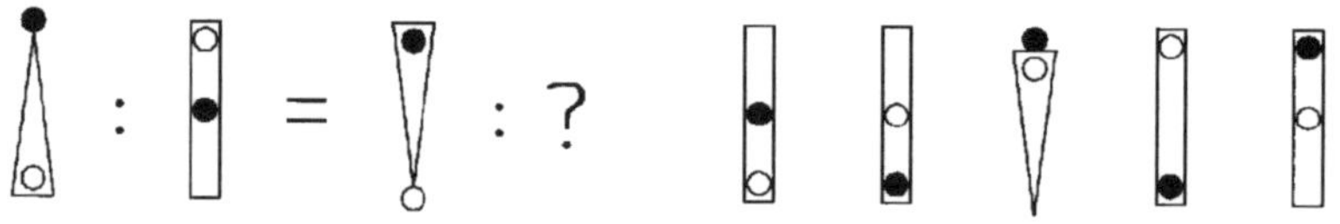

16 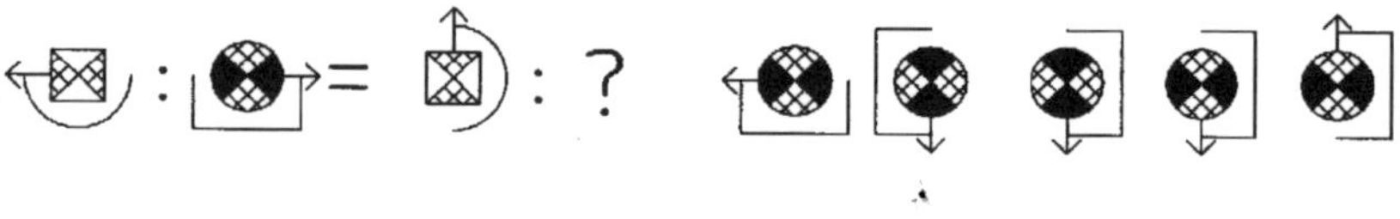

3. Meinung oder Tatsache

Zurück zur Realität. Jetzt geht es darum, Meinungen von Tatsachen zu unterscheiden. Tatsachen sind so charakterisiert, daß sie sofort bzw. in relativ kurzer Zeit beweisbar wären, Meinungen dagegen müssen erst ausdiskutiert werden.

1. Beispiel:
Rauchen ist ungesund.
a) Tatsache b) Meinung
Lösung: a

2. Beispiel:
Die Sterne lügen nicht.
a) Tatsache b) Meinung
Lösung: b

Für die folgenden 10 Aufgaben haben Sie 2 Minuten Zeit.

1. Der Weltraum ist unendlich.
   a) Tatsache b) Meinung

2. Geld verdirbt den Charakter.
   a) Tatsache b) Meinung

3. Menschen sind Sozialwesen.
   a) Tatsache b) Meinung

4. Soziales Engagement hat einen christlichen Ursprung.
   a) Tatsache b) Meinung

5. Politik ist ein schmutziges Geschäft.
   a) Tatsache b) Meinung

6. Fernsehen bildet.
   a) Tatsache b) Meinung

7. Es gibt Menschen, die glauben an ihr Horoskop.
   a) Tatsache b) Meinung

8. Die Umweltzerstörung hat in den letzten Jahren zugenommen.
   a) Tatsache b) Meinung

9. Man sagt, daß Treibgas die Ozonschicht zerstört.
   a) Tatsache b) Meinung

10. Manche Zeitungen lügen.
    a) Tatsache b) Meinung

4. Flußdiagramme

Die folgenden Übungsaufgaben sollen Ihnen Gelegenheit geben, sich mit einem bestimmten Aufgabentyp aus gängigen Eignungsverfahren (Fluß- oder Ablaufdiagramm) besser vertraut zu machen.

Es ist nur allzu verständlich, wenn Sie einen starken Widerstand gegen diese Art verwirrender, ungewohnter Aufgabenstellung spüren. Gleichwohl sind Sie in einer Auswahlsituation häufig mit diesem Aufgabentypus konfrontiert und müssen versuchen, die Aufgabenstellung optimal zu lösen. Haben Sie erst einmal Ihre Abneigung überwunden, werden Sie feststellen, daß solche Aufgaben im Grunde viel leichter zu lösen sind, als es auf den ersten Blick erscheint.

Genug der einleitenden Worte, hier die Aufgabenstellung: Eine Reihe von Problemstellungen und möglichen Lösungswegen wird in einem Flußdiagramm schematisch dargestellt. Zur Problemlösung gelangen Sie, indem Sie den Pfeilen des Flußdiagramms Schritt für Schritt folgen und das Schema begreifen.

Die »Bausteine« (Felder) des Flußdiagramms können sein: Handlungsschritte, Fragen, Antworten.

Ihre Aufgabe ist es, für die numerierten ovalen »Bausteine« (Felder) aus einer vorgegebenen Lösungsmenge a-e jeweils den richtigen Text auszuwählen, so daß das gesamte Flußdiagramm einen stimmigen Problemlösungsablauf aufzeigt.

Sie finden also zu den lediglich mit einer Ziffer versehenen ovalen »Bausteinen« (Feldern) jeweils fünf aus Texten bestehende Lösungsvorschläge (a, b, c, d, e), von denen nur einer richtig ist. Diesen gilt es für jeden numerierten »Baustein« (1-3) logisch richtig herauszufinden. Nochmals: Nur jeweils eine Lösung (für einen »Baustein«) ist richtig.

Beispiel:
Mit der Vorbereitung eines Bades kennen Sie sich aus. Sie müssen warmes und kaltes Wasser in die Wanne laufen lassen, die Temperatur überprüfen, ggf. Wasser ab- oder weiteres warmes oder kaltes Wasser zulaufen lassen, um dann endlich baden zu können.

In dem folgenden Flußdiagramm ist das Problem schematisch dargestellt. Zunächst wird Wasser in die Wanne gelassen, dann muß man entscheiden, ob die Wanne zu voll ist, die Temperatur überprüfen usw.

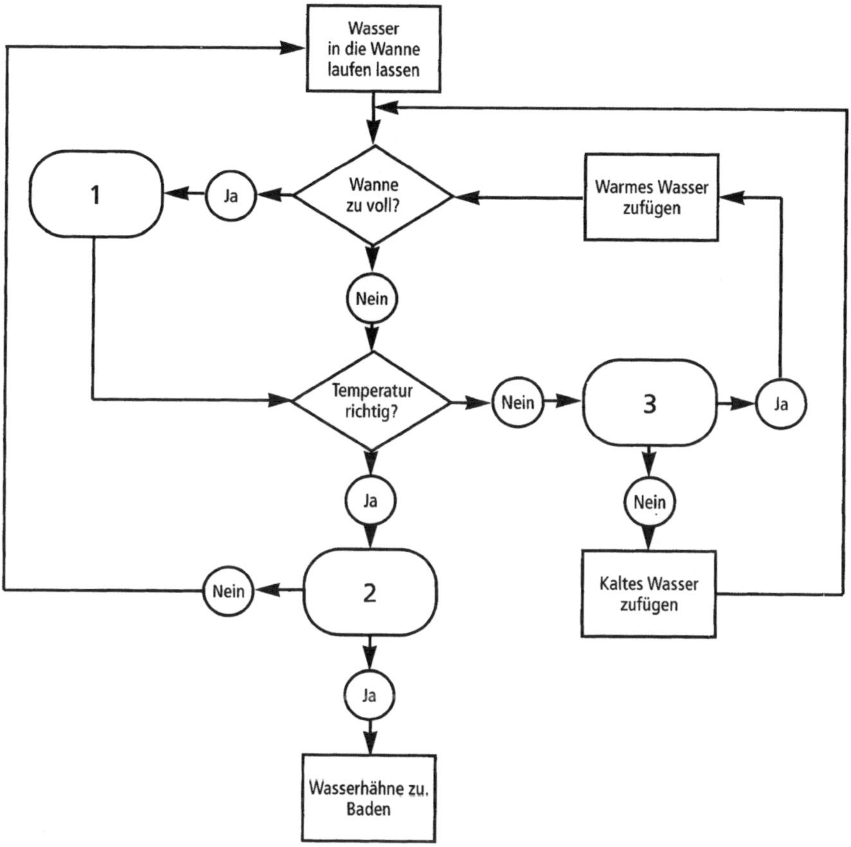

Welcher Text gehört in die ovalen Bausteine 1, 2, 3, damit das Flußdiagramm logisch richtig vervollständigt ist?

1. Aufgabe: Welcher Text gehört in den ovalen Baustein 1?
   a) Warmes Wasser zufügen
   b) Kaltes Wasser zufügen
   c) Wanne zu voll?
   d) Etwas Wasser ablaufen lassen
   e) Zusätzliches Wasser zufügen

Lösung: d

Begründung: Lösung c kann es nicht sein, denn in diesem Feld kann keine Frage kommen. Die Lösungen a, b und e scheiden auch aus, da die ja eben als zu voll erkannte Wanne überlaufen würde.

2. Aufgabe: Welcher Text gehört in den ovalen Baustein 2?
a) Wanne zu voll?
b) Wanne voll genug?
c) Wanne zu leer?
d) Temperatur ist zu kalt.
e) Temperatur ist richtig.

Lösung: b

Begründung: Die Lösungen d und e scheiden aus, weil das Feld eine Frage beinhalten muß (schließlich folgt ein JA oder NEIN). Lösung a scheidet aus, denn die Wanne kann nicht zu voll sein, das wird bereits am Anfang überprüft (Wanne zu voll?). Auch c kann nicht die richtige Lösung sein, denn das ja führt dazu, die Wasserhähne zu schließen und zu baden. Also kann die Wanne nicht zu leer sein.

3. Aufgabe: Welcher Text gehört in den ovalen Baustein 3?
a) Temperatur zu kalt?
b) Temperatur zu warm?
c) Wanne zu voll?
d) Wanne ist voll.
e) Wasser ablaufen lassen.

Lösung: a

Begründung: Lösung d und e entfallen, weil sie keine Fragen sind, aber der Anschluß JA und NEIN folgt. Lösung c scheidet aus, denn die Wanne ist bereits überprüft. Lösung b ist ebenfalls falsch, weil man bei zu warmem Wasser kein zusätzliches warmes Wasser hinzufügen würde.

Hier nun drei Aufgaben mit insgesamt 9 Fragen. Sie haben 15 Minuten Zeit.

1. Fahrkartenautomat

Ein Fahrkartenautomat stellt folgende Tickets aus:

- Normalticket 3,20 DM
- Kurzstrecke 0,80 DM
- Reduziert (bis 14 Jahre) 1,80 DM

1.1. Aufgabe: Welcher Text gehört in den ovalen Baustein 1?
a) Ticket beim Bahnpersonal kaufen
b) Nach Hause gehen
c) Reklamieren
d) Ist es eine Kurzstrecke?
e) Geld einwerfen

1.2. Aufgabe: Welcher Text gehört in den ovalen Baustein 2?
a) Ist es eine Kurzstrecke?
b) Ist es eine Langstrecke?
c) Ist der Reisende älter als 14 Jahre?
d) Geld suchen
e) Nach Hause gehen

1.3. Aufgabe: Welcher Text gehört in den ovalen Baustein 3?
a) In die Bahn einsteigen
b) Geld in die Tasche gesteckt?
c) Ticket einstecken
d) Ticket erhalten?
e) Ist es eine Kurzstrecke?

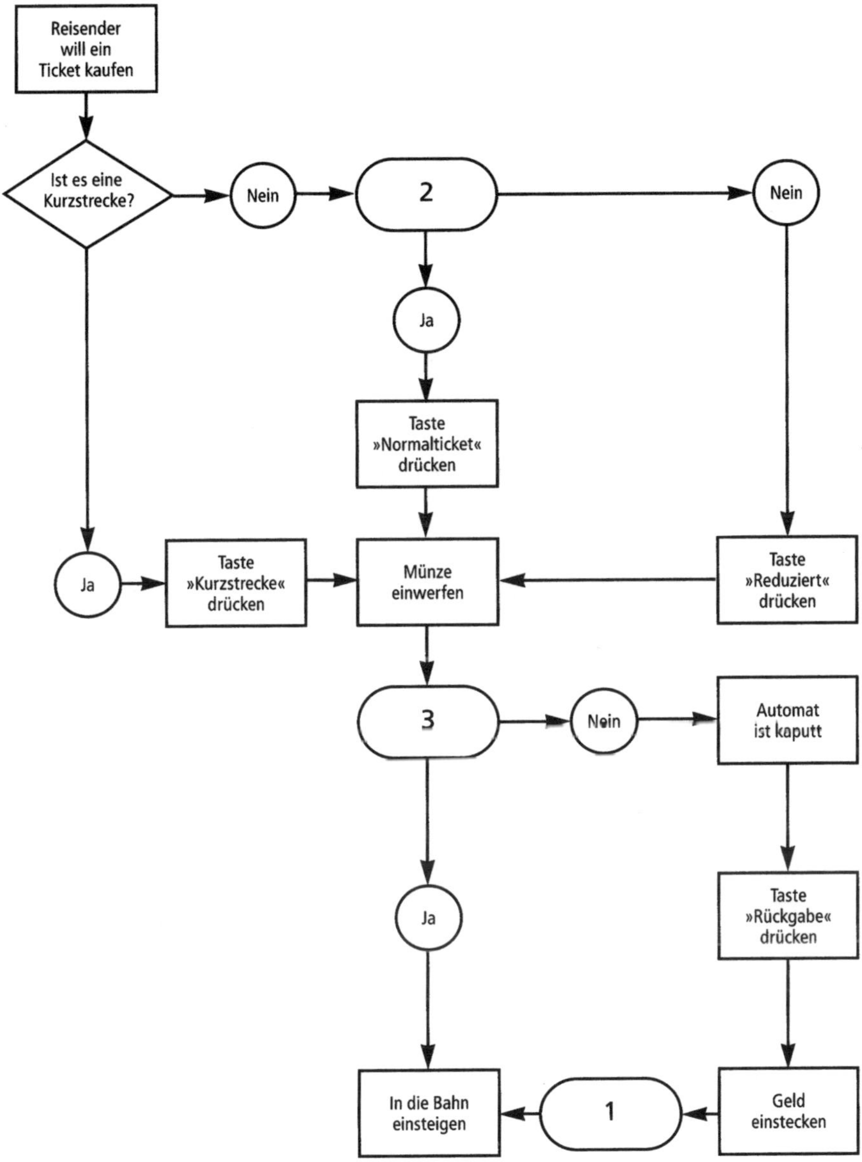
Reisender will ein Ticket kaufen
Ist es eine Kurzstrecke?
Nein
2
Nein
Ja
Taste »Normalticket« drücken
Ja
Taste »Kurzstrecke« drücken
Münze einwerfen
Taste »Reduziert« drücken
3
Nein
Automat ist kaputt
Ja
Taste »Rückgabe« drücken
In die Bahn einsteigen
1
Geld einstecken

2. Einbruch

Ein Einbrecher will in der Villa von Professor Witzig den Safe knacken. Der Professor hat einen Butler, Herrn Riese, der im Nebenhaus wohnt.

2.1. Aufgabe: Welcher Text gehört in den ovalen Baustein 1?
- a) Hat der Butler ihn gehört?
- b) Ist er leise genug gewesen?
- c) Hat er den Weg zum Safe gefunden?
- d) Hat er seine Tat bereut?
- e) Hat er sein Einbrecherwerkzeug mit?

2.2. Aufgabe: Welcher Text gehört in den ovalen Baustein 2?
- a) Hat er Schnupfen?
- b) Der Safe ist nicht da.
- c) Hat er zuviel Lärm gemacht?
- d) Hat er den Safe gefunden?
- e) Er will flüchten.

2.3. Aufgabe: Welcher Text gehört in den ovalen Baustein 3?
- a) Hat er alles eingesteckt?
- b) Steht die Polizei vor dem Haus?
- c) Hat er seine Tat bereut?
- d) Der Einbrecher ist erfolgreich gewesen.
- e) Der Butler hat die Polizei gerufen.

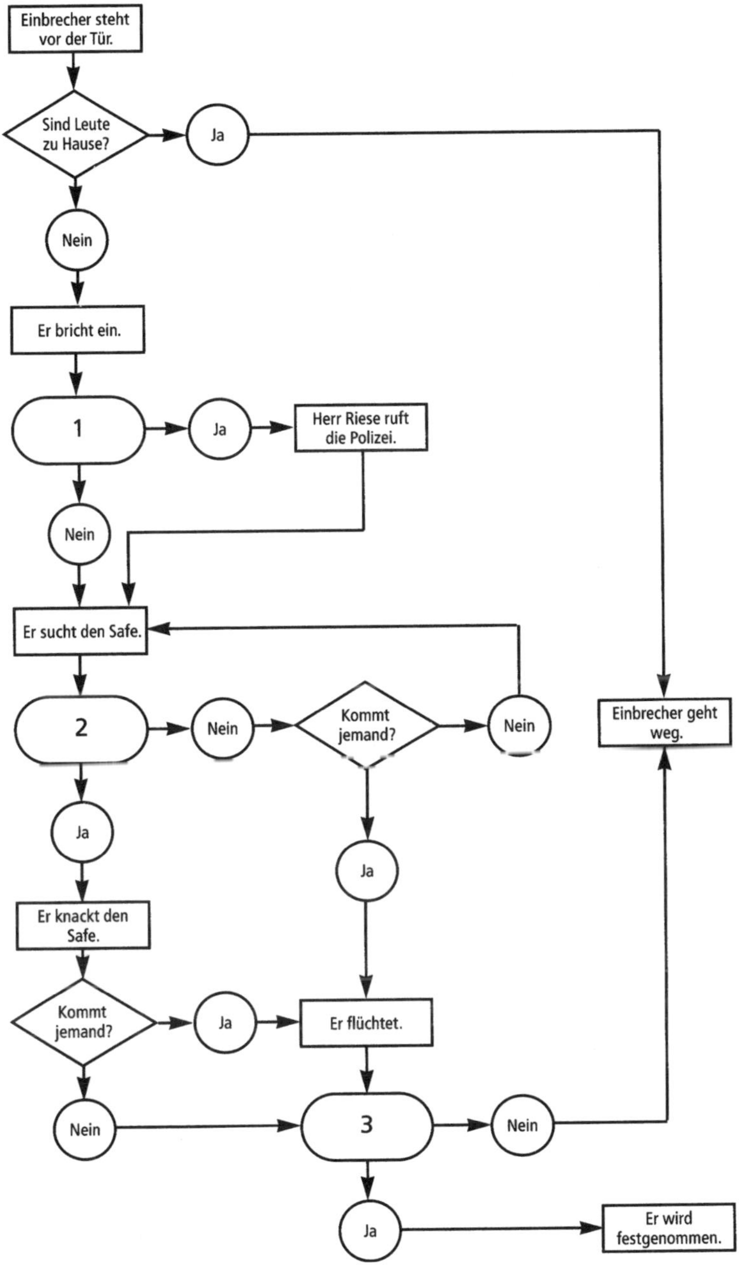
Einbrecher steht vor der Tür.
Sind Leute zu Hause?
Ja
Nein
Er bricht ein.
1
Ja
Herr Riese ruft die Polizei.
Nein
Er sucht den Safe.
2
Nein
Kommt jemand?
Nein
Einbrecher geht weg.
Ja
Ja
Er knackt den Safe.
Kommt jemand?
Ja
Er flüchtet.
Nein
3
Nein
Ja
Er wird festgenommen.

3. Waschmaschinen

Ein Geschäft verkauft drei verschiedene Waschmaschinentypen:

- ÖKO-CLEAN: 1.500 DM, sofort lieferbar, in Weiß oder Grün
- WASCH-O-MATIC: 1.200 DM, 8 Wochen Lieferzeit, in Weiß oder Braun
- SAUBER-AZ: 1.000 DM, 4 Wochen Lieferzeit, nur in Braun

3.1. Aufgabe: Welcher Text gehört in den ovalen Baustein 1?
a) Lieferzeit von 8 Wochen zu lang?
b) Das Produkt gefällt dem Kunden nicht?
c) Kunde kauft WASCH-O-MATIC.
d) 8 Wochen Lieferzeit O.K.?
e) Farbe Braun O.K.?

3.2. Aufgabe: Welcher Text gehört in den ovalen Baustein 2?
a) Farbe Braun O.K.?
b) Farbe Weiß O.K.?
c) Farbe spielt keine Rolle.
d) Lieferzeit von 8 Wochen zu lang?
e) Kunde kauft nichts.

3.3. Aufgabe: Welcher Text gehört in den ovalen Baustein 3?
a) Die Frau des Kunden wäscht per Hand.
b) Kunde braucht keine Waschmaschine.
c) Kunde kann sich nicht entscheiden.
d) Kunde kauft nichts.
e) Kann sich der Kunde eine Waschmaschine leisten?

Weitere Aufgaben finden Sie im »Testtraining 2000« und im »Testtraining Logik«.

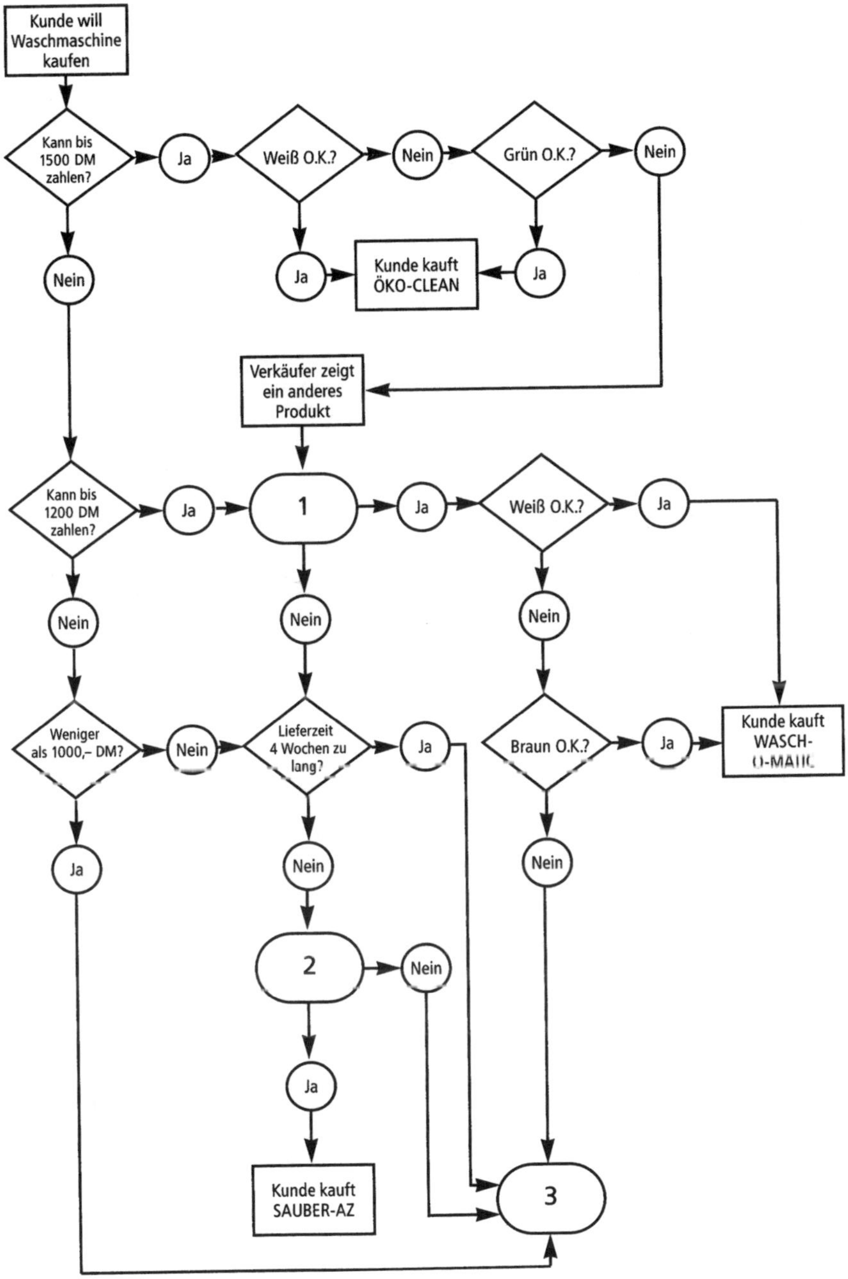
Kunde will Waschmaschine kaufen
Kann bis 1500 DM zahlen?
Ja
Weiß O.K.?
Nein
Grün O.K.?
Nein
Nein
Ja
Kunde kauft ÖKO-CLEAN
Ja
Verkäufer zeigt ein anderes Produkt
Kann bis 1200 DM zahlen?
Ja
1
Ja
Weiß O.K.?
Ja
Nein
Nein
Nein
Weniger als 1000,– DM?
Nein
Lieferzeit 4 Wochen zu lang?
Ja
Braun O.K.?
Ja
Kunde kauft WASCH-
Ja
Nein
Nein
2
Nein
Ja
Kunde kauft SAUBER-AZ
3

5. Textanalyse

Lesen Sie bitte den folgenden Text, und versuchen Sie, den Inhalt zu verstehen. Im Anschluß an den Text finden Sie sieben Sätze bzw. Aussagen (a-g), von denen lediglich einer Teilaspekte des Inhalts korrekt wiedergibt. Alle anderen Sätze enthalten inhaltlich etwas anderes, Falsches bzw. neue Informationen, die im Text nicht vorgegeben sind. Ihre Aufgabe ist es, den Satz bzw. die Aussage herauszufinden, die bestimmte Textinhalte korrekt wiedergibt.

Beispiel:
Zu den wichtigsten Entscheidungshilfen für Ihre persönliche Studien- und Berufswahl gehören neben der Information über die sachlichen und rechtlichen Aspekte der Ausbildung und späteren Berufsausübung Informationsschriften, Bücher, Hörfunk- und Fernsehbeiträge sowie das persönliche Gespräch und die Diskussion mit Freunden und Bekannten. In diesem für Sie nicht einfachen Entscheidungsprozeß können auch Gruppenmaßnahmen der Berufsberatung sowie der Besuch von Studien- und Bildungsberatungsstellen in Schulen und Hochschulen, bei Beauftragten für Behindertenfragen und auch die Teilnahme an geeigneten Volkshochschulkursen weiterhelfen.

a) Entscheidungsprozesse für oder gegen die Studien- und Berufswahl gehören zu den wichtigsten Schritten im persönlichen Leben eines heranwachsenden Menschen.

b) Auch Hörfunk- und Fernsehsendungen können wichtige Entscheidungshilfen für die persönliche Berufswahl darstellen.

c) Durch Gruppenmaßnahmen der Beauftragten für Behindertenfragen können geeignete Volkshochschulkurse gefunden werden.

d) Der nicht einfache Entscheidungsprozeß für die richtige Studienwahl wird besonders durch Freunde und Bekannte entscheidend beeinflußt.

e) Schriftliche Informationsmittel gehören neben anderen Medien sowie dem persönlichen Gespräch unter Freunden zu den wichtigsten Entscheidungshilfen beim Besuch von Studien- und Bildungsberatungsstellen.

f) Entscheidungshilfen durch Beauftragte für Behindertenfragen können eine wesentliche Unterstützung darstellen.

g) Keiner der hier aufgeführten Sätze a-f gibt den obigen Textinhalt korrekt wieder.

Lösung: b
Nur diese Aussage gibt als einzige einen Teilaspekt des Textes richtig wieder.

Für die Bearbeitung der folgenden zwei Texte haben Sie 7 Minuten Zeit.

1.
Die Pädagogik (Erziehungswissenschaft) beschäftigt sich heutzutage mit allen Fragen der Entwicklung und Hinführung des einzelnen zum selbständigen und verantwort-

lichen Leben in Gesellschaft und Gemeinschaft. Damit hat die Pädagogik zugleich der Erziehungswirklichkeit in der Familie und Gesellschaft einerseits und in den erzieherischen, insbesondere den schulischen und sozialpädagogischen Einrichtungen andererseits konsequent Rechnung zu tragen, wobei sie durch wichtige Nachbarwissenschaften wie Anthropologie, Biologie, Philosophie, Psychologie und Soziologie Unterstützung findet, da hier sowohl die Voraussetzungen als auch die Funktionen von Erziehungs- und Lernprozessen Aufklärung finden.

Welche der folgenden Aussagen gibt Teilaspekte des Textinhaltes als einzige korrekt wieder? Oder ist keine der Aussagen korrekt?

a) In erzieherischen sozialpädagogischen Einrichtungen hat die Pädagogik der Erziehungsrealität der Gesellschaft Rechnung zu tragen.

b) Die Erziehungswirklichkeit wird durch den einzelnen in der Gesellschaft und Gemeinschaft bestätigt.

c) Die Pädagogik hat den angrenzenden Wissenschaften wie Anthropologie, Soziologie und Philosophie durch Aufklärung Rechnung zu tragen.

d) Die Biologie, Soziologie, Psychologie und andere Wissenschaften unterstützen die Pädagogik durch ihre Aufklärungsarbeit von Lernprozessen.

e) Heute beschäftigt sich die Pädagogik vor allem mit erziehungswissenschaftlichen Entwicklungen in Familie und Gesellschaft.

f) Sozialpädagogische Einrichtungen haben die Aufgabe, die Erziehungswirklichkeit im Leben von Gesellschaft und Gemeinschaft selbständig zu verantworten.

g) Keiner der hier aufgeführten Sätze a-f gibt den obigen Textinhalt korrekt wieder.

2.
Die Musikwissenschaft umfaßt als aktuelles Studienfach im Unterschied zu den musikpraktischen und musikpädagogischen Studiengängen – als Beispiel dafür kann die Ausbildung zum Konzertpianist bzw. der Bildungsweg zum Studienrat mit Hauptfach Ausrichtung Musik angeführt werden – vorrangig die theoretischen und historischen Aspekte der Musik. Dadurch bedingt, gliedert sich die Musikwissenschaft einerseits in Musikgeschichte – auch als historische Musikwissenschaft bezeichnet –, andererseits in die systematische Musikwissenschaft sowie in die Musikethnologie, d.h. in die musikalische Volks- und Völkerkunde. Den Kern des musikwissenschaftlichen Studiums bildet jedoch eindeutig die Musikgeschichte, deren Hauptaufgabe es ist, die Entwicklung der Musik von der Antike bis zur Gegenwart zu erforschen. Ebenso gehört die intensive Beschäftigung mit dem Leben und den Werken führender Musiker dazu wie auch das Studium des Wandels der Stile und die Auseinandersetzung mit einzelnen Gattungen und historischen Epochen.

Welche der folgenden Aussagen gibt Teilaspekte des Textinhaltes als einzige korrekt wieder? Oder ist keine der Aussagen korrekt?

a) Die historische Musikwissenschaft ist ein Untergebiet des musikpraktischen Bildungswegs.

b) Aus musikethnologischer Sicht ist die musikalische Volks- und Völkerkunde ein musikpraktischer Aspekt systematischer Musikwissenschaftsuntersuchungen.

c) Die theoretischen und historischen Aspekte der Musik werden hauptsächlich im Studienfach Musikwissenschaft untersucht.

d) Schwerpunkt des musikwissenschaftlichen Studiums ist die Beschäftigung mit dem Leben und den Werken alter Meister.

e) Musiktheoretische und musikpraktische Studien stehen im Gegensatz zum musikwissenschaftlichen Studium.

f) Eine intensive Auseinandersetzung mit musikalischen Stilwandlungen und historischen Epochen ist Gegenstand musikethnologischer Untersuchungen.

g) Keiner der hier aufgeführten Sätze a-f gibt den obigen Textinhalt korrekt wieder.

6. Sprachsysteme

Hier sind sechs Aufgaben, in denen Sie mit einigen Worten einer erfundenen »Fremdsprache« und deren deutscher Übersetzung konfrontiert werden. Es gilt, die Bedeutung der einzelnen Wörter und die grammatikalischen Regeln und Zusammenhänge der jeweiligen Fremdsprache zu erkennen. Die Aufgaben sind in zwei Gruppen zusammengefaßt, jede Gruppe bezieht sich auf eine andere Sprache.

Beachten Sie bitte, daß die grammatikalischen Regeln und der Satzbau der jeweiligen Fremdsprache sich möglicherweise von Regeln und Bau der deutschen Sprache und auch untereinander sehr unterscheiden. Es sind nur die Regeln gültig, die sich aus den Zusammenhängen der vorgegebenen Sätze erschließen lassen; Ausnahmen gibt es in den ausgedachten Fremdsprachen nicht. Zur Verdeutlichung:

Beispiel:

fützuft	= sie kommt	güttegü	= ich gehe
gütteft	= sie geht	defützuft	= sie kam

Wie heißt nun »Ich ging« in der fiktiven Fremdsprache?

a) degütteft
b) defützuft
c) defützugü
d) degüttegü
e) güttegü

Lösung: d.

Warum ist d richtig? Die Ausdrücke für »sie kommt« und »sie geht«, beides im Präsens, weisen als einzige Gemeinsamkeit die Endung »ft«, also muß »ft« für »sie« stehen. Das erlaubt den Schluß, daß die Endung »gü« für »ich« steht: Damit scheiden die beiden ersten Lösungen aus. Vergleichen wir die Ausdrücke »sie kommt« und »sie kam« miteinander, so wird klar, daß die Vergangenheitsform des jeweiligen Verbs durch die Vorsilbe »de« ausgedrückt wird. So ist auch die Lösung (e) mit Sicherheit falsch. Da der Stamm von »gehen« offensichtlich »gütte« und nicht »fütz« (kommen) ist, bleibt dann als Lösung nur (d), denn Lösung (c) ist auch falsch.

Für zwei Aufgabengruppen haben Sie 6 Minuten Zeit.

Erste Aufgabengruppe: Die Luopi-Sprache

Wutezippe gag = die Frau läuft weg

chalchapschie wuteen = der Mann streichelt die Frau

böddlitzippe düot = der Hund läuft schnell

bültemüstie böddliten = die Katze ärgert den Hund

Aufgabe 1: »Die Frau streichelt die Katze« heißt demzufolge:

a) wutezippe bülte
b) wutepschie chalchaen
c) wutepschie bülteen
d) bültemüstie bülteen
e) bültepschie wuteen

Aufgabe 2: »Der Mann ärgert den Hund« heißt dann:

a) chalchamüstie böddliten
b) chalchabülte böddliten
c) chalchamüstie bülteen
d) chalchapschie düot
e) chalchapschie böddliten düot

Aufgabe 3: »Die Katze läuft schnell weg von dem Hund« kann dann nur heißen:

a) bultezippe böddlitdüot gag
b) bültemüstie gag böddlit düot
c) bültemüstie böddlitzippe düot gag
d) bültezippe böddlitgag düot
e) bültezippe böddlitzippe düot

Zweite Aufgabengruppe: Die Daol-Sprache

yoülidana = ich aß

yüolidö = ihr trinkt

yoülidona = du aßest

yüolidüil = sie werden trinken

yoülidä = wir essen

Aufgabe 4: »Er wird trinken« heißt demzufolge:
a) yoülidüil
b) yuöliduil
c) yüolidu
d) yüoliduil
e) yöulidü

Aufgabe 5: »Ich trank« heißt dann:
a) yoülidöna
b) yöulidana
c) yüolido
d) yüolidana
e) yöulidö

Aufgabe 6: »Sie aßen« heißt dann:
a) yoülidüna
b) yoüliduna
c) yöulidüil
d) yöulidüna
e) yüolidüil

7. Interpretation von Tabellen und Schaubildern

Im letzten Abschnitt möchten wir Ihnen einige Testaufgaben vorstellen, in denen es um Tabellen- und Diagramm-Interpretationen geht.

A Geographie – 1. Aufgabe

Wir beginnen mit dem Thema Geographie. Auf der nächsten Seite sehen Sie verschiedene geographische Tabellen, zu denen Sie bitte folgende Fragen beantworten. Sie haben für zehn Aufgaben 8 Minuten Zeit.

1. Welche Bundesländer haben 1996 mehr als 1000 Einwohner/km^2?
2. Wie lang ist die deutsch-polnische Grenze?
3. Wie groß ist das Steinhuder Meer?
4. Wie lang ist die Havel, und wieviel km sind davon schiffbar?
5. Welches Bundesland ist von der Fläche her das größte Bundesland? Wieviel km^2 umfaßt es?
6. Welches von den drei Ländern hat die längste Grenze zur BRD: Luxemburg, Belgien oder Dänemark?
7. Welches ist der längste schiffbare Fluß in der BRD?
8. An welcher Stelle steht das Bundesland Sachsen in der Rangfolge der Einwohnerdichte im Jahr 1996?
9. Welches Bundesland hatte 1996 die meisten Einwohner (bitte auch die Zahl nennen)?
10. Welche Bundesländer liegen mit ihrer Einwohnerdichte über dem Bundesdurchschnitt?

Gebiet und Bevölkerung der BRD (1996)

	Fläche in km²	Bevölkerung insgesamt in 1.000	Einwohner je km²
Deutschland	357.021,43	82.012	230
Baden-Württemberg	35.751,76	10.375	290
Bayern	70.550,87	12.044	171
Berlin	890,85	3459	3.883
Brandenburg	29.475,72	2554	87
Bremen	404,23	678	1.677
Hamburg	755,20	1.708	2.262
Hessen	21.114,45	6.027	285
Mecklenburg-Vorpommern	23.170,24	1.817	78
Niedersachsen	47.612,24	7.815	164
Nordrhein-Westfalen	34.077,70	17.948	527
Rheinland-Pfalz	19.846,50	4.001	202
Saarland	2.570,15	1.084	422
Sachsen	18.412,71	4.546	247
Sachsen-Anhalt	20.447,46	2.724	133
Schleswig-Holstein	15.770,47	2.742	174
Thüringen	16.170,88	2.491	154

Anliegerstaaten der BRD

Länge der Grenzen	in km
insgesamt	3.758
Dänemark	67
Niederlande	567
Belgien	156
Luxemburg	135
Frankreich	448
Polen	442
Österreich (ohne Bodensee)	816
Schweiz (mit Enklave Büsingen, ohne Obersee des Bodensees)	316
Tschechische Republik	811

Flüsse

	Länge in km	darunter schiffbar in km
Donau	647	386
Rhein	865	778
Neckar	367	201
Main	524	384
Mosel	242	242
Ems	371	238
Weser	440	440
Elbe	700	700
Havel	343	243
Elde	208	180
Oder	162	162

Seen

mit einer Fläche über 20 km²	in km²
Bodensee	571,5
Müritz	110,3
Chiemsee	79,9
Schweriner See	60,6
Starnberger See	56,4
Ammersee	46,6
Plauer See	38,0
Kummerower See	32,2
Steinhuder Meer	29,1
Großer Plöner See	29,0
Schaalsee	23,3
Selenter See	22,4

Quelle: Statistisches Bundesamt Deutschland

A Geographie – 2. Aufgabe

Im nebenstehenden Diagramm geht es um das Klima in der deutschen Stadt X. Es werden die Niederschläge und die monatliche Durchschnittstemperatur für die Jahre 1997 und 1998 dargestellt. Statt Fragen zu beantworten, sind hier bestimmte Aussagen zu überprüfen. Notieren Sie jeweils, ob die Aussage richtig (= a) oder falsch (= b) ist. Für diese Aufgabe haben Sie 8 Minuten Zeit.

1. Im Jahr 1998 fielen die meisten Niederschläge in den Monaten Oktober, Dezember und Januar.
2. Die niedrigste Temperatur für das Jahr 1997 liegt unter 0° C.
3. In den Monaten Januar und September fielen 1997 am wenigsten Niederschläge.
4. In den Monaten März, Mai und August sind die Niederschläge im Jahr 1998 gegenüber dem Vorjahr angestiegen.
5. Im Juli wurde in beiden Jahren die höchste Temperatur gemessen.
6. In den Monaten Mai bis September liegen die Temperaturwerte über 20° C.
7. Die Niederschlagswerte betragen 1997 in den Monaten Februar, Mai und Juli über 80 mm.
8. Während die Niederschläge von 1997 auf 1998 in den Monaten Februar und Mai abgenommen haben, sind sie in den Monaten Juni und November von 1997 auf 1998 gestiegen.
9. Nur im Monat Oktober sind die Niederschläge 1998 gegenüber dem Vorjahr auf mehr als das Doppelte angestiegen.
10. Je höher die Durchschnittstemperatur ist, desto höher sind auch die Niederschlagswerte.

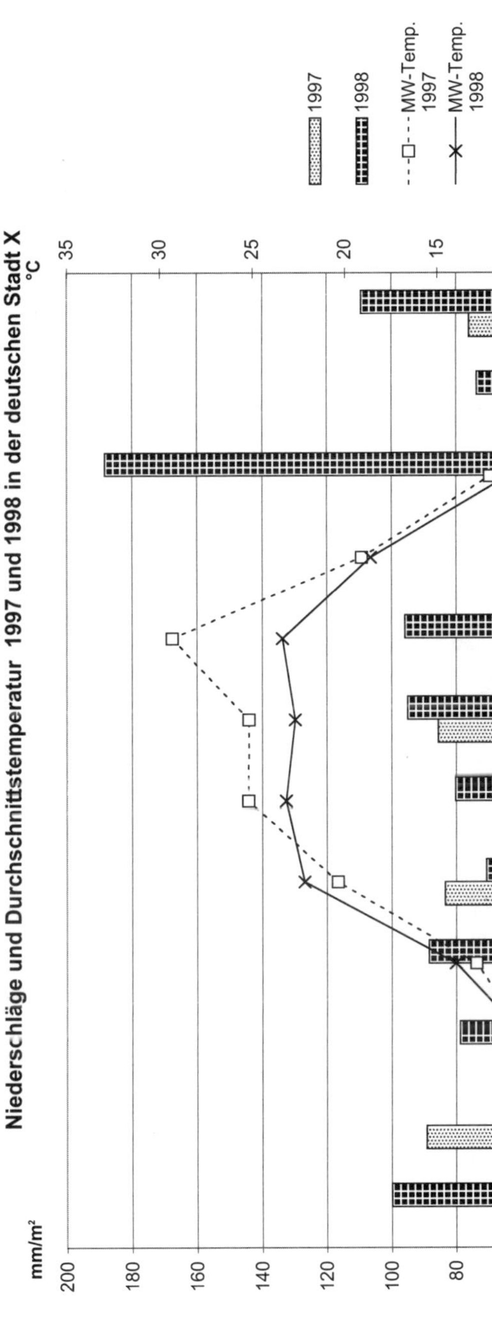
Niederschläge und Durchschnittstemperatur 1997 und 1998 in der deutschen Stadt X
mm/m²
°C
200
180
160
140
120
100
80
60
40
20
0
35
30
25
20
15
10
5
0
JAN
FEB
MÄF
APR
MAI
JUN
JUL
AUG
SEP
OKT
NOV
DEZ
1997
1998
MW-Temp. 1997
MW-Temp. 1998

B Tourismus – 1. Aufgabe

Die nebenstehende Grafik stellt für 1998 die Übernachtungen im Reiseverkehr in der BRD dar – prozentual nach Bundesländern aufgeteilt. Es wurden nur Beherbergungsstätten mit neun und mehr Gästebetten berücksichtigt. Die einzelnen Bundesländer sind durch folgende Abkürzungen gekennzeichnet:

Baden-Württemberg	= BW	Niedersachsen	= NDS
Bayern	= BY	Nordrhein-Westfalen	= NRW
Berlin	= B	Rheinland-Pfalz	= RPF
Brandenburg	= BRB	Saarland	= SRL
Bremen	= HB	Sachsen	= S
Hamburg	= HH	Sachsen-Anhalt	= SAN
Hessen	= HS	Schleswig-Holstein	= SH
Mecklenburg-Vorpommern	= MVP	Thüringen	= TH

Überprüfen Sie folgende Aussagen in 6 Minuten, und notieren Sie, ob die jeweilige Aussage richtig (= a) oder falsch (= b) ist.

1. Im Land Nordrhein-Westfalen gibt es mehr Übernachtungen als in Baden-Württemberg.

2. In den Ländern Berlin, Hamburg, Rheinland-Pfalz, Sachsen-Anhalt und Saarland betragen die Übernachtungen jeweils unter 4 %.

3. Die prozentuale Übernachtungszahl im Land Rheinland-Pfalz liegt über 5 %.

4. In der Rangfolge der Übernachtungszahlen liegt das Land Schleswig-Holstein an fünfter Stelle.

5. Die Länder Bremen, Saarland, Sachsen-Anhalt und Hamburg haben die niedrigsten Übernachtungszahlen.

6. Die Übernachtungszahlen der Länder Hessen, Niedersachsen, Sachsen und Schleswig-Holstein liegen über dem Mittelwert.

7. In den neuen Bundesländern liegen die Übernachtungen jeweils unter 5 %.

8. Von den Bundesländern, die an die Nordsee oder Ostsee grenzen, hat Niedersachsen die höchste prozentuale Übernachtungszahl.

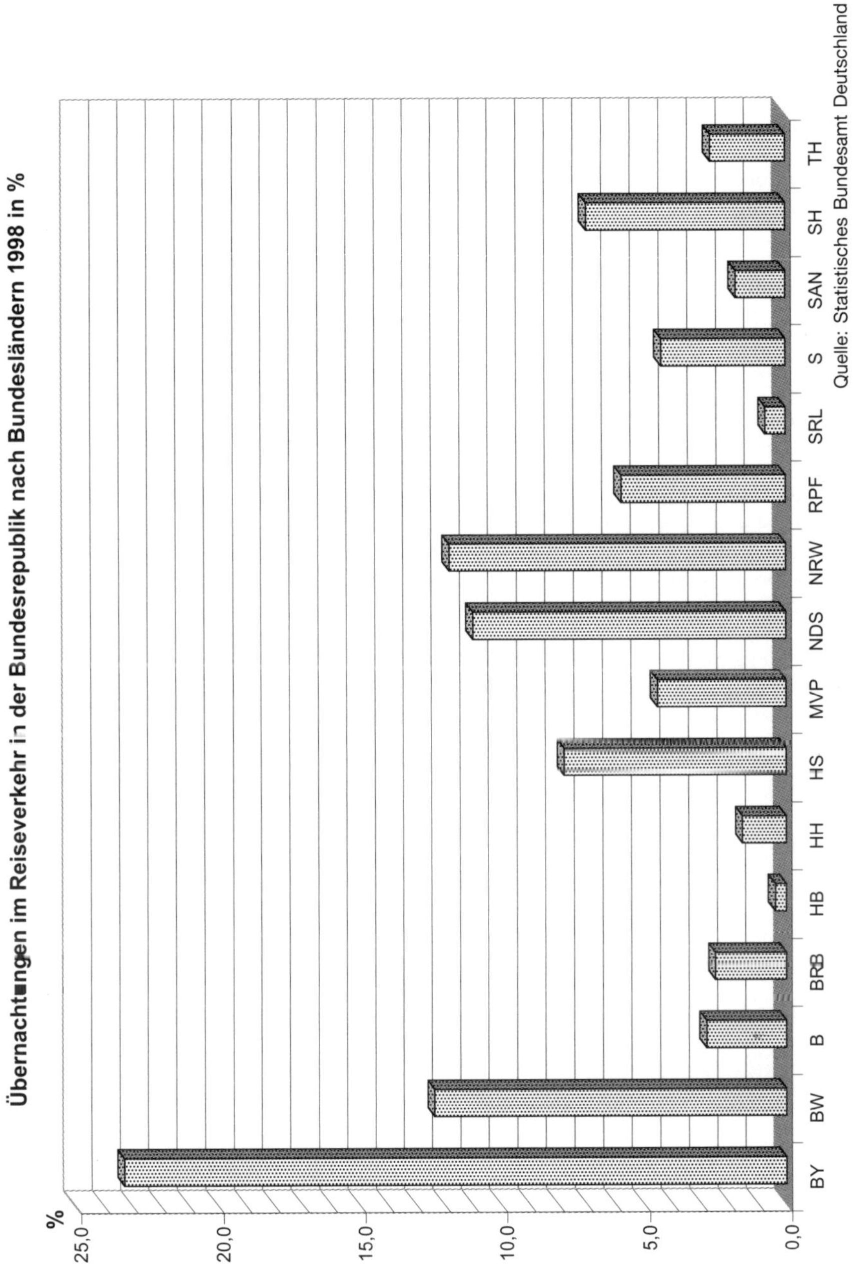
Übernachtungen im Reiseverkehr in der Bundesrepublik nach Bundesländern 1998 in %
%
25,0
20,0
15,0
10,0
5,0
0,0
BY
BW
B
BRB
HB
HH
HS
MVP
NDS
NRW
RPF
SRL
S
SAN
SH
TH
Quelle: Statistisches Bundesamt Deutschland

B Tourismus – 2. Aufgabe

Nun noch einmal ein Schaubild zum Tourismus in der Bundesrepublik. Diesmal sind die Übernachtungen nach Herkunftsländern für die Jahre 1996, 1997 und 1998 im Vergleich dargestellt. Überprüfen Sie wieder, ob die aufgeführten Aussagen richtig (= a) oder falsch (= b) sind (Zeit: 6 Minuten).

1. Das Herkunftsland Italien nimmt die fünftgrößte Zahl aller Übernachtungen im Jahr 1998 ein.

2. Die wenigsten Übernachtungen werden für die Jahre 1996 bis 1998 von den Schweden gebucht.

3. Im Verlauf der Jahre 1996, 1997 und 1998 verzeichneten die USA unter allen Herkunftsländern den größten Anstieg.

4. In den Jahren 1997 und 1998 betrugen die Übernachtungszahlen für die Herkunftsländer Großbritannien, Niederlande und USA über 3 Millionen.

5. In der Rangfolge aller angegebenen Herkunftsländer liegt Japan für die Jahre 1997 und 1998 an drittletzter Stelle.

6. Die Amerikaner verzeichneten die meisten Übernachtungen für die Jahre 1996, 1997 und 1998.

7. In den Jahren 1996, 1997 und 1998 kamen mehr als 1,5 Millionen Reisende aus Italien.

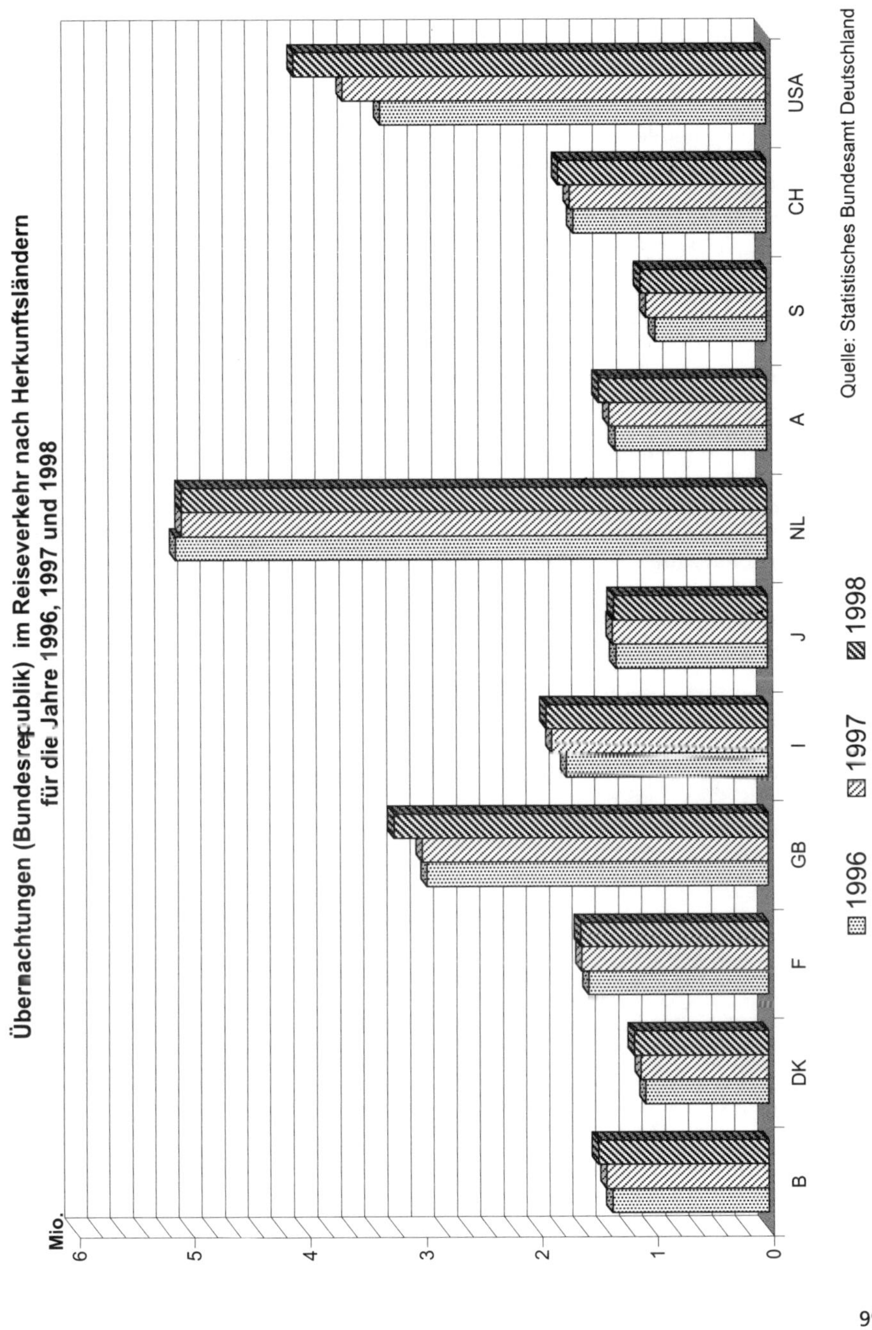
Übernachtungen (Bundesrepublik) im Reiseverkehr nach Herkunftsländern
für die Jahre 1996, 1997 und 1998
Mio.
6
5
4
3
2
1
0
B
DK
F
GB
I
J
NL
A
S
CH
USA
1996
1997
1998
Quelle: Statistisches Bundesamt Deutschland

Rechtschreibungs-Testaufgaben (alte/neue Rechtschreibung)

Die Überprüfung der Rechtschreibkenntnisse gehört neben Rechentests zu den speziell bei jungen Bewerbern am häufigsten eingesetzten Bewerbungshürden. Grob zu unterscheiden sind:
- Diktate (ähnlich wie in der Schule)
- die Darbietung von schwierigen Worten, mit der Frage: Richtige oder falsche Schreibweise?
- die Vorgabe von vier verschiedenen Schreibweisen eines Wortes oder Kurzsatzes mit der Aufgabe, die einzig richtige Schreibweise anzukreuzen.

Generell werden auch beim Thema Rechtschreibung zwei Hauptgruppen von Tests verwendet: selbstgestrickte Verfahren und angeblich wissenschaftlich fundierte.

Nun aber gibt es eine Rechtschreibreform*, und die Verunsicherung ist riesengroß. Eventuell werden für einen Übergangszeitraum Rechtschreibtests weniger eingesetzt, weil auch die Tester nicht wirklich durchblicken. Wir haben versucht, dem ein bißchen (ein Bissschen?) Rechnung zu tragen und die neuen Schreibweisen mit aufzunehmen. Abschnitt 1 bis 4 orientieren sich an der *alten* Rechtschreibung, anschließend finden Sie unter 5. zwei Aufgaben, die prüfen, ob Sie die *neue* Rechtschreibung beherrschen.

1. Diktat

Bitte streichen Sie in den folgenden Sätzen die Rechtschreibfehler an, und korrigieren Sie diese. Sie haben 5 Minuten Zeit.

1. Ein Vorteil, der uneingeschrenkt unseren Grosskunden Zugute kommt.

2. Im Grossen und Ganzen ist die Rechtschreibung nun einfacher geworden.

---

* Lange ist darüber nachgedacht, viel darüber diskutiert worden, letztendlich ist wohl kaum einer glücklich, die Verwirrung dafür aber um so größer. Die sog. Rechtschreibreform, die angeblich das Erlernen der Schreibregeln erleichtern soll, ist zum 1.8.98 in Kraft getreten. Zum 1.8.1999 haben sich die deutschen Zeitungs- und Zeitschriftenverleger ihr zähneknirschend untergeordnet.

Die Übergangszeit, in der die bisherige sog. alte Schreibweise ihre Gültigkeit hat, läuft bis zum 31.7.2005. Erst ab diesem Zeitpunkt gilt die alte Rechtschreibung als falsch. Trotzdem ist noch viel Zeit bis zum Jahr 2005, und wir bevorzugen die alte Schreibweise. Damit gehören wir sicherlich nicht einer Minderheit an.

Und was Ihre Bewerbungsunterlagen betrifft, glauben wir, daß in den nächsten ein bis zwei Jahren den meisten Leuten und damit Lesern Ihrer Bewerbungsunterlagen auf Arbeitgeberseite eher die alte Schreibweise vertraut sein wird. In den meisten Fällen tun Sie also gut daran, sich der alten Form zu bedienen. Ausnahme ist sicherlich eine Bewerbung im journalistischen Bereich (Zeitungen/Zeitschriften) und mit voranschreitender Zeit der Öffentliche Dienst, der sich ebenfalls seit etwa einem Jahr »staatstreu« dazu bekennt.

Hier also auf den Punkt gebracht unser *Tipp* (Achtung: das ist die neue Schreibweise, furchtbar): Schreiben *sie* (Achtung, Sie: das ist die neue Schreibweise, furchtbar) ruhig die nächsten ein, zwei Jahre noch im alten Stil.

3. Wir wissen, das seid jahrzehnten viele Hundertmilionen Mark für Überflüssiges aufgewendedt werden.

4. Es ist also nichts erstaunliches, wenn wir hören, das dem menschlichen Wollen enge Grenzen gesezt sind.

5. Die acht tausender des Himalayas wurden schon manchem Bergsteiger zum Verhengnis.

2. Richtige Schreibweise

Ist das Wort richtig geschrieben? Wenn nein, bitte die richtige Schreibweise notieren! Sie haben 5 Minuten Zeit.

1. allmehlich
2. Kilojule
3. wohlweißlich
4. gesuntheitsschädigend
5. Rhabarber
6. Depäsche
7. Au-pair-Mädchen
8. Sattelit
9. Cornedbeef
10. atletisch
11. Gelleee
12. Galopprennbahn
13. Litographie
14. unversehens
15. Theke
16. Metode
17. Filliale
18. Sauerstoffflasche
19. Labürinth
20. Rododendrohn
21. Portmonaie
22. Rinozeros
23. Wiederstand
24. Zyklohp

3. Orthographie

Welche der Schreibweisen ist jeweils allein richtig? Sie haben 6 Minuten Zeit.

1. a) Tausendfüssler
   b) Tausentfüßler
   c) Tausendfüßler
   d) Tausentfüssler
   e) Tausend Füßler

2. a) krehen
   b) krähän
   c) grähen
   d) kräen
   e) krähen

3. a) Musikapele
   b) Musikkappelle
   c) Musikappelle
   d) Musikkapelle
   e) Musikkappele

4. a) unentgeldlich
   b) unentgeldtlich
   c) unendgeldlich
   d) unendtgeldlich
   e) unentgeltlich

5. a) Anäkdote
   b) Aneckdote
   c) Anegdote
   d) Anekdohte
   e) Anekdote

6. a) fortwärend
   b) fordwehrend
   c) fortwärent
   d) fordwerent
   e) fortwährend

7. a) Cliqe
   b) Klikke
   c) Klique
   d) Clique
   e) Clicke

8. a) der Massör ging gestern Abend
   b) der Masseur ging gestern abend
   c) der Masseure ging gesternabend
   d) der Massöhr ging Gesternabend
   e) der Maßeur ging Gestern abend

9. a) Biossphäre
   b) Biospäre
   c) Biosphäre
   d) Biospähre
   e) Biosfäre

10. a) Chrysanteme
    b) Crüsanteme
    c) Krysanteme
    d) Chrysantheme
    e) Krüsantheme

11. a) Gewantheit
    b) Gewandtheit
    c) Gewandheit
    d) Gewandheidt
    e) Gewantheid

12. a) ein einzelnes paar Handschuhe
    b) ein einzelnes Paar Handschuhe
    c) ein einzelnes Pahr Handschuhe
    d) ein Einzelnes Paar Handschuhe
    e) ein Einzelnes paar Handschuhe

13. a) Kasettenrekorder
    b) Kassetenrecorder
    c) Kassettenrecorder
    d) Kasettenrecorder
    e) Cassettenrekorder

14. a) ein tiefes Dekollte
    b) ein tiefes Dekolltee
    c) ein tiehfes Dekoltee
    d) ein tiefes Dekolleté
    e) ein tiefes Dekollté

15. a) wir müssen jetzt adieu sagen
    b) wir müßen jetzt Adieu sagen
    c) wir müssen jetzt adieusagen
    d) wir müssen jetzt Adieusagen
    e) wir müßen jetzt adieusagen

16. a) die Lärchen singen schön
    b) die Lerchen singen schoen
    c) die Lerchen singen schön
    d) die Lärchen singen schöhn
    e) die Lährchen singen schoen

17. a) Pommes frites und Mayonaise
    b) Pommes Frittes und Mayonnaise
    c) Pommesfrittes und Majonnäse
    d) Pommes frittes und Majonnaise
    e) Pommes frites und Mayonnaise

18. a) leuchtend grüner Schikoreesalat
    b) leuchtendgrüner Chickoreesalat
    c) leuchtend grüner Chickoréesalat
    d) leuchtendgrüner Chicoréesalat
    e) leuchtend Grüner Chikoréesalat

4. Zeichensetzung

Hier müssen Sie sich entscheiden, ob an der vorgegebenen Stelle ein Komma zu setzen ist oder nicht.

Beispiel:
Ich glaube ( ) daß der Sommer dieses Jahr ( ) schön werden wird.

Lösung: Ich glaube (,) daß der Sommer dieses Jahr (0) schön werden wird.

Für die folgenden acht Aufgaben haben Sie 2 Minuten Zeit.

1. Für eine verbindliche Antwort ( ) wäre ich Ihnen äußerst zu Dank verpflichtet.
2. Sie schälte die Orange ( ) und schnitt sie in einzelne Stücke.
3. Er sang ( ) und sang ( ) immer tiefer ( ) bis es nicht mehr weiter ging.
4. Für eine baldige Zusage ( ) wäre ich Ihnen sehr verbunden.
5. Aus diesem Grund sind gerade Pinguine geeignete Testobjekte für das Studium von Ausmaß ( ) Dauer und Bedingungen der Kältegewöhnung.
6. Sie nahm sich eine Taxe ( ) um noch rechtzeitig zum Vorstellungsgespräch zu kommen.
7. Im Zusammenhang mit der steigenden Kriminalität ( ) nehmen die Verdächtigungen ( ) insbesondere was Ausländer anbetrifft ( ) beträchtlich zu.
8. »Ich darf es nicht vergessen« ( ) dachte der Mann bei sich ( ) bevor er endlich einschlief ( ) und schon klingelte das Telefon.

5. Rechtschreibreform

Hier nun zwei verschiedene Aufgaben, mit denen überprüft werden soll, ob Sie die neue Rechtschreibung beherrschen.

Aufgabe 1

Entscheiden Sie bei dieser Aufgabe, welche Schreibweise die richtige ist. Es können auch mehrere Schreibweisen zulässig sein. Sie haben 12 Minuten Zeit.

1. Das Kanzleramt gibt ein Kommuniqué/Kommunikee heraus.

2. Die Sekretärin führt ihre Arbeiten sehr selbständig/selbstständig aus.

3. Maria war die fleißigste/fleissigste Schülerin/schülerin in der Klasse.

4. Mein Freund ist morgens/Morgens immer sehr munter.

5. Die Freunde gehen Samstag Abend/Samstag abend/Samstagabend ins Theater.

6. Im großen und ganzen/Großen und Ganzen hat er die Aufgaben der Klausur lösen können.

7. Erklären Sie mir das bitte auf Deutsch/auf deutsch.

8. Das Geschäft musste/mußte dem Kunden den Betrag gutschreiben/gut schreiben.

9. Wir fuhren mit dem Fahrrad/Fahrrat den Waldweg/Waldwek endlang/entlang.

10. Der Kapitän/Kapiten häuerte/heuerte für sein Schiff eine Mannschaft an.

11. Die Punkte der Tagesordnung sind zur besseren Übersicht nummeriert/numeriert.

12. Die Kinder mögen Spaghetti/Spagetti am liebsten mit Tomatensoße/Tomatensosse.

13. Marion hat ihr Necessaire/Nessessär im Urlaub vergessen.

14. Er hat die Aufgaben nicht 100prozentig/100-prozentig lösen könnnen, da er zu aufgeregt war.

15. Da der Bankangestellte nur wenig Zeit hat, ernährt er sich vorwiegend aus Fast food/Fastfood/Fast Food.

Aufgabe 2

Hier haben Sie die Aufgabe, die alte Schreibweise in die neue zu bringen. Falls die alte Schreibweise weiterhin neben der neuen gilt, ist dies auch anzumerken. Schreiben Sie die Lösung neben die Wörter. Sie haben für 20 Aufgaben 5 Minuten Zeit.

1. selbstgemacht ______________________
2. radfahren ______________________
3. Wißbegierde ______________________
4. Tolpatsch ______________________
5. Geographie ______________________
6. After-shave-Lotion ______________________
7. Greuel ______________________
8. Geschirreiniger ______________________
9. hartgekocht ______________________
10. I-Tüpfelchen ______________________
11. Saxophon

12. wundliegen ______________________
13. Panther ______________________
14. aufwendig ______________________
15. existentiell ______________________
16. überschwenglich ______________________
17. Small talk ______________________
18. Stengel ______________________
19. Glacé ______________________
20. 18jährig ______________________

Konzentrations-Testaufgaben

Sehr häufig werden Tests eingesetzt, von denen sich die Anwender versprechen, etwas über Ihr allgemeines Konzentrations- und Leistungsvermögen zu erfahren. Ob das in der Streßsituation eines Einstellungstests überhaupt möglich ist, kann bezweifelt werden.

1. Buchstaben einkreisen

Hier besteht Ihre Aufgabe darin, in einer Reihe vorgegebener Buchstaben alle die Buchstabenkombinationen einzukreisen, die aus drei im Alphabet unmittelbar aufeinanderfolgenden Buchstaben bestehen, z.B. so:

g j (g h i) k m a b d r z (u v w) (c d e) k l i v b

Für zehn Zeilen bzw. Aufgaben haben Sie 4 Minuten Zeit. Bitte notieren Sie hinter jeder Zeile die Anzahl der gefundenen Dreierkombinationen.

Anzahl

1) u g k l o b u s o j e c d e k p d e g k a q r n m g d b f n m l

2) a b k n x y h j f a b c l b v c x g h l n l f l m x a x e r z f j h k

3) t h k l u i r s e f j a b i p k o m b c g h i j r d c d s z z s g d

4) k l m g f d e r s j o l b c a b x c x v x s x y b k u b u m u v e

5) h i j g d r t u c f c d e t n k l p q d r d t d u d b d e c m a x

6) s f j t z h u j i k o l z h k g g b f v d c s x a y j m h n g f l h o f

7) y d x y h t g b d v c h i j k l o i u z t r e d s t z u i o p s v

8) l h k l u i r s e c d a b h r k o m b c g h i j r d c d s z z s f

9) a b m g f d e r s j o l b c a b x c x v x s x y b k u b u m u d s

10) d m o g d r t u c f c d e t n k l p q d r d t d u d b d e c m d k

2. Buchstaben/Zahlen

Bei diesem Test sind folgende Buchstaben- und Zahlenkombinationen vorgegeben:

C	I	G	J	A	T	H	L	B	Y	P	alle anderen Buchstaben
4	1	5	0	3	2	8	6	8	9	7	X

Bitte schreiben Sie unter die folgenden Buchstabenreihen die entsprechenden Zahlen wie anfangs angegeben.

A	U	G	K	L	T	Z	C	F	J	B	E	P	T	B	V	X
3	X	5	X	6	...											

Für die folgenden zehn Aufgabenreihen haben Sie 6 Minuten Zeit.

1)	K	C	M	P	D	P	N	J	O	B	M	F	D	T	R	Z
2)	Z	R	D	V	J	O	P	S	E	J	L	B	C	M	H	O
3)	O	P	T	Z	E	R	W	A	D	C	X	Y	B	G	I	K
4)	K	H	G	F	D	S	A	Q	W	E	R	T	Z	U	I	O
5)	J	A	P	T	Z	B	C	V	H	L	O	B	X	I	A	C
6)	A	B	Y	X	N	M	C	V	W	R	T	D	L	H	G	I
7)	O	T	H	J	D	S	O	L	A	U	T	Z	R	G	B	Y
8)	J	L	S	A	L	M	U	I	J	T	Z	R	E	D	L	U
9)	C	H	T	E	W	K	L	G	H	D	I	O	U	T	R	W
10)	F	R	E	H	L	A	P	X	Y	V	C	D	R	T	K	O

3. Buchstabensalat

Bei dieser Aufgabe müssen aus einer Vielzahl von verschiedenen Buchstaben in einem Rechteck Wörter aus einem bestimmten Sachgebiet herausgesucht werden. Diese Wörter können waagerecht von links nach rechts, senkrecht von oben nach unten oder diagonal von unten nach oben oder diagonal von oben nach unten angeordnet sein (siehe folgendes Beispiel).

Bei diesem Beispiel sind vier Begriffe aus der Tierwelt in der oben beschriebenen Anordnung versteckt.

A	B	E	G	I	R	O	S	T	D	H	I	R	N	B	R
S	D	O	P	U	R	U	I	s	F	H	J	K	L	P	O
D	G	I	R	A	F	F	E	K	S	L	A	R	M	O	P
D	F	A	L	L	E	G	I	S	C	C	H	L	O	T	Z
A	D	K	L	E	O	A	H	Y	X	V	H	G	H	J	O
H	J	K	Z	L	U	D	U	B	N	A	R	W	H	A	L
I	F	T	G	J	K	L	N	L	O	S	S	Q	E	L	C
B	A	R	G	H	D	R	D	R	A	B	I	U	A	I	T
K	A	S	T	E	V	O	M	V	I	E	R	T	E	L	N
P	F	I	S	T	C	H	I	N	T	E	Z	L	P	A	B

Lösung:
1. Giraffe
2. Hund
3. Katze
4. Schwein

In dem folgenden Rätsel sind 19 Wörter aus dem Pflanzenreich versteckt. Sie haben 15 Minuten Zeit, die Wörter aus dem Buchstabensalat herauszufinden.

Pflanzen-Rätsel

B	R	E	A	S	T	E	R	T	Z	U	R	U	B	S	T
C	H	I	R	X	V	E	I	L	H	O	E	A	B	R	E
V	U	X	L	I	E	S	L	I	E	F	A	R	G	I	E
E	B	E	C	H	W	I	Q	U	E	K	H	E	I	P	R
I	G	E	L	F	R	U	S	O	T	Z	E	I	N	R	M
L	A	R	M	S	E	E	R	O	S	E	S	M	S	I	E
C	A	E	L	C	K	U	S	C	H	G	L	A	S	M	I
H	O	S	E	H	L	A	U	T	I	E	A	D	U	E	L
E	N	B	B	U	V	E	R	K	D	I	N	U	B	L	A
N	A	R	R	F	R	A	G	O	A	X	Y	E	O	J	A
F	M	A	R	G	E	R	I	T	E	U	L	R	L	E	B
X	I	R	B	O	L	L	X	C	H	L	A	E	N	K	M
E	I	B	L	K	I	E	S	J	U	B	E	L	Q	U	E
I	S	R	U	B	K	E	H	T	S	C	H	E	I	N	M
N	O	N	M	U	R	D	A	R	M	S	O	N	N	A	N
L	U	S	C	H	E	L	O	W	E	N	Z	A	H	N	O
W	A	R	H	N	A	S	T	G	I	R	L	A	B	U	S
O	P	F	E	I	L	E	I	M	G	N	O	K	A	W	I
R	R	A	N	G	S	V	E	U	R	A	S	T	W	I	R
A	U	S	T	S	X	A	L	A	U	O	A	D	E	C	L
C	I	R	I	S	B	O	F	O	T	S	S	E	U	K	A
P	F	E	R	D	E	N	E	R	G	T	O	E	L	E	E
P	F	A	D	U	I	A	H	T	E	S	C	H	A	F	A
C	I	M	T	A	U	S	E	E	N	Z	I	A	N	L	U
A	N	A	R	R	S	D	W	R	T	I	G	R	E	R	F
E	G	E	R	I	O	I	S	T	E	I	M	S	I	N	R
B	E	I	L	O	S	S	E	L	H	J	I	E	R	O	E
N	R	O	I	Y	S	T	A	B	U	R	L	A	F	F	S
O	H	R	E	V	O	E	G	R	L	E	B	B	A	L	I
R	U	D	E	L	A	L	L	E	K	R	O	S	T	I	E
V	T	E	R	E	N	S	C	A	B	R	I	L	Z	U	M
W	I	E	G	G	L	I	M	M	E	S	C	H	U	H	L
U	R	M	E	K	O	N	I	G	S	K	E	R	Z	E	O

4. Der Zwei-d/bq-Test

Bei den nun folgenden Buchstabenreihen müssen alle »d«, die durch zwei Striche gekennzeichnet sind, markiert werden. Dabei geht's um folgende »d«:

''   '

d   d   d

       '   ''

»d«, die mehr oder weniger als zwei Striche haben (oben/unten), dürfen nicht markiert werden, ebensowenig wie alle »b« und »q«.

Für die folgenden zehn Zeilen haben Sie 4 Minuten Zeit. Bitte notieren Sie am Zeilenrand jeweils die Anzahl der markierten »d«.

	'	'	'	'	''		''		''	'	''		''						'		'				'
1.	d	b	q	d	q	b	b	q	q	d	q	b	d	b	b	q	d	b	q	q	d	b	q	b	d
	'	'	'	'	'			'		'		'		'		'	'			''	''	''	''	''	'

	'	'	''			'		''		'	'	''	'		'	'		''		'		'	''	'	'
2.	b	d	q	q	b	d	d	q	d	b	q	d	b	d	q	b	d	q	q	d	b	b	d	q	b
		'		'	'	'	''	'	'	'	'		'	''	'	'	'	'	''	'	''	'		'	'

	''			'		'		'	'	''			''	'		'	'			'		'		'	''
3.	d	d	b	q	q	b	d	q	b	d	d	q	b	q	b	d	b	q	b	d	q	d	d	b	q
		'			''	'	''	'	'		'	'		'		''	'		''	'	'	'	''	'	

	'	''	'	'	'	'	''	'	'	''	''	'	'	'	'	''	'		'	'	''	'	'		'
4.	b	d	b	q	d	b	d	q	d	q	d	d	b	q	d	q	d	b	q	b	d	d	q	b	d
	'		'	'	'	'		'	'	'	'	'	'	'	'	'	''	''	''	'	'	'	'	''	''

	'	''	'	'	''				'	'		'	''		''		'	'	''		''	''	'		''
5.	d	b	b	d	d	d	q	b	b	d	d	b	d	d	q	q	q	b	d	d	q	q	b	q	b
	'		'	''		''	'	'	''	'	''	'		'	'	''	'	'		'	'	'		'	

	'		''				''	'	''			''	'		''	'	'	'	''	''	''	'		'	''
6.	b	d	d	d	b	q	d	d	q	b	q	q	b	q	b	b	q	b	d	b	d	d	q	b	q
	'	''		'	''	''		'		'		'		'		'	'	'	'	'	''	'	''	'	'

	''			'	'	'	''		''					'	'	''	''	'	'	''		''	'	''	'
7.	q	q	b	b	d	b	d	d	q	q	d	q	d	q	b	d	q	q	b	d	d	q	d	b	d
		'	'	''	'	'		'	'	''	''	''	''	'	'		'	'	'		'	'	''	'	'

	''	'	'	''		'	''	'	'	'		'	''		''	'		''	'	'	'	'	''		''
8.	q	q	b	d	d	d	b	b	d	b	q	b	d	d	q	b	d	q	q	b	q	b	d	d	q
	'	'	'		'	'		'	''		'	'		'	'	''	''	'	'	'	'	'		'	'

	'	'	''		''	''	'		'	'	''	'	'	''		''		'		''	'		'	''	'
9.	q	b	d	d	q	d	b	d	q	b	d	q	b	d	d	q	b	q	q	d	b	d	b	d	q
	'	'		'	'		'	''	'	'	'	'	'		'	'			''		'	''	'	'	'

	'	'		'	''	'	'	''		''	'		''	'		'	'		'	'	''		''	''	'
10.	b	d	d	b	d	q	b	d	d	q	d	q	d	b	d	q	b	b	q	b	d	d	q	d	d
	''	'	''	'		'	'		'	'	'	''		'	''	'	'	''	'	'		'	'		'

5. Rechen-Konzentrations-Leistungs-Test

Diese Aufgaben sind nach folgendem System zu lösen:
Die obere Zeile wird zuerst ausgerechnet. Das Ergebnis darf nicht aufgeschrieben werden, sondern muß »im Kopf behalten« werden. Nun ist die untere Zeile dran. Auch hier das Ergebnis ausrechnen und merken. Jetzt gilt folgende Regel: Stets ist die kleinere Zahl von der größeren abzuziehen, und nur dieses Ergebnis ist neben der Aufgabe zu notieren. Es dürfen keine Nebenrechnungen aufgeschrieben oder sonst irgendwelche Notizen gemacht werden.

1. Beispiel:
8 + 2 – 4
7 – 5 + 2 Ergebnis 2

Obere Zeile: Ergebnis 6
Untere Zeile: Ergebnis 4

6 – 4 = 2
Nur die 2 darf als Lösung hingeschrieben werden.

2. Beispiel:
5 – 4 + 1
9 + 6 – 7

Obere Zeile: Ergebnis 2
Untere Zeile: Ergebnis 8

8 – 2 = 6
Nur die 6 darf als Lösung hingeschrieben werden. Da 2 – 8 ein negatives Ergebnis zur Folge hätte, müssen die beiden Zahlen vertauscht werden.

Für die folgenden 26 Aufgaben (a–z) haben Sie 5 Minuten Zeit. In der Testrealität erwarten Sie weit über 200 Aufgaben dieses Typs mit einer Bearbeitungszeit von etwa 30 bis 45 Minuten.

a	7	+	9	–	3			**b**	8	–	5	+	9			**c**	6	+	8	–	6					
	8	–	5	+	3				5	+	9	–	5				7	+	5	–	6					
d	2	+	7	–	4			**e**	5	–	3	+	8			**f**	5	+	9	+	6					
	6	+	3	–	2				3	+	5	+	7				9	–	5	+	2					
g	8	+	6	–	4			**h**	2	+	4	–	5			**i**	3	+	5	–	3					
	7	–	5	+	7				8	–	4	+	8				5	–	3	+	8					
j	2	+	8	+	7			**k**	3	+	8	+	4			**l**	2	+	9	–	7					
	5	–	3	+	7				2	+	5	–	3				8	–	4	+	2					
m	9	–	7	+	8			**n**	4	+	9	–	5			**o**	5	–	3	+	8					
	4	+	9	–	2				3	+	7	+	9				6	+	7	–	5					
p	5	–	2	+	9			**q**	5	–	2	+	1			**r**	7	+	7	–	8					
	4	+	8	+	6				2	+	7	–	5				9	–	5	+	4					
s	2	+	5	–	4			**t**	7	–	3	–	3			**u**	5	+	8	–	6					
	4	+	7	–	9				9	+	7	+	1				4	–	2	+	9					

v	4 + 5 + 2	**w**	8 − 3 + 7
	8 − 6 + 9		7 − 2 + 9
y	4 + 8 + 6	**z**	7 + 6 + 5
	9 − 7 + 8		9 − 6 + 4

x	7 + 8 + 6
	5 + 7 − 3

6. Gesichter beobachten

Schauen Sie sich doch bitte mal die drei Gesichter in der folgenden Beispielaufgabe genau an. Zwei der drei Gesichter sind gleich, das dritte unterscheidet sich von den beiden anderen deutlich.

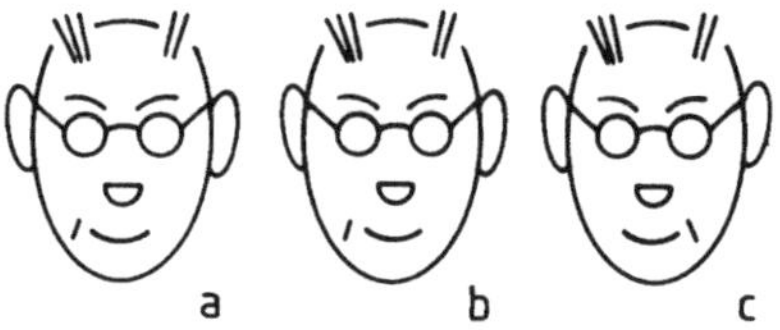

Lösung: c (der Mund)

Beachten Sie bitte, daß das gesuchte Gesicht sich von den anderen beiden deutlich unterscheiden muß. Etwas wurde verändert, hinzugefügt oder weggelassen. Minimale Unterschiede in der Zeichnung (z.B. Strichlänge oder Form) haben keine Bedeutung.

Für die folgenden 32 Aufgaben haben Sie 5 Minuten Zeit.

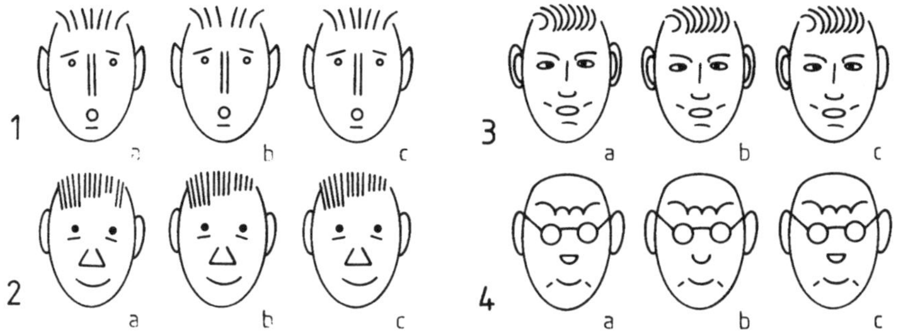

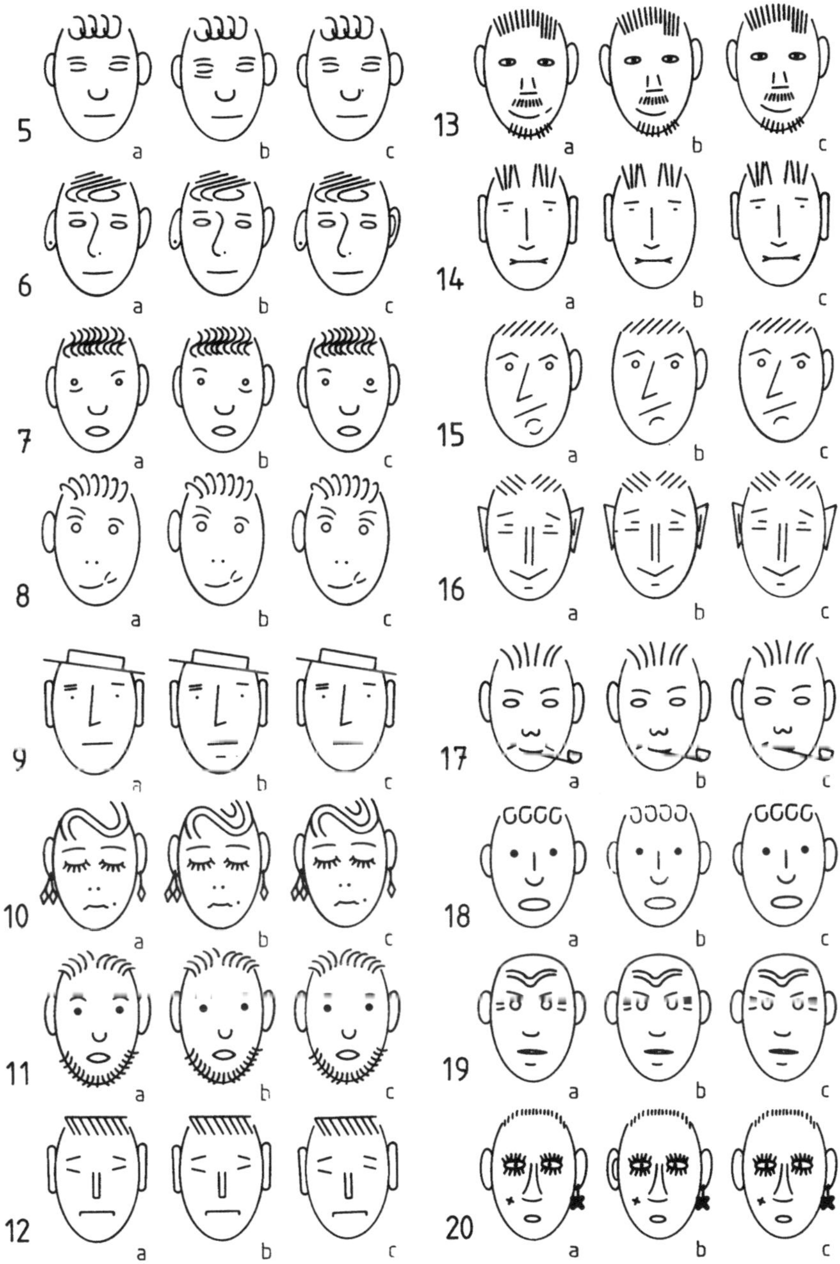
5 a b c
6 a b c
7 a b c
8 a b c
9 a b c
10 a b c
11 a b c
12 a b c
13 a b c
14 a b c
15 a b c
16 a b c
17 a b c
18 a b c
19 a b c
20 a b c

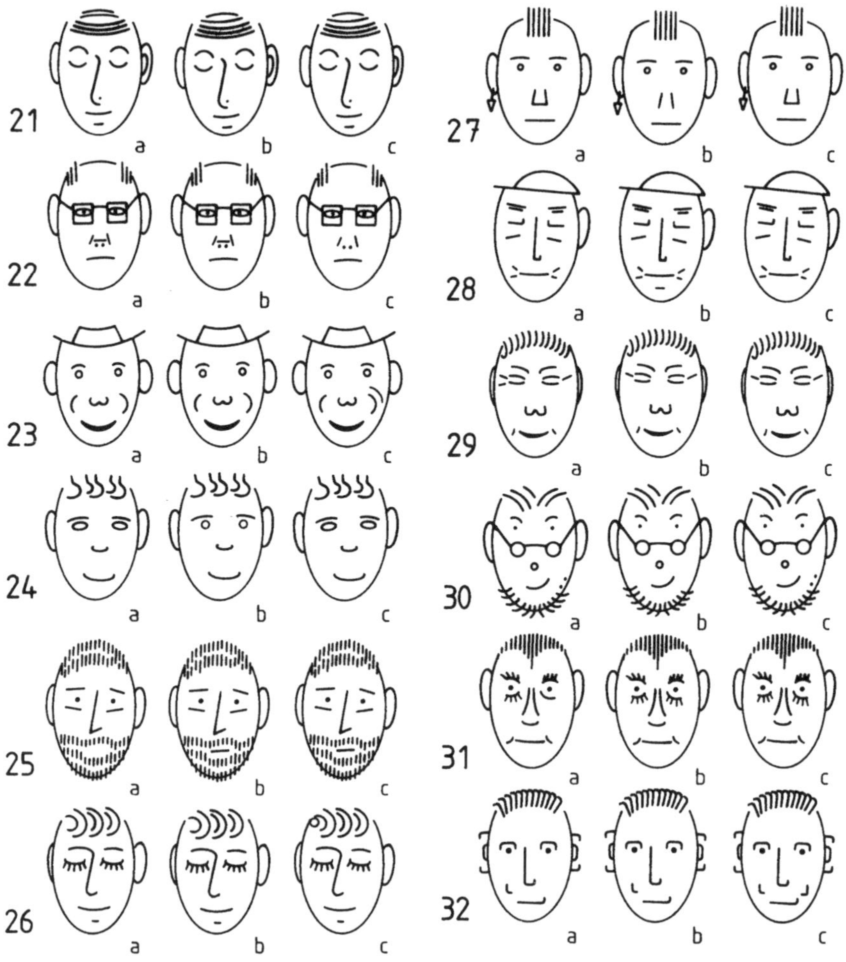

LESE- UND ARBEITSHINWEISE

→ Als Basislektüre für Konzentrations-Testaufgaben empfehlen wir unseren Titel »Testtraining Konzentrationsvermögen« (s. S. 200).

Assessment-Center-Testaufgaben

Unter dem Namen »Assessment-Center« (engl. *to assess* = einschätzen, *center* = Mittelpunkt) firmiert eine Art »neue Wunderwaffe«, ein Testverfahren, das in den USA besonders angewendet und erweitert wurde und mittlerweile auch in Deutschland immer größere Verbreitung findet.

Der englische Ausdruck täuscht darüber hinweg, daß dieses Prüfungsverfahren ursprünglich in Deutschland unter der Bezeichnung »Heerespsychotechnik« entwickelt und zur Auslese des Offiziersnachwuchses eingesetzt wurde. In den 50er Jahren entdeckte die amerikanische Wirtschaft diese Methode, um Bewerber auf ihre Eignung hin zu prüfen. Und seit den 70er Jahren wird das Assessment-Center in Deutschland mehr und mehr zur Personalauswahl herangezogen. Das Verfahren wird besonders im Managementbereich angewendet, mittlerweile aber auch für angehende Azubis eingesetzt, besonders wenn sie sich bei Banken und Versicherungen bewerben.

Beim Assessment-Center wird durch eine Kombination verschiedener Verhaltens- und Arbeitsproben eine Personalauswahl getroffen. Die Bewerber oder Teilnehmer eines AC-Verfahrens bearbeiten Aufgaben, die die künftige Führungssituation simulieren sollen. Die dabei zum Tragen kommenden Verhaltensweisen und Leistungsergebnisse werden von sogenannten Assessoren (meistens Führungskräfte aus dem Unternehmen, aber auch Psychologen) beobachtet und bewertet. Die wichtigsten Tests, Aufgaben und Übungen in diesem Verfahren sind:

- Interviews (einzeln und in Gruppen)
- Postkorbübung (typische Aufgabenstellungen aus dem Berufsalltag)
- Fabrikationsaufgaben (ein produzierendes Unternehmen wird simuliert)
- Rollenspiele (meist zu zweit, z.B. Verkaufs-, Mitarbeiter-, Problem-/Konflikt-Gespräch)
- Präsentationen und Vorträge
- Gruppendiskussionen (mit und ohne Rollenvorgabe)
- individuell auszuführende Arbeitsproben und Aufgaben
- Intelligenz- und Leistungstests
- Persönlichkeits- und Interessentests
- biographische Fragebögen
- Lebenslauf

Wir können hier nicht auf alle Aufgaben und Tests im einzelnen eingehen und werden im weiteren anhand eines Beispiels ein AC-Verfahren näher erläutern. Am Ende dieses Kapitels verweisen wir auf Stellen in diesem Buch und auf andere Titel, in denen einzelne Aufgaben genauer beschrieben werden.

Die Durchführungszeit eines AC beträgt in der Regel zwei Tage, an denen sechs bis zwölf Teilnehmer zwischen acht und zwölf Übungen durchzuführen haben. Das AC kann aber auch bis zu fünf Tage dauern. Da Zeit Geld ist, wenden immer mehr Unternehmen bei Ausbildungsplatzbewerbern auch eine Art Mini-AC an, das nur wenige Stunden dauert.

Wie bereits oben erwähnt, spielen die Assessoren eine wichtige Rolle. Diese drei bis sechs Beobachter repräsentieren die Bewerbungsauswähler und die Ausbildungsplatzvergeber, von deren Entscheidung Ihre Zukunft abhängt. Anders formuliert: Sie bilden die Prüfungskommission, die wie Juroren beim Eiskunstlauf ihre Bewertungen abgeben. Manchmal treten auch sogenannte Moderatoren auf, deren Aufgabe es ist, die einführenden oder überleitenden Worte zu den AC-Aufgaben zu finden, den organisatorischen Ablauf zu steuern und ggf. das eine oder andere Späßchen zu machen, um die angespannte Situation ein wenig aufzulockern.

Folgende Merkmale und Anforderungen sollen beim AC überprüft werden:
- soziale Kompetenz (wie z.B. Kooperationsfähigkeit, Kontaktfähigkeit, Sensibilität)
- systematisches Denken und Handeln (wie z.B. abstraktes und analytisches Denken, Entscheidungsfähigkeit, Planungs- und Kontrollfähigkeit)
- Aktivität (wie z.B. Arbeitsmotivation, Führungsantrieb, Durchsetzungsvermögen und Selbständigkeit)
- Ausdrucksvermögen (wie z.B. schriftliche und mündliche Kommunikationsfähigkeit und Flexibilität)

Ob ein solches Testverfahren wirklich halten kann, was es verspricht, nämlich die Besten und Fähigsten herauszufiltern, steht auf einem ganz anderen Blatt. Da gehen die Meinungen durchaus auseinander, und auch die Autoren dieses Buches haben ihre Zweifel. Beruflichen Erfolg vom Abschneiden im Testverfahren abzuleiten ist wissenschaftlich nicht haltbar. Hinzu kommt, daß es sich bei den eingesetzten Tests in der Regel um völlig unzureichende, veraltete Verfahren mit höchst fragwürdiger theoretischer Grundlage handelt. Aber was nutzt es Ihnen, zu wissen, daß es viele Skeptiker – wenn nicht sogar Gegner – gibt, Ihr Wunschunternehmen aber nun mal nicht auf diese Methode verzichten will? Deshalb geht es uns darum, Ihnen zu helfen, ein solches Verfahren erfolgreich und vor allem psychisch unbeschadet zu überstehen. Dies ist nicht immer so einfach, wie Sie in unserem bereits angekündigten Beispiel – einem Bewerberbericht über ein sehr typisches AC-Testverfahren – sehen können.

Beispiel: AC bei einer Versicherung

»Zu sechst waren wir in einer Höhle eingeschlossen. Das Wasser stieg unaufhaltsam, nur einer von uns konnte gerettet werden. Man gab uns 30 Minuten, um zu entscheiden, wer der Glückliche sein sollte. Als die Gruppe sich schließlich auf den Jüngsten geeinigt hatte, zog ich meine Pistole und erzwang mir den Weg in den Rettungskorb. Der Personalpsychologe beendete mit einer knappen Handbewegung das uns spontan abverlangte Rollenspiel.

Mißtrauisch blickten mich meine Mitspieler im Konferenzraum der Colonia-Versicherung an: Ob der im wirklichen Leben auch so brutal ist?

Wir waren Bewerber um eine Ausbildung im Außendienst der Deutschen Ärzteversicherung, die zur Colonia-Gruppe gehört. Schon beim ersten Auswahlgespräch hatte man uns aufgefordert, an einem ausführlichen Eignungstest teilzunehmen: dem »Assessment-Center«.

Begonnen hatte dieser Testtag mit dem »Gebrauchtwagen-Test«: Jeder mußte anonym aufschreiben, wem aus der Gruppe er am ehesten einen Gebrauchtwagen abkaufen würde. Damit sollte getestet werden, wer besonders vertrauenswürdig wirkt. Aus Taktik stimmte ich für jemanden, den ich eher unsympathisch fand.

Später saß ich einem Mitbewerber gegenüber. Ich sollte herausfinden, ob er schon einmal seine Frau betrogen hatte. Mein Mitbewerber durfte nicht merken, worum es in dem Gespräch ging. Ich plauderte mit ihm über Partys und Alkohol. Nach einer Viertelstunde hob ich den Arm: Ich war mir ganz sicher – er hatte seine Frau noch nie betrogen. Er war übrigens überzeugt, daß ich in unserem Gespräch feststellen wollte, ob er ab und zu mal einen über den Durst trinkt.

Mittags gingen wir zum Essen in ein gutes Restaurant. Da saßen wir nun um den Tisch: sechs Bewerber um die 30, ein Personalpsychologe, vier Versicherungsmanager. Drei Gerichte standen zur Auswahl: ein rustikales Steak, eine Geflügelkeule und ein kompliziertes Fischgericht. Ich grübelte: War dieses Essen nun vielleicht auch ein Bestandteil des Tests?

In der Testauswertung am späten Nachmittag zeigten sich die Versicherungs-Manager sehr angetan von meinem Verhalten bei Tisch: Als einziger hatte ich Fisch gewählt, keine Gräte war mir im Halse stecken geblieben.

Die Prüfer waren beeindruckt von meiner Durchsetzungsfähigkeit und meinem »Biß«: Doch beide Eigenschaften machten sie mir auch zum Vorwurf: Ich hätte es darauf angelegt, mich um jeden Preis durchzusetzen – sie aber suchten jemand, der auch anpassungsfähig mit Geschäftspartnern umgehen konnte.

Trotzdem bekam ich ein Angebot – unter einer Bedingung: Die Manager wollten mich gerne mal zu Hause besuchen, um mich in meinem »persönlichen Umfeld« zu erleben. Offensichtlich mochten sie sich auf die Ergebnisse ihres Assessment-Center doch nicht ganz verlassen.

Abends griff ich zum Telefon und zog meine Bewerbung zurück. Ich wollte nicht ihr Wolf im Schafspelz sein.«

LESE- UND ARBEITSHINWEISE

in diesem Buch:

➔ Persönlichkeits-Testaufgaben

➔ Bank-, Versicherungs- und Wirtschafts-Testaufgaben

➔ diverse weitere AC-Testbeispiele in verschiedenen Kapiteln der Bücher »Das neue Test-Trainings-Programm«, »Assessment Center«, »Testtraining für Ausbildungsplatzsuchende«, »Testtraining 2000« (s. S. 200)

Persönlichkeits-Testaufgaben

Hier geht es nun weniger um Eignung oder Intelligenz, sondern darum, sich einen Eindruck über Ihren Charakter, Ihre Persönlichkeit zu verschaffen. Lassen wir einmal die Diskussion beiseite, was Charakter, Persönlichkeit, Temperament etc. eigentlich sind, und wenden wir uns diesen im Rahmen der Personalauslese im höchsten Maße unzulässigen und skandalösen Testverfahren und Praktiken zu.

1. Ein Testbeispiel

Achtung, wir warnen Sie ... Hier eine kleine Persönlichkeitstestprobe. Beantworten Sie bitte ohne langes Zögern folgende 9 Fragen:

1. Wenn man mein Vertrauen enttäuscht, dann
a) bin ich bereit, sofort zu verzeihen
b) teils/teils
c) werde ich sehr böse

2. Von Freunden im Stich gelassen zu werden ist mir
a) ziemlich häufig
b) manchmal
c) kaum jemals passiert

3. Ich fände es interessanter, in einer Fabrik verantwortlich zu sein für
a) die Auswahl und Einstellung neuer Mitarbeiter
b) dazwischen
c) für Maschinen oder die Buchhaltung

4. In einem kleinen, engen Raum, zum Beispiel in einem überfüllten Aufzug, habe ich schnell das Gefühl, eingesperrt zu sein.
a) gelegentlich
b) selten
c) nie

5. Ich würde mein Leben, wenn ich es noch einmal zu leben hätte,
a) mir genauso wünschen
b) weiß nicht
c) ganz anders planen

6. Wenn ich die Wahl hätte, wäre ich lieber
a) ein Wissenschaftler in der Forschung
b) teils/teils
c) ein Manager mit vielen Besprechungen

7. Ich rede mit den Leuten
a) nur in dem Fall, wenn ich etwas zu sagen habe
b) teils/teils
c) damit sie sich wohl fühlen können

8. Wenn man mir freundlicher begegnet, als ich eigentlich erwartet habe, zweifle ich an der Echtheit dieser Freundlichkeit.
a) stimmt
b) teils/teils
c) stimmt nicht

9. Wenn Leute eine moralisch überlegene Haltung demonstrieren, regt mich das auf.
a) nein
b) teils/teils
c) ja

Haben Sie gemerkt, worum es geht? Drei »Persönlichkeitsmerkmale« sind es, die hinter diesen Fragen stehen:

1. A Sachbezogenheit (kühl und reserviert) gegenüber
   B Kontaktorientierung (aufgeschlossen und warm)
   Frage 3: Antwort a ist kontaktbezogen, c ist sachbezogen
   Frage 6: Antwort a ist sachbezogen, c kontaktbezogen
   Frage 7: Antwort a ist sachbezogen, c kontaktbezogen

Haben Sie sich zweimal oder mehr für einen der beiden Faktoren entschieden, ist Ihr Persönlichkeitsbild festgenagelt. Sie sind dann also z.B. ein eher kühler, bei dreimal a) ein eiskalter Sachmensch ...

2. A Vertrauensbereitschaft (vertrauensvoll) gegenüber
   B Skeptische Haltung (mißtrauisch)
   Frage 1: Antwort a ist vertrauensvoll, c mißtrauisch
   Frage 8: Antwort a ist mißtrauisch, c vertrauensvoll
   Frage 9: Antwort a ist vertrauensvoll, c mißtrauisch

3. A Emotionale Störbarkeit (neurotisch) gegenüber
   B emotionale Stabilität (gelassen)
   Frage 2: Antwort a ist neurotisch, c stabil
   Frage 4: Antwort a ist neurotisch, c stabil
   Frage 5: Antwort a ist stabil, c neurotisch

Sollten Sie bei diesen 9 Fragen mehr als zweimal die Antwortmöglichkeit b) angekreuzt haben (teils/teils, dazwischen, manchmal etc.), laufen Sie Gefahr, als Lügner und Vernebler dazustehen, der den Test nicht offen beantworten will.

Wir haben Sie ja gewarnt, und wenn Sie diesen kleinen Demonstrationstest als eine Art didaktisches Beispiel verstehen, ohne an das Ergebnis auch nur im entferntesten zu glauben, ist ja alles halb so schlimm. In der Testrealität jedenfalls wird im Prinzip bei der Auswertung so vorgegangen, daß man Ihnen die Ankreuzungen entsprechend auslegt und interpretiert. Dabei sollten Sie wissen, daß es keinesfalls immer eindeutig einen »guten« und anstrebenswerten gegenüber einem »schlechten« und zu vermeidenden Persönlichkeits-Faktor gibt. Es ist schwer, generelle Empfehlungen auszusprechen, aber Sie sollten darauf achten, die Fragen nicht zu extrem in eine Richtung anzukreuzen.

Beim Ausfüllen von Personalfragebögen, die deutlich mehr wissen wollen als Name, Anschrift und Bankverbindung, sollten Sie hemmungslos von Ihrer Vorstellungskraft Gebrauch machen und sich in die Rolle des Arbeitgebers/Personalmenschen versetzen, der Ihre Antworten liest. Hier handelt es sich um einen versteckten Persönlichkeitstest.

Wie bereits gesagt: Generelle Tips zu geben ist schwer. Sicherlich hat ein im Außendienst arbeitender Versicherungsvertreter andere »Ideal«-Persönlichkeitsmerkmale als ein Mitarbeiter in einer technischen Forschungsabteilung. Beim Ausfüllen eines solchen Persönlichkeitstests im Gewand eines Personalfragebogens kommt es darauf an, die vermutlich vom Auftraggeber erwünschte Antwort anzukreuzen.

Manche Personalberatungsfirmen haben verschiedene Persönlichkeitstests leicht umgearbeitet oder neu zusammengestellt und versuchen nun, auf diese Art und Weise eine Vorauswahl von Bewerbern zu treffen.

2. Drei Persönlichkeitsmerkmale

Hauptsächlich geht es in Persönlichkeitstests um drei Persönlichkeitsmerkmale, aufgrund derer man glaubt, entscheiden zu können, ob Sie für eine bestimmte Position der richtige Bewerber sind:

- emotionale Stabilität
- Kontaktfähigkeit
- Leistungsbereitschaft

Was unter diesen drei Begriffen zu verstehen ist, entschlüsselt der folgende Test. Bitte kreuzen Sie spontan bei den folgenden Aussagen die jeweils für Sie zutreffende an.

1. Für gewöhnlich plane ich meine Arbeit und realisiere zügig die einzelnen Arbeitsschritte.
   a) stimmt b) teils/teils c) stimmt nicht

2. Für mich gilt: Erst die Arbeit, dann das Vergnügen.
   a) stimmt b) teils/teils c) stimmt nicht

3. Ich lese lieber ein gutes Buch, als mich mit Bekannten zu treffen.
   a) stimmt b) teils/teils c) stimmt nicht

4. Bisweilen neige ich zum Grübeln und mache mir viele Gedanken.
   a) stimmt b) teils/teils c) stimmt nicht

5. Ich habe es gerne, wenn alles perfekt ist.
   a) stimmt b) teils/teils c) stimmt nicht

6. Lieber schreibe ich einen längeren Brief, als kurz zu telefonieren.
   a) stimmt b) teils/teils c) stimmt nicht

7. Aus eigener Erfahrung weiß ich, was Tagträumerein sind.
a) stimmt b) teils/teils c) stimmt nicht

8. Beim Fahrstuhlfahren, in engen Räumen oder wenn viele Menschen dicht zusammen sind, kriege ich schon mal Angst.
a) stimmt b) teils/teils c) stimmt nicht

9. Es macht mir nichts aus, auf einer Party plötzlich im Mittelpunkt des Interesses zu stehen.
a) stimmt b) teils/teils c) stimmt nicht

10. Mein Schlaf ist ungestört. Ich kann immer gut ein- und durchschlafen.
a) stimmt b) teils/teils c) stimmt nicht

11. Wenn ich vor einer größeren Anzahl von Personen sprechen muß, werde ich leicht verlegen.
a) stimmt b) teils/teils c) stimmt nicht

12. Ich bin sensibel und leide deswegen unter Wetterfühligkeit.
a) stimmt b) teils/teils c) stimmt nicht

13. Ich frage mich, ob ich in meinem Leben wirklich immer alles richtig gemacht habe.
a) stimmt b) teils/teils c) stimmt nicht

14. Mein Arbeitsstil ist eher spontan und impulsiv.
a) stimmt b) teils/teils c) stimmt nicht

15. Ich glaube nicht, daß man aus eigener Kraft allein etwas erreichen kann.
a) stimmt b) teils/teils c) stimmt nicht

16. Im Grunde bin ich ein eher vorsichtiger Mensch im Umgang mit anderen.
a) stimmt b) teils/teils c) stimmt nicht

17. Auch wenn ich einmal krank bin, denke ich an die Arbeit.
a) stimmt b) teils/teils c) stimmt nicht

18. Manchmal beneide ich andere um ihren Erfolg.
a) stimmt b) teils/teils c) stimmt nicht

19. Wenn Unordnung herrscht, kann ich einfach nicht arbeiten.
a) stimmt b) teils/teils c) stimmt nicht

20. Ehrgeiz ist für mich ein Fremdwort.
a) stimmt b) teils/teils c) stimmt nicht

21. Das Erzählen von Witzen in einer Gesellschaft ist mir zuwider.
a) stimmt b) teils/teils c) stimmt nicht

22. Ich kann von mir sagen, daß ich ein wirklicher Optimist bin.
    a) stimmt b) teils/teils c) stimmt nicht

23. Bisweilen bin ich erstaunt über meine starken Stimmungsschwankungen.
    a) stimmt b) teils/teils c) stimmt nicht

24. Lieber schaue ich bei einer Bahnfahrt aus dem Fenster, als mich mit meinen Mitreisenden zu unterhalten.
    a) stimmt b) teils/teils c) stimmt nicht

25. Bisweilen fällt es mir doch sehr schwer, mich auf meine Arbeit zu konzentrieren.
    a) stimmt b) teils/teils c) stimmt nicht

26. Wettkämpfe mag ich eigentlich nicht.
    a) stimmt b) teils/teils c) stimmt nicht

27. Ich habe einen sehr kleinen, aber ausgewählten Bekannten- und Freundeskreis.
    a) stimmt b) teils/teils c) stimmt nicht

28. Ich schiebe nur sehr selten und äußerst ungerne Arbeiten auf.
    a) stimmt b) teils/teils c) stimmt nicht

29. Anstatt auszugehen und unter Leute zu kommen, bevorzuge ich den ruhigen Abend im bequemen Sessel zu Hause.
    a) stimmt b) teils/teils c) stimmt nicht

30. Ich würde niemals anstreben wollen, eine wichtige oder berühmte Persönlichkeit zu sein.
    a) stimmt b) teils/teils c) stimmt nicht

Bevor wir Ihnen die Auswertung erläutern, bitten wir Sie, die Statements noch einmal durchzugehen. Ihre Aufgabe ist es jetzt, jede Frage einer der folgenden drei Persönlichkeitsdimensionen zuzuordnen:

1. emotionale Stabilität / Labilität (E)
2. Kontakt- und Kommunikationsfähigkeit /-unfähigkeit (K)
3. Leistungsmotivation / eingeschränkte Lm. (L)

Schreiben Sie vor jedes Statement ein E, K bzw. L.
Zur Auswertung des Persönlichkeitstests: Die im Lösungsverzeichnis angegebenen Antwortzahlenwerte sind getrennt nach den Dimensionen E, K und L zu addieren. Die Interpretation finden Sie ebenfalls im Lösungsverzeichnis (s. S. 209).

Unser Ziel ist es nicht, Ihre Persönlichkeit zu »sezieren«. Es geht uns vielmehr darum, Sie für eine Persönlichkeitstestsituation vorzubereiten und zu sensibilisieren. Wichtig ist vor allem, daß Sie den Hintergrund von Persönlichkeitstests besser erkennen können. Jedes einzelne Statement hat seinen Bedeutungshintergrund!

3. Persönliche Bewertungen

Bei den folgenden Persönlichkeits-Testaufgaben geht es um die Bewertung von Aussagen bzw. Reaktionen in bezug auf einen Konflikt oder ein Problem. Die Bewertung sollte jeweils durch die Noten 1-5 erfolgen (1 ist die beste, 5 die schlechteste Note).

1. Situation

Ihr Nachbar bringt Ihnen Ihre zuvor ausgeliehene Zeitung zerrissen zurück. Er sagt: »Das war meine Kleine!«

Antworten (jeweils mit 1 – 5 zu bewerten)
a) Aber das macht doch gar nichts ( )
b) Hätten Sie nicht besser aufpassen können? ( )
c) Ihnen leihe ich keine Zeitung mehr! ( )
d) Ich hatte die Zeitung eh' schon gelesen. ( )

2. Situation

Ein Busfahrer klemmt einen Fahrgast zufällig in die Tür ein. Dieser schimpft: »Sie Idiot!«

Antworten
a) Sie sind doch selber schuld. ( )
b) Wären Sie doch schneller eingestiegen! ( )
c) Das tut mir wirklich leid, entschuldigen Sie bitte. ( )
d) Ist Ihnen was passiert? ( )

3. Situation

An einer Bushaltestelle unterhalten sich zwei Frauen schlecht über eine dritte. Eine andere Frau hört das und weiß, daß diese Frau im Krankenhaus liegt. Sie sagt: »Diese Frau, über die Sie sich gerade unterhalten, ist schwer krank und liegt im Krankenhaus.«

Antworten
a) Da sehen Sie es mal wieder! ( )
b) Das wußten wir noch gar nicht. ( )
c) Oh, das tut uns aber leid! ( )
d) Wie geht es ihr denn? ( )

4. Situation

Vor Ihnen im Kino sitzt eine Frau mit einem großen Hut. Ihre Sicht auf die Leinwand ist stark eingeschränkt. Was machen Sie?

Antworten
a) Ich neige den Kopf so, daß ich was sehe. ( )
b) Ich bitte die Frau, ihren Hut abzunehmen. ( )
c) Ich schimpfe auf sie, mache aber nichts. ( )
d) Ich setze mich woanders hin. ( )

5. Situation

Ein Cabriolet-Fahrer entschuldigt sich bei Ihnen mit den Worten: »Das tut mir leid.« Sie sind Fußgänger, und der Fahrer hat Ihre Kleidung gerade beschmutzt, weil er zu scharf durch eine Pfütze gefahren ist. Was antworten Sie?

Antworten
a) Mir auch, Sie Vollidiot! ( )
b) Ist schon in Ordnung. ( )
c) Ihre Entschuldigung akzeptiere ich, aber zahlen Sie die Reinigung meiner Kleidung. ( )
d) Macht nichts, ich war sowieso auf dem Weg zur Reinigung. ( )

6. Situation

Sie sind Gast und haben gerade eine wertvolle Vase fallenlassen. Der Gastgeber erklärt Ihnen, daß dies die Lieblingsvase seiner Schwiegermutter war.

Antworten
a) Ist doch halb so schlimm, Scherben bringen Glück. ( )
b) Verzeihung, ich kaufe eine neue. ( )
c) Wie ist denn Ihr Verhältnis zu Ihrer Schwiegermutter? ( )
d) Das tut mir schrecklich leid, wie kann ich den Schaden wieder gutmachen? ( )

7. Situation

Ein Polizist stellt Sie als Autofahrer zur Rede, weil Sie mit 80 km/h an einer Schule vorbeigerast sind.

Antworten
a) Tut mir leid, aber ich habe es wirklich sehr eilig. ( )
b) Sie irren, ich bin höchstens 60 gefahren. ( )
c) Ein Verwandter liegt im Sterben, und ich muß zu ihm (Ausrede). ( )
d) Ich zahle, und lassen Sie uns die Sache vergessen. ( )

8. Situation

Sie sind der Verkäufer, dem eine Kundin erklärt, daß die neugekaufte Uhr nun schon zum dritten Mal stehengeblieben ist.

Antworten
a) Das muß an Ihnen liegen, sicherlich machen Sie was falsch. ( )
b) Ich habe Ihnen doch gleich gesagt: Kaufen Sie eine bessere Qualität. Aber Sie wollten ja nicht hören. ( )
c) Das tut mir leid, wir werden die Uhr einschicken. ( )
d) Wollen Sie vielleicht eine andere Uhr? ( )

9. Situation

Sie beklagen sich in einem Restaurant beim Ober über die Qualität des Essens. Der Kellner fragt Sie, ob Sie nicht ein bißchen zu sehr übertreiben.

Antworten
a) Ich bin der Gast, ich habe alle Rechte. ( )
b) Wie Sie meinen. ( )
c) Bringen Sie mir bitte den Geschäftsführer. ( )
d) Essen Sie den Saufraß doch selbst. ( )

10. Situation

Ein(e) gute(r) Bekannte(r) erzählt Ihnen, daß er/sie heute abend mit Ihrem(r) Freund(in) tanzen geht. Angeblich hätten Sie keine Lust.

Antworten
a) Das stimmt, und viel Spaß auch. ( )
b) Und ich treffe mich heute abend mit deiner(m) Freund(in). ( )
c) Numerier schon mal deine Knochen. ( )
d) Da bin ich aber überrascht. ( )

Dieser Test zielt im großen und ganzen auf die Richtung Ihrer Aggressivität ab: Geht sie nach außen oder nach innen, oder gelingt es Ihnen, einen angemessenen Mittelweg zu finden? In seiner ursprünglichen Version müssen bei diesem Test leere Sprechblasen nach dem Vorbild von Comics mit einer frei zu wählenden Antwort versehen werden.

Auch wenn es keine richtigen oder falschen Lösungen (Antworten) gibt, sind doch Tendenzen zu beachten. Wer unangemessen aggressive Antworten positiv bewertet, fällt ebenso negativ auf wie derjenige, der übertrieben alle Schuld gleich auf sich nimmt. In Ihrer Benotung wird dies deutlich. Wir wollen bei diesem Persönlichkeitstest kurz skizzieren, welche Antwortmöglichkeiten passend oder unpassend sind (s. Lösungsverzeichnis).

Wie bei allen Persönlichkeitstestverfahren, die im Berufsleben eingesetzt werden, sollen Sie sich Gedanken machen, welchen Eindruck Sie mit Ihren Antworten hervorrufen.

LESE- UND ARBEITSHINWEISE

→ Wir empfehlen »Testtraining Persönlichkeit« (s. S. 200).

Technik-Testaufgaben

Die nächsten 30 Aufgaben sollen Ihr technisches Verständnis überprüfen. Hart am Testalltag orientiert, helfen Ihnen diese Aufgaben bei der Vorbereitung. Im Gegensatz zur sonst üblichen Praxis können falsche Lösungen in der Testrealität u.U. mit Minuspunkten bestraft werden. Also Vorsicht beim Raten.

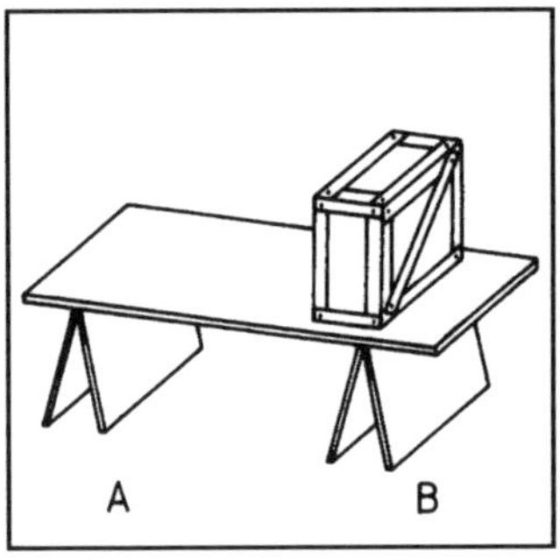

Beispiel:
Eine Tischplatte liegt auf zwei Gestellen (A und B) und wird durch eine schwere Kiste belastet. Schwierige Frage: Welches Gestell trägt mehr Last?
a) das Gestell A
b) das Gestell B
c) beide gleich

Lösung: b

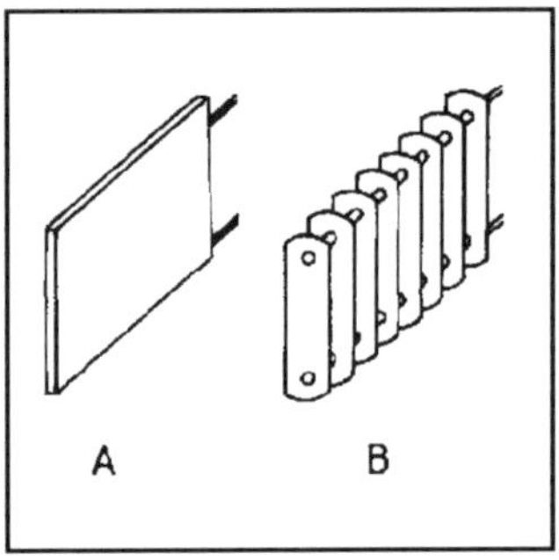

1. Von welchem der beiden Heizkörper wird mehr Wärme abgegeben?
a) Heizkörper A
b) Heizkörper B
c) beide gleich

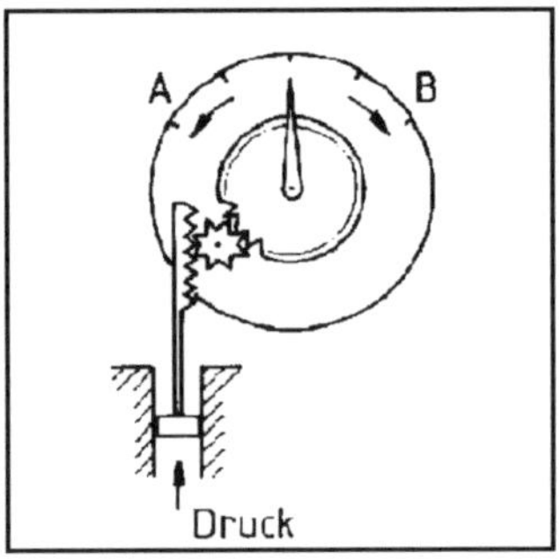

2. Wenn sich der Druck erhöht, bewegt sich der Zeiger in welche Richtung?
a) Richtung A
b) Richtung B
c) weder noch

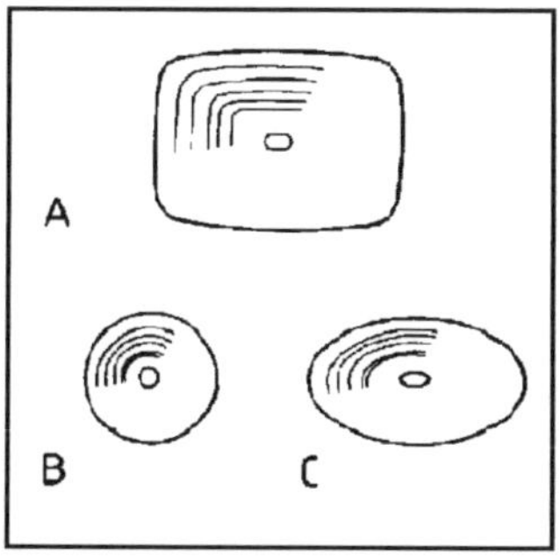

3. Sie sehen drei verschiedene Lautsprecher. Welcher eignet sich am besten zum Übertragen von tiefen Tönen?
a) Modell A
b) Modell B
c) Modell C

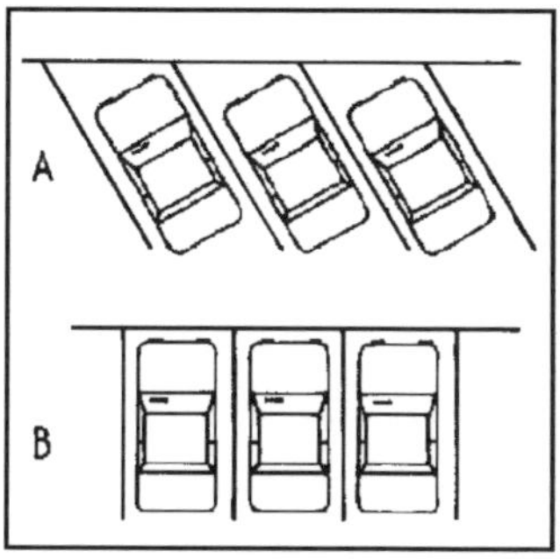

4. Welche Anordnung von Parkmöglichkeiten ist auf einer Länge von 100 Metern platzsparender?
a) A
b) B
c) beide gleich

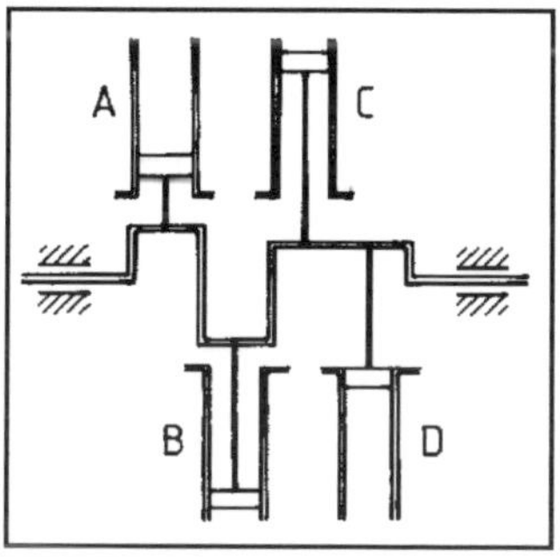

5. Eine Kolbenstellung ist falsch gezeichnet. Welche?
a) A
b) B
c) C
d) D

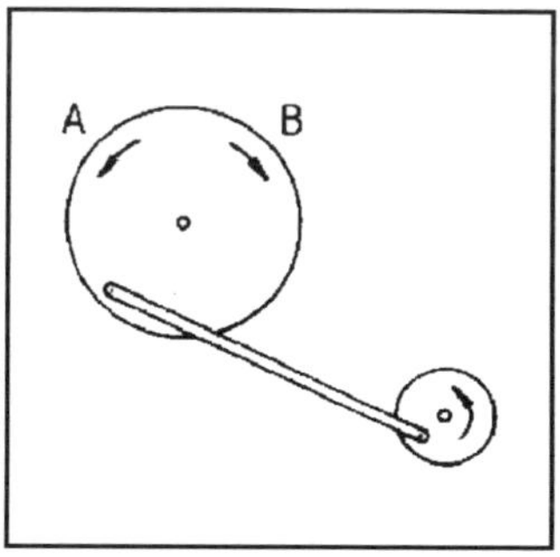

6. Wenn sich das kleine Rad in Pfeilrichtung dreht, bewegt es das große ...
a) in Richtung A
b) in Richtung B
c) hin und her

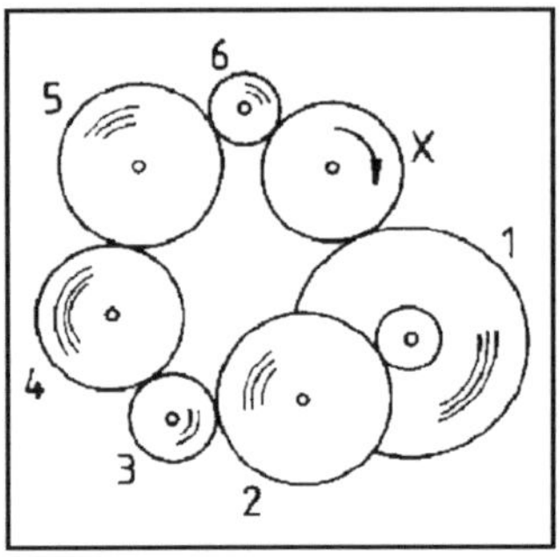

7. Welche Antriebsräder drehen sich in dieselbe Richtung wie X?
a) 1 und 2
b) 3 und 4
c) 3 und 6
d) Die Zahnräder können sich nicht drehen

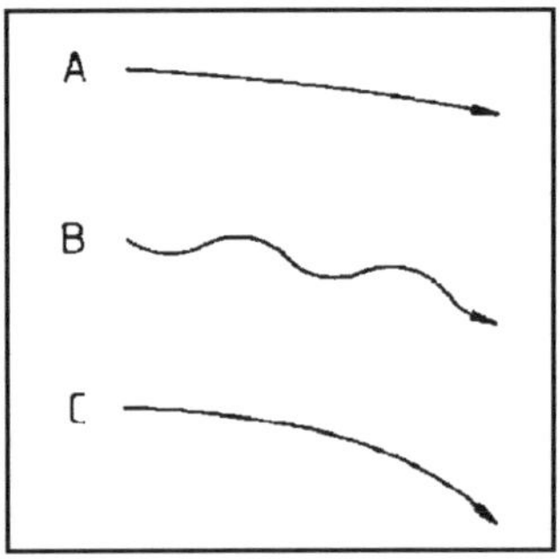

8. Ein Modell-Segelflugzeug ist schwanzlastig. Wie ist seine Flugbahn?
a) A
b) B
c) C

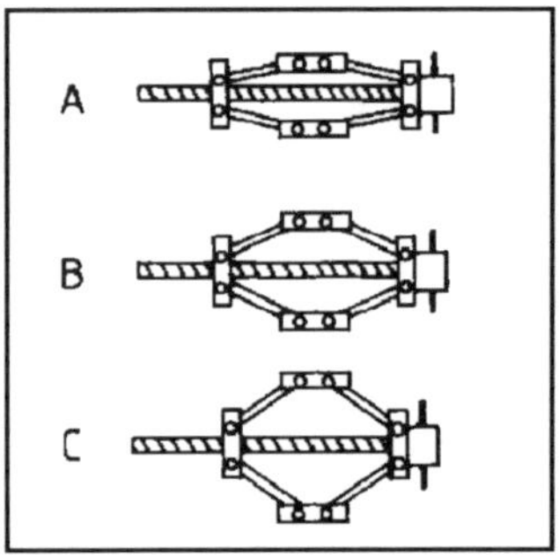

9. Abgebildet sind drei Stellungen eines Wagenhebers. Welche erfordert beim Heben die größte Kraft?
a) A
b) B
c) C

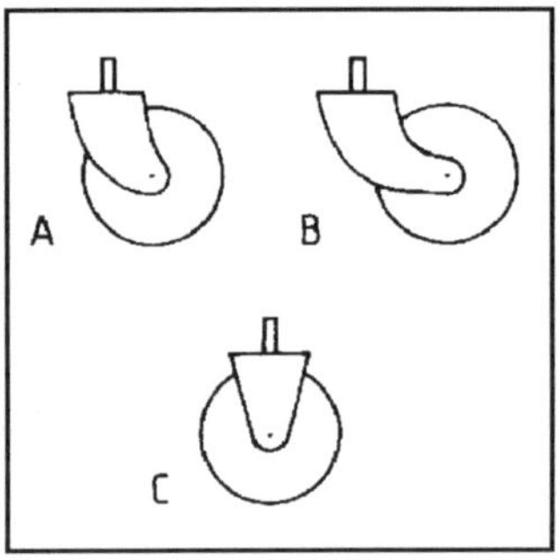

10. Sie sehen drei Entwürfe für Räder eines Drehstuhls. Mit welchem Rad ist der Drehstuhl am beweglichsten?
a) A
b) B
c) C

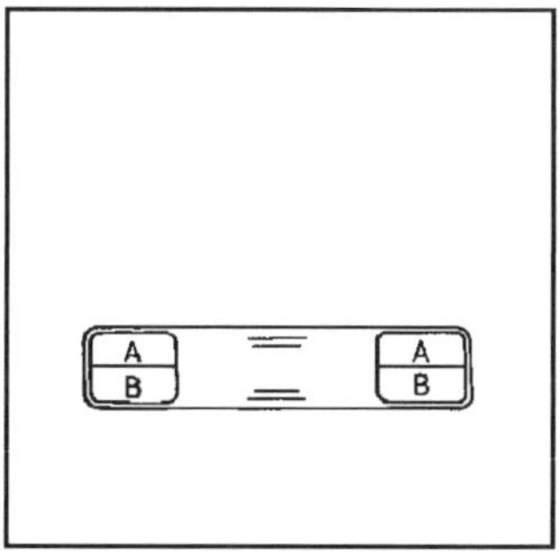

11. Sie sehen zwei Autoscheinwerfer. Welche Scheinwerferhälften sind bei Abblendlicht heller?

a) A
b) B
c) beide gleich hell

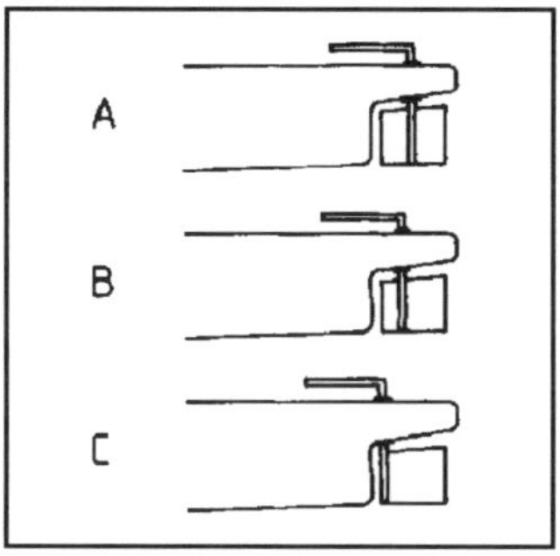

12. Mit welcher Schiffssteuereinrichtung ist das Schiff leichter zu lenken?

a) A
b) B
c) C

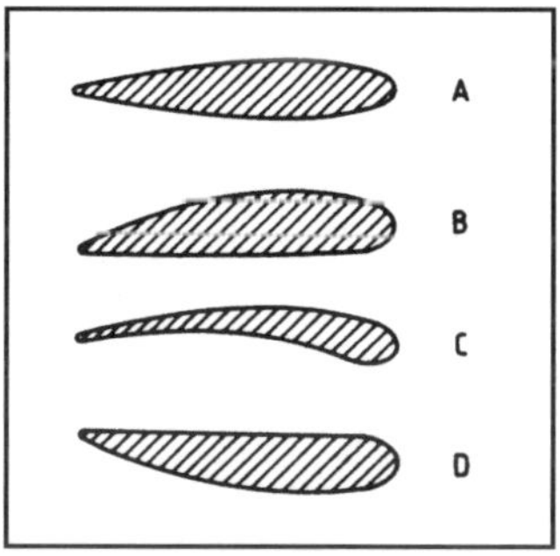

13. Vier Tragflächenprofile stehen zur Auswahl. Mit welchem hebt ein startendes Flugzeug früher vom Boden ab?

a) A
b) B
c) C
d) D

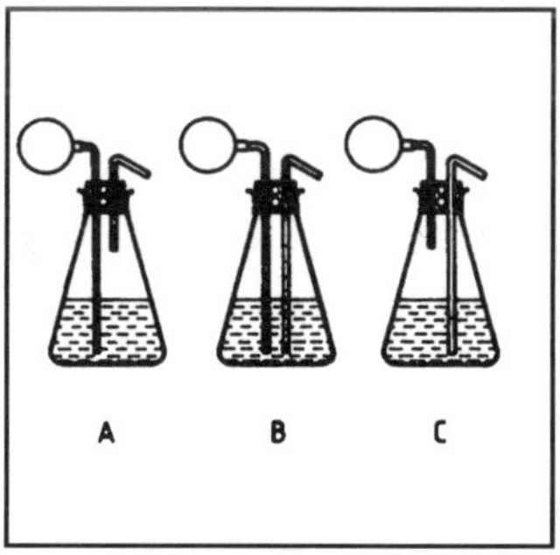

14. Drei Spritzflaschenkonstruktionen werden vorgestellt. Welche ist richtig konstruiert? Falls keine funktioniert, Lösung D.

a) A
b) B
c) C
d) D

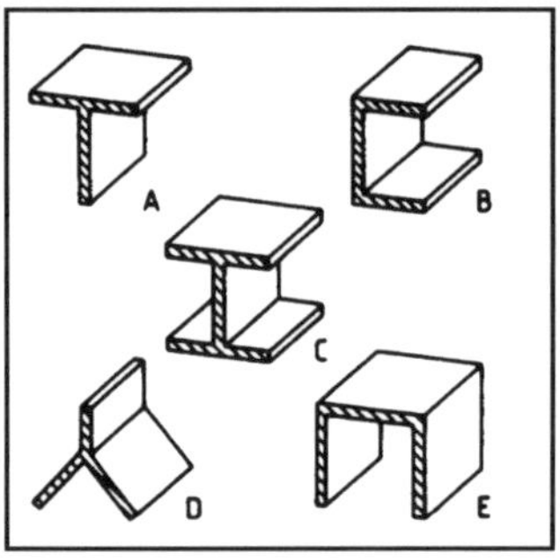

15. Fünf Stahlträgerprofile stehen zur Auswahl. Welches Profil verspricht die stärksten Belastungen auszuhalten?
a) A
b) B
c) C
d) D
e) E

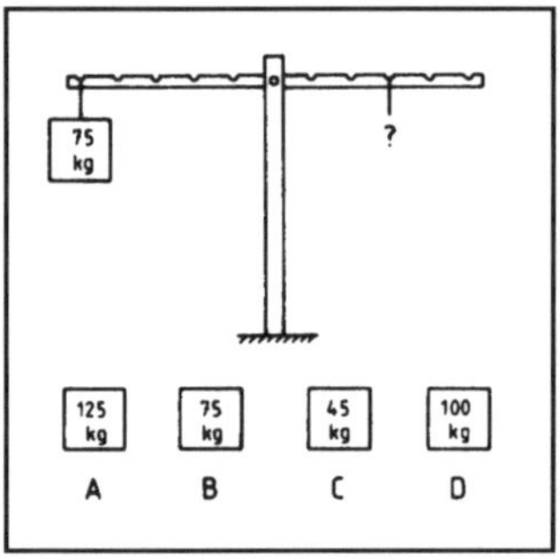

16. Welches Gewicht muß an die vorgegebene Stelle gehängt werden, um die Waage wie gezeichnet ins Gleichgewicht zu bringen?
a) A
b) B
c) C
d) D

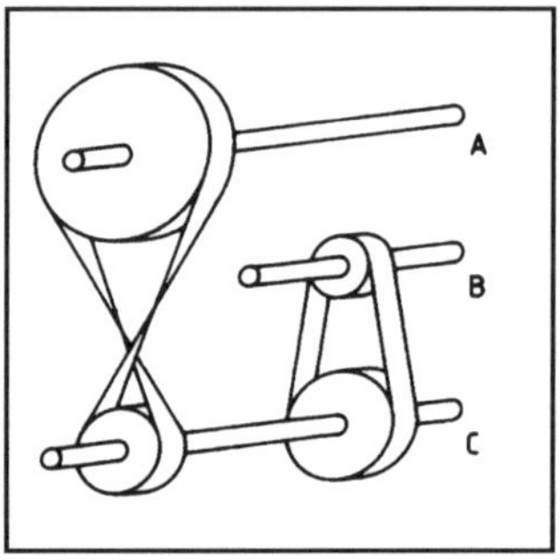

17. Welche der drei Achsen A, B, C dreht sich am schnellsten? Sollten sich alle Achsen gleich schnell drehen, so lautet die Lösung D.
a) A
b) B
c) C
d) D

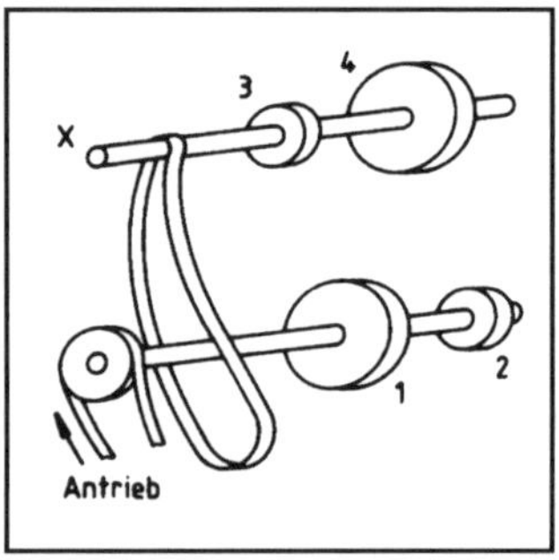

18. Wie muß der Treibriemen gespannt sein, damit die Achse X die meisten Umdrehungen pro Minute machen kann?
a) zwischen 2 und 4
b) zwischen 1 und 3
c) zwischen 2 und 3
d) zwischen 1 und 4

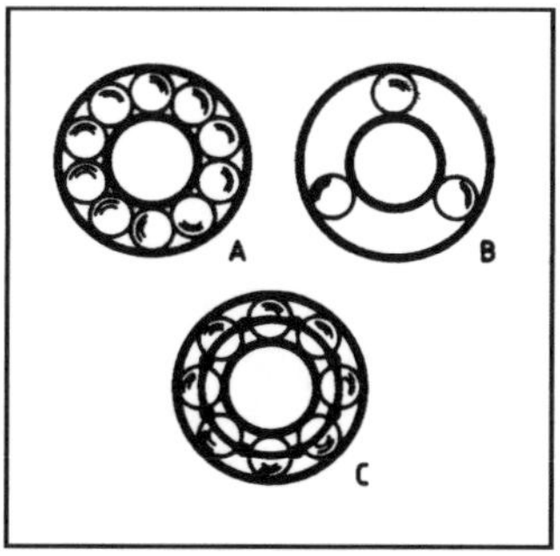

19. Welches der drei vorgestellten Kugellager wird sich am besten drehen? Sollten sich alle gleich gut drehen, so muß die Lösung D lauten.
a) A
b) B
c) C
d) D

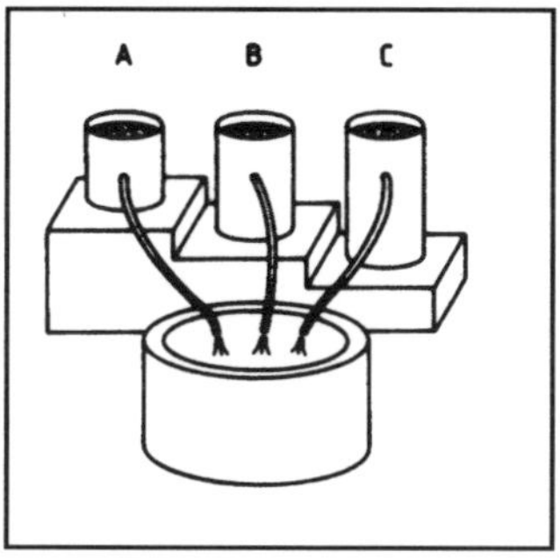

20. Aus welchem Schlauch der drei abgebildeten Gefäße A, B, C fließt das Wasser mit dem stärksten Druck heraus? Sollte es keinen Unterschied geben, so muß die Lösung D lauten.
a) A
b) B
c) C
d) D

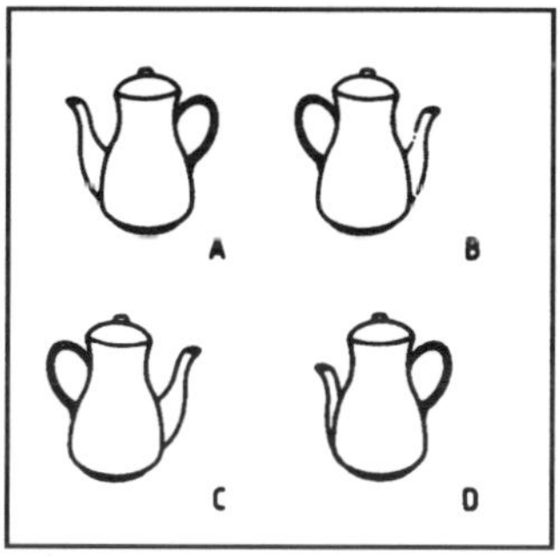

21. Welche der vier Kannen ist unzweckmäßig konstruiert?
a) A
b) B
c) C
d) D

22. Hier wird ein Fahrradventil schematisch dargestellt. Welche Situation herrscht?
a) nach dem Aufpumpen
b) nicht erkennbar
c) während des Pumpens

23 Der Angler sieht beim Angeln den Fisch. Wo befindet sich der Fisch wirklich? In der Position A, B oder C?
a) A
b) B
c) C

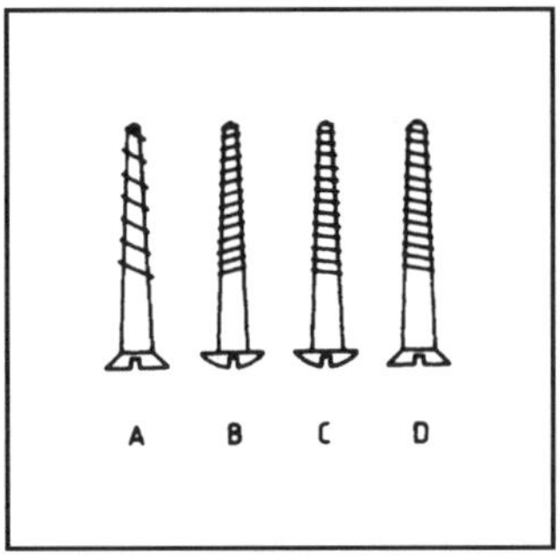

24.Welche der vier Holzschrauben ist zweckmäßig konstruiert?
a) A
b) B
c) C
d) D

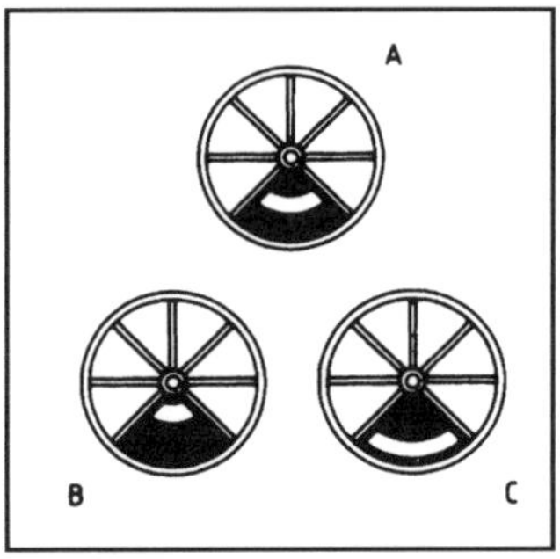

25.Welches der drei Schwungräder ist zweckmäßig konstruiert?
a) A
b) B
c) C

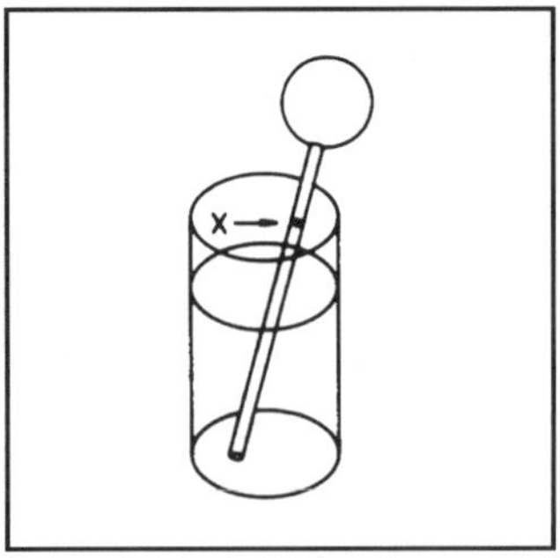

26.Was passiert, wenn man die Glaskugel einige Minuten in der Hand gehalten hat?
a) die Flüssigkeit steigt in dem Glasrohr bei X
b) die Flüssigkeit verändert nicht ihre Höhe
c) die Flüssigkeit sinkt

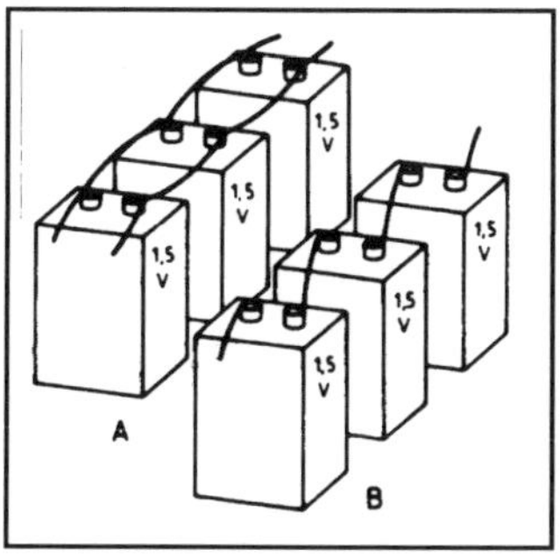

27. Hier geht es um die größtmögliche Spannung. Welche Anordnung liefert sie? A, B, oder ist die Spannung bei beiden Systemen gleich (Lösung c)?
a) A
b) B
c) C

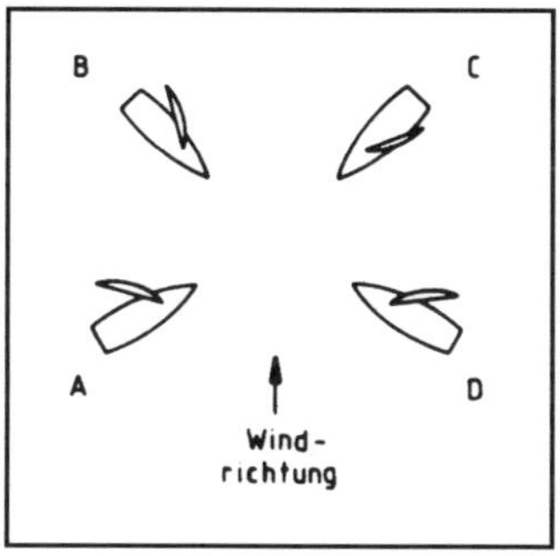

28. Wenn die Windrichtung wie angegeben ist, welche Segelstellung ist dann falsch?
a) A
b) B
c) C
d) D

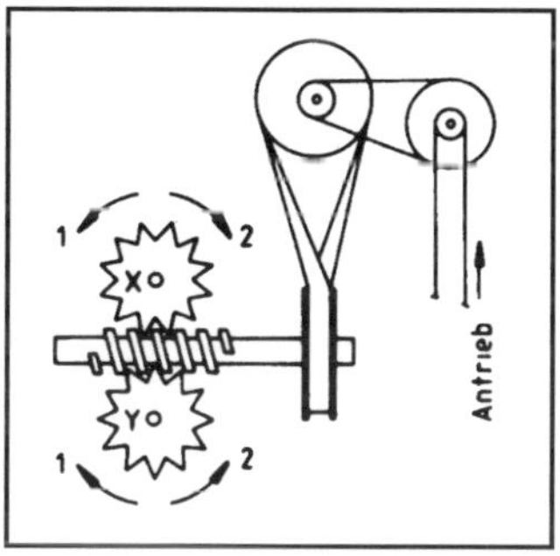

29. Wieder einmal geht es um die Richtung. In welche Richtung drehen sich die Zahnräder X und Y?
a) beide in Richtung 1
b) beide in Richtung 2
c) Rad X in Richtung 1, Rad Y in Richtung 2
d) Rad X in Richtung 2, Rad Y in Richtung 1

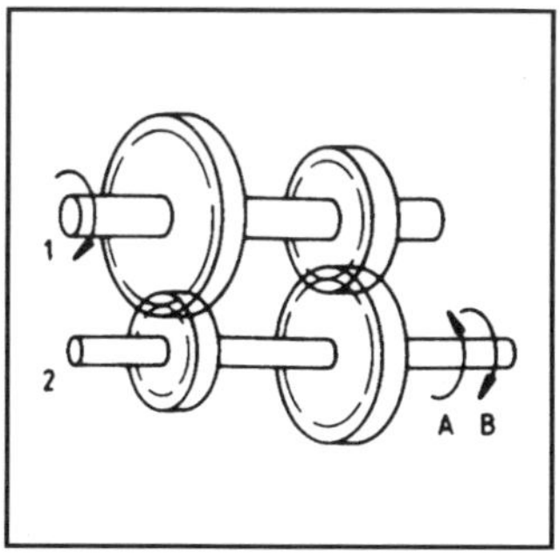

30. In welche Richtung dreht sich die untere Achse (2), wenn sich die obere Achse (1) wie angegeben dreht?
a) in Richtung A
b) in Richtung B
c) überhaupt nicht

Teil 2

Während wir uns in Teil 1 mit Testaufgaben zu einzelnen Gebieten (Intelligenz, Rechnen, Rechtschreibung, Persönlichkeit usw.) beschäftigt haben, stehen jetzt zwei große Arbeitsfelder im Mittelpunkt: Hier werden ausführlich die speziellen Testaufgaben für die Bereiche *Büro, Verwaltung und Öffentlicher Dienst* sowie *Banken, Versicherungen und Wirtschaft* vorgestellt.

Natürlich greifen auch diese Arbeitgeber auf die in Teil 1 präsentierten und von Ihnen geübten Testaufgaben zurück. Dennoch werden je nach beruflicher Ausrichtung spezielle Testverfahren zusätzlich eingesetzt. Mit diesen besonderen Verfahren machen wir Sie jetzt vertraut. Ein ausführlicher Report-Teil ergänzt und gibt einen Überblick, was in der nichtschriftlichen Testsituation (Vorstellungsgespräch, Gruppendiskussion usw.) auf Sie zukommen kann.

Zum Abschluß einer der Top- und Traumberufe: *Pilot*. Auch wenn Sie nicht vorhaben, sich in dieser Branche zu bewerben, können Sie mit Hilfe dieses Kapitels Ihre Test-Bewältigungsstrategien weiter üben.

Büro-/Verwaltungs- und Öffentlicher-Dienst-Testaufgaben

Strebt man einen Arbeitsplatz im Büro, in der Verwaltung und generell an Schreibtischen im Öffentlichen Dienst an, ist ein Test so gut wie sicher. Das gilt sowohl für Azubis als auch für Bewerber, die bereits Mitarbeiter im Öffentlichen Dienst sind, aber in der Hierarchie ihres Arbeitgebers aufsteigen wollen.

Zwei Verfahren empfehlen sich als sogenannte »Büro-Eignungstest« und machen glauben, sie könnten vorhersagen, ob jemand in einer Bürotätigkeit erfolgreich sein wird oder nicht. Wer kann da schon auf der Seite des Ausbildungsplatz- bzw. des Arbeitsplatzvergebers widerstehen? Folglich finden sich zumindest Auszüge aus diesen beiden Tests sehr häufig in den sogenannten Einstellungs- und Eignungstestbatterien wieder.

Zusätzlich sollten Sie sich aber unbedingt mit den gängigen Verfahren zur Überprüfung Ihrer Rechtschreib- und Rechenkünste vertraut machen (s. S. 71 u. 100). Sehr wahrscheinlich sind auch Testaufgaben aus dem Konzentrations-Leistungs-Bereich (s. S. 106).

Hier eine Übersicht der in diesem Kapitel behandelten und am häufigsten eingesetzten Testaufgabentypen:

1. Allgemeinwissensfragen
2. Rechen-Schätzaufgaben
3. Summen überprüfen
4. Rechtschreibung
5. Zeichensetzung
6. Textaufgaben (Rechnen)
7. Konzentration und Sorgfalt – überprüft an einer Artikelliste
8. Konzentration und Sorgfalt – überprüft an einer Zahlenliste
9. Konzentration und Sorgfalt – überprüft an einer Arbeitsaufgabe
10. Rechnen und Logik – gleichmäßiges Verteilen und Ordnen
11. Ordnung, Konzentration und Sorgfalt – Listen sortieren und kombinieren
12. Organisations-Aufgabe (Dienstplan)
13. Organisations-Aufgabe (Zeitmanagement)

Abschließend folgen noch zwei beispielhafte Testabläufe.

Wenn Sie alle diese Aufgaben durchgearbeitet haben, empfehlen wir, sich auch mit dem folgenden Kapitel von Banken-, Versicherungs- und Wirtschafts-Testaufgaben zu beschäftigen, da hier Überschneidungen bestehen.

1. Allgemeinwissen

Gerade im öffentlichen Dienst, aber auch bei anderen Bürojobs steht am Anfang der sog. Testbatterie (= Serie von Testaufgaben) ein Allgemeinwissens-Test. Für 13 Aufgaben haben Sie 10 Minuten Zeit.

1. Wofür wurde das Schengener Abkommen geschlossen?
   a) ethische Kontrollinstanz bei Genversuchen
   b) Einführung des Euro
   c) Abbau der Grenzkontrollen innerhalb der EU
   d) Koordinierung der Funkfrequenzen im Flugverkehr

2. Wer war Professor Theodor Heuss?
   a) erster Präsident der Weimarer Republik
   b) erster Kanzler der Bundesrepublik
   c) erster Präsident der Bundesrepublik
   d) erster Präsident der Bundesversammlung

3. Welches Gericht übt keine Strafjustiz aus?
   a) Landgericht
   b) Amtsgericht
   c) Oberlandesgericht
   d) Bundesverfassungsgericht

4. Was bewirkt der Vorgang der Photosynthese?
   a) die Anpassung des Auges an Veränderungen der Lichtstärke
   b) das Abspeichern von visuellen Eindrücken im Unterbewußtsein
   c) die Umwandlung von physischer Energie (Licht) in chemische Energie (Materie) im Blattgrün der Pflanzen
   d) die Anpassung von Tieren an die Umgebung durch farbliche Veränderungen ihrer Haut

5. Die Stadt Istanbul wird durch eine Meerenge in einen europäischen und einen asiatischen Teil getrennt, wie lautet der Name dieser Meerenge?
   a) Dardanellen
   b) Isthmus von Byzanz
   c) Kalmarsund
   d) Bosporus

6. Was ist ein Stalaktit?
   a) ein in der Medizin gebräuchliches Hörrohr zum Abhorchen der Herztöne
   b) ein Tropfstein, dessen Wachstum von der Decke nach unten verläuft
   c) ein schneckenartiges Fossil aus der Kreidezeit
   d) ein Tropfstein, der vom Boden nach oben wächst

7. Wie lautet der Titel des höchsten Würdenträgers des tibetischen Buddhismus?
   a) Dalai Lama
   b) Nehru
   c) Avalokiteshvara
   d) Bodhisattva

8. Wie hießen in der ständischen Ordnung des Mittelalters die Angehörigen der Oberschicht des Bürgertums?
   a) Welfen

   b) Patrizier
   c) Senatoren
   d) Medici

9. Was versteht man unter dem Begriff »Hausse«?
   a) Steigen der Börsenkurse wegen starker Nachfrage
   b) starker Kurseinbruch in Asien
   c) Staatsbankrott wegen Zahlungsunfähigkeit
   d) hausgemachte Inflation

10. Welche Epoche des Baustils ging der Gotik unmittelbar voraus?
   a) der Klassizismus
   b) das Rokoko
   c) die Renaissance
   d) die Romanik

11. Was versteht man unter Enkaustik?
   a) das Versprühen der Farbe durch ein Sprührohr
   b) ein Malverfahren, bei dem die Farbpigmente durch Wachs gebunden werden
   c) das Malen mit Kreide auf Ölfarben
   d) die Falttechnik bei einem speziellen Batikverfahren

12. Welcher Musikform gab der Lyriker Walther von der Vogelweide (* um 1170, † um 1230) einen unverwechselbaren Inhalt?
   a) dem epischen Hofgesang
   b) den gregorianischen Chorälen
   c) der römischen Liturgie
   d) dem Minnegesang

13. Was versteht man unter Rendite?
   a) die Relation von Gewinn zu Einsatz in der Wirtschaft
   b) den Gewinn im Devisenhandel
   c) den Jahresertrag eines angelegten Kapitals
   d) ein risikofreies Bankgeschäft

LESE UND ARBEITSHINWEISE

➔ Allgemeinwissens-Testaufgaben in Teil 1 dieses Buches sowie in unserem Titel »Testtraining Allgemeinwissen« (s. S. 200)

2. Rechen-Schätzaufgaben

Die folgenden 10 Rechenaufgaben sollen Sie mehr schätzen als ausrechnen. Deswegen haben Sie auch nur sehr wenig Zeit (5 Minuten).

A

25 302 : 2,25 =

a) 12 651,058
b) 11 245,333
c) 11 000,869
d) 12 238,343

B

684 x 39 838 =

a) 25 886 732
b) 23 362 776
c) 27 249 192
d) 28 292 395

C

17,2 x 4^3 =

a) 1100,8
b) 1264,0
c) 1025,5
d) 1125,8

D

2446 : 12^2 =

a) 20,004
b) 16,986
c) 18,736
d) 16,024

E

48 970 x 348 =

a) 17 041 560
b) 15 821 216
c) 18 005 640
d) 16 042 600

F

7248 + 23,5 x 17 =

a) 8152,8
b) 7647,5
c) 7427,5
d) 6985,9

G

23,75 % von 6555,75

a) 1998,75
b) 1320,55
c) 1008,95
d) 1556,99

H

$7{,}5^2$ x 1 025 =

a) 57 656,25
b) 79 123,45
c) 82 013,50
d) 69 775,75

I

18 790 : 1,5 x 975 =

a) 12 127 425
b) 13 205 025
c) 12 213 499
d) 14 248 725

J

19,35 % von 215,45

a) 39,885
b) 39,927
c) 40,085
d) 41,689

3. Summen überprüfen

Jetzt geht es um die Überprüfung der Richtigkeit von Additionen. Sie sollen vier zweistellige Zahlen jeweils von links nach rechts in der Zeile addieren und das Ergebnis, das am Rand notiert ist, überprüfen sowie von oben nach unten beide Zahlen addieren und das vorliegende Ergebnis wiederum überprüfen. Sind alle Zahlen richtig addiert, können Sie die Aufgabe abhaken. Falsche Ergebnisse sind durchzustreichen.

Beispiele:

15	23	=	38		69	20	=	75
27	48	=	75		21	56	=	77
42	71				90	66		

Alle Additionen sind richtig.

Die Ergebnisse 75 und 66 sind durchzustreichen, da sie falsch sind.

Für die folgenden 18 Aufgaben haben Sie 7 Minuten Zeit.

1	22	44	=	66	**2**	34	61	=	95	**3**	9	82	=	91
	19	47	=	65		18	44	=	61		28	29	=	59
	43	91				52	104				47	111	=	
4	33	44	=	67	**5**	13	33	=	46	**6**	51	9	=	70
	66	26	=	92		25	41	=	66		22	47	=	69
	99	70				38	74				83	56		
7	92	4	=	96	**8**	29	11	=	50	**9**	41	12	=	43
	7	63	=	80		30	37	=	67		14	21	=	35
	98	67				59	49				55	32		
10	67	13	=	80	**11**	34	25	=	69	**12**	39	48	=	87
	51	43	=	93		12	26	=	39		19	52	=	71
	127	56				46	53				49	100		
13	77	22	=	97	**14**	47	13	=	60	**15**	18	15	=	33
	8	86	=	96		84	46	=	130		6	73	=	78
	85	104				95	59				24	86		
16	26	15	=	41	**17**	44	23	=	67	**18**	38	12	=	50
	54	80	=	123		32	9	=	41		36	86	=	112
	80	93				76	42				74	98		

4. Rechtschreibungskorrekturen

Bei dieser Aufgabe sollen Sie herausfinden, welche Wörter richtig und welche falsch geschrieben sind. Ein r neben dem Wort bedeutet, daß es richtig geschrieben ist. Sollte das Wort falsch geschrieben sein, schreiben Sie das Wort richtig daneben. Es gilt die alte Rechtschreibung. Sie haben 2 Minuten Zeit. (Versuchen Sie es auch in neuer Rechtschreibung)

1. Porzellanfigur ________
2. viel Böses ________
3. Fillialleiter ________
4. Meßaperat ________
5. nach schlagen ________
6. Tage lang ________
7. verpulfern ________
8. alles liebe ________
9. Quahl ________
10. offerieren ________
11. bößartig ________
12. des abends ________
13. Teeke ________
14. Telegrambote ________
15. Marokkaner ________
16. Ilustrierte ________
17. Notitzblock ________
18. Risiko ________
19. Perückenteil ________
20. zum Essen ________
21. Eidechsenweibchen ________
22. Athlet ________
23. Puplikumserfolg ________
24. Luksus ________
25. Ackord ________
26. Fahradwerkstadt ________
27. Bibliothekarin ________
28. Kohlweißlinge ________
29. Chausseebaum ________
30. Rubrik ________
31. Wiederstand ________
32. unentgeltlich ________
33. Spülmaschine ________
34. Schlämmkreide ________
35. Skizze ________
36. Sawanne ________
37. Petroleum ________
38. Portemonnaie ________
39. Reflex ________
40. Molekül ________

5. Zeichensetzung

Hier müssen Sie sich entscheiden, ob an der vorgegebenen Stelle ein Komma zu setzen ist. Verfahren Sie bitte auch hier nach den alten Rechtschreibregeln. Sie haben für diese Aufgaben 3 Minuten Zeit.

1. Ohne es zu wollen ( ) kam er des Rätsels Lösung fast schon auf die Spur ( ) als er durch das Telefon abgelenkt wurde.

2. Sie ist keine zartbesaitete Maid ( ) dachte er ( ) und nahm noch eine Beruhigungstablette ( ) bevor er sich weiter mit ihr unterhielt.

3. Der Mannheimer Drehorgelmann ( ) von Hause aus mit der Rechtschreibung auf Kriegsfuß ( ) machte sein Instrument zu ( ) schloß den Wagen ein ( ) und fühlte den unwiderstehlichen Drang ( ) ein Bier trinken zu müssen ( ) oder wenigstens ( ) in ein Gasthaus einzukehren.

4. In der Bundesregierung hält sich leider niemand ( ) nicht einmal der ( ) Bundeskanzler ( ) für kompetent ( ) um eine derartige Prognose zu wagen.

5. Er ist hilfsbereit ( ) allerdings fehlt ihm das rechte Geschick.

6. Ich machte Licht ( ) denn es war inzwischen dunkel geworden.

7. Die dritte Gruppe ( ) nämlich Physiker und Chemiker ( ) hielt ihre Kolloquien im Laborgebäude.

8. Die Verhandlung wurde auf Dienstag ( ) den 15. Juli ( ) vertagt.

9. Er fuhr ( ) ohne zu gucken ( ) geradewegs ( ) mit seinem schönen neuen Fahrrad ( ) in die Hecke.

10. Als der Mann in den Hof trat ( ) bellte der Hund ( ) und schnatterten die Gänse.

Textaufgaben (Rechnen)

Bitte lösen Sie die folgenden 6 Rechentextaufgaben (A-F) in 10 Minuten:

A
Ein Motorrad verbraucht 6 Liter Benzin auf 100 km. Wieviel verbraucht es auf 250 km, und wie viele km kann es mit einem 24 Liter fassenden Benzintank fahren?

B
Ein Maulwurf ist 4 Jahre alt. Nur 1/24stel von dieser Zeit hat er das Tageslicht gesehen. Wie viele Monate sind das?

C
Ein Malergeselle renoviert ein Zimmer von 18 qm an einem Arbeitstag in 8 Stunden. Der Azubi schafft in der gleichen Zeit nur 1/3 dieser Arbeitsleistung. Der Meister arbeitet noch schneller als der Geselle und liegt damit um 25% höher in der Arbeitsleistung. Wie hoch ist die Differenz der geleisteten Arbeit (renovierter Raum in qm) zwischen bestem und schlechtestem Ergebnis nach eineinhalb Arbeitstagen?

D
Teilt man eine Zahl x durch 3,4 und erhält als Ergebnis 9,2, wie muß die Zahl x lauten?

E
Ein Nahrungsmittelvorrat reicht für 12 Personen 16 Tage aus. Wie viele Tage könnten 6 Personen davon essen?

F
Ein Händler kauft für 10 500 DM Gewürzpartien. An jeder verkauften Gewürzpartie verdient er 100 DM. Nach Verkauf seines Gesamtbestandes hat er 14 000 DM eingenommen. Wie viele Gewürzpartien hatte er?

7. Listenüberprüfung

Ihnen werden eine Original-Artikelliste eines Damenoberbekleidungsgeschäftes und deren Abschrift vorgelegt. Ihre Aufgabe ist es, die Abschrift mit dem Original zu vergleichen. Alle Fehler sind zu unterstreichen und pro Abschriftzeile insgesamt auszuzählen.

Beispiele:

Original

Artikel	Größe	Bestellnummer	Lieferbar	F
Rock mit Nadelstreifen in Patch-Optik	34-46	254473	in 3 Wochen	
Ledergürtel mit attraktiver Schließe	70-100	285448	sofort	

Abschrift

Artikel	Größe	Bestellnummer	Lieferbar	F
Rock mit Nadelstreifen in Patch-Optik	34-46	254473	in 3 Wochen	
Ledergürtel mit attraktive Schließe	70-100	285548	sofort	

Lösung

Artikel	Größe	Bestellnummer	Lieferbar	F
Rock mit Nadelstreifen in Patch-Opptik	34-46	254473	in 3 Wochen	1
Ledergürtel mit attraktive_Schließe	70-100	285548	sofort	2

Für die folgende Artikelliste haben Sie 12 Minuten Zeit.

Original

Artikel	Größe	Bestellnummer	Lieferbar	F
Nadelstreifen-Blazer	34-46	224878	in 3 Wochen	
Hose mit Nadelstreifen	34-46	420651	sofort	
Schnürpumps in Antikoptik	36-42	322672	sofort	
Schnürpumps in Antikoptik	36-42	70567	in 3 Wochen	
Bluse aus zweifarbigem Gewebe	34-46	144492	in 3 Wochen	
Rollkragen-Pullover mit Halbarm	32-46	160217	in 3 Wochen	
Hose mit Nadelstreifen	34-46	99343	in 3 Wochen	
Rock mit Nadelstreifen in Patch-Optik	34-46	254473	in 3 Wochen	
Ledergürtel mit attraktiver Schließe	70-100	285448	sofort	
Weste im Trachtenlook	34-48	491159	sofort	
Trachtenbluse, aufwendig verarbeitet	34-48	439911	sofort	
Trachtenrock mit Seitenschlitzen	34-48	476259	sofort	
Schoppersocken	35-42	445191	sofort	
Miedergürtel aus Glattleder	70-100	327930	sofort	
Trekkingstiefelette aus Veloursleder	36-42	208566	in 3 Wochen	
Karo-Hemdbluse mit Stickerei	34-48	429882	sofort	
Trachtenhose mit Gürtelschlaufen	34-48	480629	sofort	
Janker aus kuschelweichem Material	34-48	361592	sofort	
Gürtel aus Veloursleder	70-100	296837	sofort	
Rollkragenpullover in legerer Form	34-50	338638	sofort	
Karo-Hemdbluse mit Stickerei	34-48	365471	sofort	
Karo-Hemdbluse mit Stickerei	34-48	398228	sofort	
Janker aus kuschelweichem Material	34-48	102839	in 3 Wochen	
Trachtenhose mit Gürtelschlaufen	34-48	87842	in 3 Wochen	
Bluse mit Spitze	34-44	305378	sofort	
Blazer in Fischgrätoptik	34-48	218443	in 3 Wochen	
Hose in Fischgrätmuster	34-48	438700	sofort	
Bluse mit Spitze	34-44	492373	sofort	
Rock mit Fischgrätmuster	34-48	204135	in 3 Wochen	
Jacquard-Pullover mit Stehkragen	32-50	418467	sofort	
Hose in Fischgrätmuster	34-48	370853	sofort	
Sweatshirt aus Frottee	36-42	252040	in 3 Wochen	
Freizeitschuh im Materialmix	36-42	386280	sofort	
Sweatshirt mit Kapuze	36-44	258682	in 3 Wochen	
Freizeitschuh im Materialmix	36-42	119911	in 3 Wochen	
Schoppersocken	35-42	255999	in 3 Wochen	
Jacke aus Lederimitat	32-44	269362	in 3 Wochen	
Hose mit Schlag	32-44	9410	in 3 Wochen	
Shirt mit Polokragen	32-44	18058	in 3 Wochen	
Pumps in Antik-Optik	36-42	325991	sofort	
Shirt mit Polokragen	32-44	168037	in 3 Wochen	
Hose mit aufgesetzten Taschen	32-46	394956	sofort	
Tasche aus Lacksynthetik	-alle-	472634	sofort	

Abschrift

Artikel	Größe	Bestellnummer	Lieferbar	F
Nadelstreifen-Blazer	34-46	214878	in 3 Wochen	
Hosen mit Nadestreifen	34-46	420651	sofort	
Schnürpömps in Antikoptik	36-42	322672	sofot	
Schnürpumps in Antikoptik	36-42	705670	in 3 Wochen	
Bluse aus zweifabigem Gewebe	34-42	144442	in 3 Wochen	
Rolllkragen-Pullover mit Halbarm	32-46	160217	in 3 Woohen	
Hose mit Nadelstreifen	34-46	999343	in 3 Wochen	
Rock mit Nadelstreifen in Patsch-Optik	34-46	254473	in 3 Wochen	
Ledergürtel mit attraktiver Schleiße	70-110	285448	sofort	
Weste im Trachtenlock	34-48	491159	sofort	
Trachtenbluse, aufwenig verarbeitet	34-46	439911	sofort	
Trachtenrock mit Seitenschlietzen	34-48	476229	sofort	
Schopperssocken	35-42	445191	sofort	
Miedergürtel aus Glatzleder	70-100	37930	sofort	
Trekkingsstiefelette aus Velursleder	36-46	208556	in 3 Wochen	
KaroHemdbluse mit Stickerei	34-46	429882	sofo t	
Trachtenhose mit Gürtelschaufen	34-48	480629	sofort	
Janker aus kuschelweichem Material	34-48	361692	sofort	
Gürtel aus Veloursreder	70-100	296887	sofort	
Rollkragenpullover in legerrer Form	34-40	338668	sofort	
Karo-Hemdbluse mit Sticker i	34-40	365471	sofort	
Karo-Hemdbluse mit Stickerei	34-48	398288	sofort	
Janker aus kuschelweichem Materal	34-48	112839	in 3 Wochen	
Trachtenlose mit Gürtelschlaufen	34-46	187842	in 3 Wochen	
Bluse mit Spitzen	34-46	305576	sofort	
Blazer in Frischgrätoptik	34-48	218443	in 3 Woch n	
Hose in Fischgiätmuster	34-48	43870	sofort	
Bluse mit Spritze	34-44	492373	sofort	
Rock mit Fischgrätmusster	34-46	204105	in 3 Wochen	
Jacquard-Pullover mit Stehkragen	32-50	418467	sofort	
Hose in Fischgrätmuster	34-48	370853	sofort	
Swaetshirt aus Frottee	36-42	252040	in 3 Wochen	
Freizeitschuh im Materialmix	36-42	386280	sofort	
Sweatshirt mit Krapuze	36-44	258682	in 3 Wochen	
Freizeitschuh im Materialmix	36-42	119911	in 3 Wochen	
Schopperstocken	35-42	255599	in 3 Wochen	
Jacke aus Lederimtat	32-44	269362	in 3 Wochen	
Hose mit Schlag	32-44	94510	in 3 Wochen	
Shirt mit Prolokragen	32-44	148058	in 3 Wochen	
Pumps in Antik-Optik	36-42	325991	sofort	
Shirt mit Polokragen	32-46	16837	in 3 Wochen	
Hose mit aufgesetzen Taschen	32-46	394956	sofort	
Tasche aus Lachsynthetik	-alle-	452634	sofort	

8. Zahlensuche

Bei dieser Aufgabe geht es darum, alle (aus zwei Zeilen bestehenden) Zahlenblöcke herauszusuchen, die folgende Bedingungen erfüllen:

- obere Zeile von 0,1600 bis 0,3350 und
- untere Zeile > 240.

Beispiel:

A	B	C	D	E	F	G
0,1434	22,4773	0,5540	0,8555	0,2156	0,2320	3,1843
(131)	(140)	(245)	(222)	(450)	(231)	(220)

Lösung: E

Die Lösungen sind entsprechend der Position in das Lösungsschema einzutragen.

Für 15 Aufgaben haben Sie 5 Minuten Zeit.

	A	B	C	D	E	F	G
1	0,1124 (243)	1,2260 (134)	0,8920 (326)	0,2572 (673)	1,1502 (215)	0,7221 (451)	9,6600 (534)
2	1,1576 (345)	0,2456 (267)	0,3051 (904)	0,1050 (762)	0,8060 (267)	0,4562 (156)	0,8742 (450)
3	0,1995 (135)	0,2950 (945)	0,2456 (456)	0,1670 (229)	0,2458 (192)	0,5470 (235)	0,2245 (210)
4	0,4672 (256)	0,2178 (230)	0,1645 (674)	0,1296 (236)	0,6281 (456)	0,7239 (330)	0,2980 (506)
5	0,2113 (845)	0,1565 (103)	1,1452 (506)	0,1672 (220)	0,1990 (206)	0,2147 (298)	0,2001 (245)
6	0,1750 (556)	0,7810 (348)	0,3450 (453)	0,1240 (249)	0,2361 (335)	0,6712 (863)	0,1265 (437)
7	0,1602 (215)	0,1279 (349)	0,2107 (317)	0,1456 (268)	0,1562 (654)	0,1376 (159)	0,7619 (560)
8	0,2789 (229)	0,5623 (658)	0,2935 (123)	0,3250 (569)	0,3103 (437)	0,2956 (216)	0,3345 (231)
9	0,3859 (299)	0,2217 (115)	1,1355 (564)	0,2459 (209)	0,3102 (158)	0,1925 (211)	0,2376 (391)
10	0,2568 (075)	0,3127 (213)	0,2547 (192)	0,1934 (298)	3,2458 (545)	1,2983 (875)	0,2884 (739)
11	0,1995 (135)	0,2950 (945)	0,2456 (456)	0,1670 (229)	0,2458 (192)	0,5470 (235)	0,2245 (210)
12	0,4672 (256)	0,2178 (230)	0,1645 (674)	0,1296 (236)	0,6281 (456)	0,7239 (330)	0,2980 (506)
13	0,2003 (845)	0,1560 (103)	0,1452 (506)	0,1672 (220)	0,1990 (206)	0,2147 (298)	0,2001 (245)
14	0,1750 (556)	0,7810 (348)	0,3450 (453)	0,1240 (249)	0,2361 (335)	0,6712 (863)	0,1265 (437)
15	0,1708 (125)	0,1279 (349)	0,2107 (317)	0,1456 (268)	0,1562 (654)	0,1376 (159)	0,7619 (560)

Lösungsschema mit der Lösung der ersten Aufgabe:

	A	B	C	D	E	F	G
1	○	○	○	⊙	○	○	○
2	○	○	○	○	○	○	○
3	○	○	○	○	○	○	○
4	○	○	○	○	○	○	○
5	○	○	○	○	○	○	○
6	○	○	○	○	○	○	○
7	○	○	○	○	○	○	○
8	○	○	○	○	○	○	○
9	○	○	○	○	○	○	○
10	○	○	○	○	○	○	○
11	○	○	○	○	○	○	○
12	○	○	○	○	○	○	○
13	○	○	○	○	○	○	○
14	○	○	○	○	○	○	○
15	○	○	○	○	○	○	○

9. Post, Porto und Tarife

Von Hamburg aus, dem Tor zur Welt, sind verschiedene Postsachen (Briefe, Telegramme, Pakete) zu verschicken. Ihre Aufgabe besteht darin, die Post- bzw. Frachtgebühr anhand von Tabellen zu ermitteln. Durch unterschiedliche Beförderungsarten (z.B. Eilzustellung) wird alles etwas schwieriger. Hinzu kommt noch, daß gerade in dem Augenblick, in dem Sie an die Arbeit gehen wollen, eine Tarifänderung ins Haus steht. Aber sehen Sie selbst:

Beförderungsgegenstände

Drucksache	1
Postkarte	2
Brief	3
Telegramm	4
Päckchen (bis 2000 g)	5
Paket (bis 5000 g)	6
(über 5 kg – 10 kg)	7
(über 11 kg – 15 kg)	8

Bestimmungsorte

	x km von Hamburg aus
A	10
B	20
C	50
D	100
E	150
F	180
G	200
H	400
I	900
J	1000
K	1500
L	2500

Beförderungsart/Zuschläge

Einschreiben	5
Luftpost	3
Eilzustellung	5
Auslandszuschlag	4
Versicherungszuschlag bei Wertsachen	8

Kilometer/Tarife

Entfernung		Tarifwert
0 – 10	km	1
11 – 50	km	2
51 – 100	km	3
101 – 500	km	4
501 – 1000	km	5
über 1000	km	6

Tarife

Tarifwerte	Gebühreneinheit (GE) bis 31.12.	Gebühreneinheit (GE) ab 1.1.
1	0,50	0,70
2	0,90	1,00
3	1,20	1,50
4	2,20	2,50
5	2,50	2,80
6	3,00	3,40
7	3,50	3,90
8	4,00	4,50
9	4,70	5,00
10	5,10	5,60
11	5,90	6,10
12	6,80	7,10
13	7,50	7,90
14	8,10	8,50
15	8,90	9,70
16	10,00	10,40
17	10,50	10,80
18	12,50	13,00
19	15,00	18,00
20	18,50	18,90
21	19,20	19,60
22	20,40	20,90
23	21,70	22,00
24	22,20	22,60
25	22,90	23,10

1. Beispiel:
Ein Brief soll am 31.12. von Hamburg aus nach D geschickt werden. Wie hoch ist die anfallende Gebühreneinheit?

Brief	Tarifwert		3
nach D 100 km		+	3
		=	6 am 31.12. = 3,00 GE

2. Beispiel:
Ein Telegramm soll am 1.1. von Hamburg nach I geschickt werden.

Telegramm	Tarifwert		4
nach I 900 km		+	5
		=	9 am 1.1. = 5,00 GE

Für 22 Aufgaben (Wie hoch ist jeweils die GE?) haben Sie 8 Minuten Zeit.

1. Eine Postkarte ist am 29.12. auf den Weg nach G.
2. Ein Telegramm wird am 13.1. nach J ins Ausland (Zuschlag!) geschickt.
3. Nach D soll ein Luftpost-Brief am 4.1. versandt werden.
4. Ein Brief soll per Luftpost nach E am 30.12. geschickt werden.
5. Ein 1100 g schweres Päckchen soll ins Ausland nach H geschickt werden (vor dem 1.1.).
6. Ein Paket muß per Eilzustellung am 30.12. in C sein. Es wiegt 4,9 kg.
7. Eine Postkarte wird am 2.1. ins Ausland nach J geschickt.
8. Ein Telegramm soll nach H ins Ausland am 31.12. geschickt werden.
9. Ein 5,5 kg schweres Einschreiben-Paket soll per Luftpost ins Ausland am 5.1. nach J versandt werden.
10. Eine Drucksache soll mit Auslandszuschlag am 2.1. nach E geschickt werden.
11. Ein Luftpost-Eilzustellungspäckchen von 800 g soll ins Ausland geschickt werden, am 3.1. nach H.
12. Am 1.1. soll eine Postkarte nach B per Eilzustellung den Empfänger erreichen.
13. Ein Eilzustellungs-Luftpostpaket (15 kg) soll am 30.12. ins Ausland nach G versandt werden.
14. 6000 g wiegt ein Paket, das per Einschreiben ins Ausland nach I geht und noch vor dem 30.12. eintreffen soll.
15. Per Luftpost wird ein Päckchen nach F am 2.1. versandt.
16. Ein versichertes Wertpaket (10 kg) wird am 1.12. ins Ausland nach L verschickt.
17. Ein Wertbrief soll per Einschreiben am 30.1. nach K versandt werden.
18. Ein Paket über 13 kg soll am 28.12. nach K verschickt werden.
19. Am 3.1. soll eine Postkarte als Einschreiben nach E versendet werden.
20. Nach L soll ein Luftpost-Brief am 31.12. verschickt werden.
21. Ein Päckchen wird am 6.1. ins Ausland nach J verschickt.
22. Ein Telegramm wird am 8.12. nach D aufgegeben.

10. Gleichmäßiges Verteilen und Ordnen

Auf 10 Karteikästen soll eine große Menge von Karteikarten gleichmäßig verteilt werden. Dabei sind die Karteikarten nach den Anfangsbuchstaben der Kundennamen geordnet in die Karteikästen abzulegen. Bei einer Vorabdurchsicht haben Sie feststellen können, daß einzelne Buchstaben des Alphabets (die Anfangsbuchstaben der Kunden) prozentual unterschiedlich oft vertreten sind (siehe Aufstellung). Der Buchstabe Q zum Beispiel ist überhaupt nicht vertreten. Wie müssen die restlichen 25 Buchstaben des Alphabets auf 10 Karteikästen verteilt werden, wenn man die Bedingung wahren will, daß jeder Karteikasten die gleiche Menge von Karteikarten aufnimmt?

Von den Kundennamen, die auf Karteikarten stehen und in die 10 Kästen zu sortieren sind, beginnen jeweils:

2,5 %	mit den Anfangsbuchstaben	D ,F, H, I, J, K, N, P, R, T, V, W
3,33 %	mit den Anfangsbuchstaben	Z, X, Y
5 %	mit den Anfangsbuchstaben	M, B, E, C, L, O, S, U
10 %	mit den Anfangsbuchstaben	A, G

Achten Sie auf die Bedingung, daß jeder Karteikasten die gleiche Menge an Karteikarten enthalten muß (Zeit: 8 Minuten).

11. Sortieren

Bei dieser Aufgabe geht es um Ordnung, Konzentration und Sorgfalt. Sie bekommen drei Listen, um daraus einen Zahlencode abzuleiten. Auf der ersten sind verschiedene Studienfächer durch eine Ziffer gekennzeichnet. Ein alphabetisches Namen-Codierschema ist Gegenstand der zweiten Liste. Eine dritte Liste enthält Dozentennamen, die bestimmten Studienfächern zugeordnet sind (z.B. Dr. E. Kluge / Archäologie).

Ihre Aufgabe besteht darin, mit Hilfe der Listen eins und zwei nun die Dozenten/Studienfächer-Liste (dritte Liste) listig in Form von Zahlencodes umzusetzen und diese in die vierte Spalte einzutragen. Alles Müller, oder was?

Beispiel:
Dr. Gernot Pfeifer ist Dozent der Elektrotechnik
Dr. Gernot Pfeifer = 22, da Buchstabe P (gemäß Liste zwei),
Elektrotechnik = 23 (gemäß Liste eins),
Lösung = 2223.

Beachten Sie bitte, daß bei den Doppelnamen der Anfangsbuchstabe des ersten Nachnamens entscheidend ist.

Die Bearbeitungszeit soll 10 Minuten betragen.

1. Liste: Studienfächer

01 = Medizin
02 = Philosophie
03 = Mathematik
04 = Geographie
05 = Chemie
06 = Geologie
07 = Forstwissenschaft
08 = Archäologie
09 = Ethnologie
10 = Anglistik
11 = Bibliothekswissenschaft
12 = Germanistik
13 = Psychologie
14 = Slawistik
15 = Amerikanistik
16 = Bergbau
17 = Architektur
18 = Verfahrenstechnik
19 = Physik
20 = Altamerikanistik
21 = Biotechnik
22 = Kommunikationswissenschaft
23 = Elektrotechnik
24 = Biologie
25 = Maschinenbau
26 = Publizistik
27 = Wasserbau
28 = Umwelttechnik
29 = Politik
30 = Jura

2. Liste: Alphabetisches Namen–Codierschema

00 = Aa – Am
01 = An – Az
02 = Ba – Bo
03 = Bp – Bz
04 = C
05 = Da – Dn
06 = Do – Dz
07 = Ea – Ek
08 = El – Ep
09 = Eq – Ez
10 = Fa – Fm
11 = Fn – Fz
12 = Ga – Gz
13 = Ha – Ho
14 = Hp – Hz
15 = I – J
16 = Ka – Kl
17 = Km – Kz
18 = L
19 = Ma – Mz
20 = Na – Nm
21 = Nn – Nz
22 = O – P
23 = Q
24 = R – Sa
25 = Sb – Se
26 = Sf – St
27 = Su – Sz
28 = Ta – Tz
29 = U – W
30 = X – Z

3. Liste: Dozenten und Studienfächer	Lösung: Codierung	
01. Prof. Dr. Müller / Archäologie	01:	
02. Dr. G. Zacher / Verfahrenstechnik	02:	
03. Dr. Dr. Egon Berg / Amerikanistik	03:	
04. Dr. Ilse Stein / Psychologie	04:	
05. Prof. Dr. Peter Ellenberg / Architektur	05:	
06. Dr. Sybille Koch / Biotechnik	06:	
07. Dr. F. Sunner-Probst / Geographie	07:	
08. Friedhelm Heinig / Mathematik	08:	
09. Dr. Gernot Pfeifer / Elektrotechnik	09:	
10. Prof. Dr. J. Schröder-Olm / Chemie	10:	
11. Dr. W. Döhring / Kommunikationswissenschaft	11:	
12. Dr. E. Kluge / Archäologie	12:	
13. Brigitte Caspari / Germanistik	13:	
14. Elvira Norderbaum / Altamerikanistik	14:	
15. Prof. Dr. D. Bolle / Forstwissenschaft	15:	
16. Prof. Dr. Norbert Eisenstedt / Bergbau	16:	
17. Dr. Anton Himmelmeier / Verfahrenstechnik	17:	
18. Ulrich Tiefenbach / Philosophie	18:	
19. Ferdinand Undeloh / Biologie	19:	
20. Prof. Dr. V. Schlüsselbein / Medizin	20:	
21. Dr. P. Friedendorf / Politik	21:	
22. Dr. Dr. G. Regensberg / Jura	22:	
23. Prof. Dr. W. Brüning / Bibliothekswissenschaft	23:	
24. Dr. Karl Anton / Philosophie	24:	
25. Dr. Ludwig Dahrendorf / Geologie	25:	
26. Dr. Rudolf Sievenkrug / Ethnologie	26:	
27. Dr. Dr. Otto Günther / Anglistik	27:	
28. Dr. Volker Ludwig / Verfahrenstechnik	28:	
29. Prof. Dr. E. Czerminski / Umwelttechnik	29:	
30. Hubert Müller-Bramholz / Politik	30:	
31. Prof. Dr. Jochen Kamm / Biotechnik	31:	
32. Dr. Bärbel Zuversicht / Psychologie	32:	
33. Prof. Dr. Ch. Westermeier / Wasserbau	33:	
34. Andreas Berge-Saale / Germanistik	34:	
35. Dr. W. Löffler / Bibliothekswissenschaft	35:	
36. Prof. Dr. D. Abenrath / Slawistik	36:	
37. Dr. Dr. H. Rübenstedt / Forstwissenschaft	37:	
38. Prof. Dr. Marion Elm / Kommunikationswissenschaft	38:	
39. Dr. Verena Pflug / Umwelttechnik	39:	
40. Prof. Dr. P. Kalder / Wasserbau	40:	

12. Dienstplan

Ein Taxibetrieb beschäftigt 25 studentische Taxi-Aushilfsfahrer. Jede/r von ihnen ist nur einmal in der Woche in der Lage, eine Schicht zu leisten. Es gibt zwei Schichten: tagsüber und nachts. Stellen Sie einen Dienstplan auf, der berücksichtigt, daß zehn Taxifahrer keinen Tagesdienst und acht keinen Nachtdienst machen können. Einige Taxifahrer können Tages- und Nachtdienst machen. Der Tagesdienst soll mit zwei Fahrern besetzt werden, der Nachdienst mit drei.

Der Wochenplan, den Sie aufstellen sollen (von Montag bis Freitag), muß alle Namen der Taxifahrer einmal berücksichtigen, wobei niemandem zugemutet werden darf, der keinen Tages- bzw. Nachtdienst macht, einen solchen übernehmen zu müssen.

Für diese Aufgabe gibt es keine Beispielanleitung. Nachstehend die Liste der Namen (mit dem Vermerk T = kein Tagesdienst bzw. N = kein Nachtdienst möglich).

Zeit: 8 Minuten

Anna	T	Karl	N
Andreas	N	Karin	T
Birgit		Katrin	N
Bernd	T	Ludwig	T
Berta		Mailin	
Detlev	N	Nora	N
Doris	N	Palja	
Dagmar		Robert	T
Erik	T	Susanne	N
Else		Sonja	
Fritz	N	Sabine	T
Gabi	T	Renate	T
Heinz	T		

13. Wegeplan

Sie haben von der Zentrale Ihrer Firma aus Ihre 6 Filialen (A, B, C, D, E, F) über ein aktuelles Sonderangebot zu informieren. Leider ist Ihr Telefon- und Telexanschluß in der Firmenzentrale kaputt. Einige der Filialen sind telefonisch nicht erreichbar, andere haben ein Telefon (alle mit T gekennzeichneten Filial-Betriebe). Sie müssen mit einem Auto die Filialen ohne Telefon abfahren. Die Wegezeiten stehen fest (siehe Zeichnung, Telegramm geht nicht!). Die Zeiten für das Überbringen der Nachricht – ob persönlich oder am Telefon – ebenso (3 Minuten). In welcher Reihenfolge gehen Sie vor, und wieviel Zeit brauchen Sie, bis Sie wieder in Ihr Büro zurückgekehrt sind?

Bearbeitungszeit für diese Aufgabe: 8 Minuten.

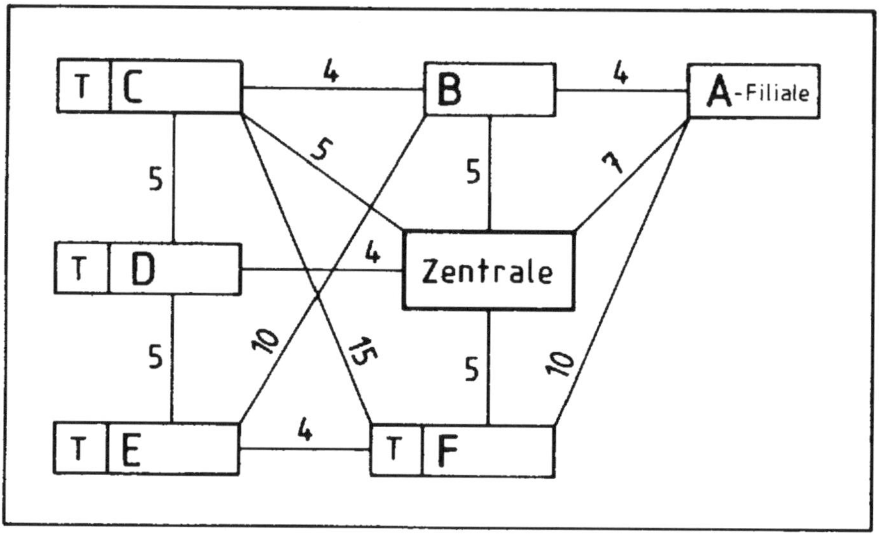

14. Zwei Beispielabläufe

Hier legen wir Ihnen zwei ganz konkrete Beispiele vor, wie Tests bei einer Bewerbung für den gehobenen und mittleren Dienst in einer Stadtverwaltung in Nordrhein-Westfalen und in einer großen Hansestadt aussehen können:

1. Auffassen, Wortschatz (2 Aufgabenreihen mit je 40 Aufgaben vom Typ »Gegensätze«)

Beispiel: kalt
a) schwarz
x b) heiß
c) hart
d) klein
e) dünn

2. Logisch-kritisches Denken (2 Aufgabenreihen mit je 40 Aufgaben vom Typ »Analogien«)

Beispiel: Vogel : fliegen = Fisch : ?
a) braten
b) füttern
x c) schwimmen
d) fressen
e) sehen

3. Erkennen und Herausheben des Wesentlichen (2 Aufgabenreihen mit je 40 Aufgaben »Wortgruppen«)

Beispiel: Was paßt nicht hinein?
a) Januar
b) März
c) Mai
x d) Dienstag
e) Juli

4. Praktisches Rechnen (2 Aufgabenreihen mit je 22 Textaufgaben) (inhaltlich verständlich und rechnerisch lösbar für Schüler ab 9. Schuljahr mit »befriedigend« und besser im Schulzeugnis).

Beispiel: Vermindert man eine Zahl um ihren vierten Teil, so erhält man 15. Wie heißt die Zahl?
a) 18
b) 16
c) 12
x d) 20
e) 15

5. Denken mit Zahlen (2 Aufgabenreihen mit je 30 Aufgaben vom Typ »Zahlenreihen fortsetzen«)

Beispiel:	8	9	10	11	12	13	?	?
Lösung:	14	15						

6. Merkfähigkeit (Gedächtnis im sprachlichen Bereich, 4 Aufgabenreihen mit je 25 Wörtern werden auswendig gelernt und nach den Arbeitsproben reproduziert)

7. Arbeitsproben
Tempo und Sorgfalt

a) Namenvergleich – Zahlenvergleich (durch 2 Aufgabenreihen mit je 100 Namen- und Zahlenvergleichen wird Arbeitstempo und Sorgfalt der Arbeitsausführung überprüft)

Beispiel:

Heinrich Müller	Heinrich Müller
Edmund Gause	Edmand Gause
Ludwig Wintering	Ludwig Wintering
Erich Schmitz	Erich Schmiz
Friedrich Abelen	Fridrich Ab elen

829482	829482
28491837	28491237
4917236	4917236
618391	617391
20192837	20193837

b) Zahlenschlüssel (durch 2 Aufgabenreihen mit je 120 Buchstaben/Zahlen und Zahlen/Buchstabenübersetzungen nach vorgegebenem Code wird das Arbeitstempo abermals festgestellt (Gegenkontrolle zum ersten Tempo-Test)

Beispiel:	A	D	E	I	L	N	R	S	T	U
	1	2	3	4	5	6	7	8	9	0

E I N R A S T L I E D R U E
3 4 6 usw.

Die vorstehende Testreihe wird regelmäßig bei nahezu allen Bewerbergruppen eingesetzt. Die Auswertung erfolgt jeweils unter Berücksichtigung der Laufbahn-, Vorbildungs- und Altersgruppe.

Für die verschiedenen Laufbahngruppen stehen zusätzliche Tests zur weiteren Differenzierung zur Verfügung.

Nun folgen ein Aufsatz und eine Überprüfung von Textverständnis, Rechtschreibung und Interpunktion sowie Sauberkeit und Ordnung bei der Erledigung von schriftlichen Aufgaben. Für diesen Testblock sind zwei Stunden Zeit vorgesehen.

Dann folgt ein einstündiger Mathe-Test mit Aufgaben wie diesen:

1. Berechne:
$$\frac{0{,}4 \times 1/4 + 0{,}3 + 2/3}{1\ 2/5 + 0{,}6} =$$

2. Drei Zahlen haben das Verhältnis 2 : 3 : 4.
   Ihre Summe hat den Wert 45.
   Wie heißen die drei Zahlen?

3. Subtrahiert man vom 6fachen einer gesuchten Zahl die Zahl 12, so erhält man das 3fache der gesuchten Zahl. Wie heißt die gesuchte Zahl?

4. Die Differenz aus dem 7fachen einer gesuchten Zahl und der Zahl 4 ist gleich der Summe aus dem 5fachen dieser gesuchten Zahl und der Zahl 2. Wie heißt die gesuchte Zahl?

5. *Nach* einer Preiserhöhung von 25 % kostet ein Küchengerät DM 100,00. Berechne den Preis des Gerätes *vor* der Preiserhöhung.

6. Berechne die Lösungsmenge L folgender Gleichung in der Grundmenge Q:
   $(x + 3)^2 - 4 = 0$

7. Von einer Zahlenfolge mit einem bestimmten Bildungsgesetz sind die ersten vier Glieder gegeben. Wie lautet das 5. Glied der Folge?
   a) – 2; 3/4; –4/9, 5/16;
   b) 2; 4/3; 6/5; 8/7;

Nun ein weiteres Beispiel für Testpraxis und Testbatterien im öffentlichen Dienst (Verwaltung) – diesmal in einer großen Hansestadt. Eine Bewerberin berichtet:

1. Chiffrieren
Man legte uns einen Zettel vor, auf dem etwa 7 Buchstaben mit jeweils einer dazugehörigen Zahl angegeben waren.

r	s	t	u	v	w	x
5	9	8	6	4	3	7

Nun wurden uns Buchstabenreihen ausgehändigt. In vorgegebener Zeit sollte man die oben stehenden Nummern unter die Buchstaben schreiben.

r u t s r w u x t w s x r v w u ...
5 6 8 9 5 3 6 7 8 ...

2. Sinnvolle Sätze bilden
Aus Wortblöcken sollten (durch Unterstreichen) sinnvolle Sätze gebildet werden, wobei aus jedem Wortblock nur ein Wort ausgewählt werden durfte. Die Schwierigkeit dieser Aufgabe wurde dadurch erhöht, daß die Zahl der Wortblöcke von 4 auf 8 gesteigert wurde, so daß die Sätze immer komplizierter wurden und man leicht den Überblick verlor. (Umfang: 4 Seiten)

Eltern	brauchen	gelb	Fabriken.
Fische	bin	dunkel	Schule.
Ich	lieben	morgens	Wasser.
Die Welt	gibt	sauberes	Bleistift.

Dienstag	regnen	leider	wieder	oft	das	Test.
Nachts	scheint	kaum	weil	gar nicht	die	Arbeit.
Gestern	baute	lustig	dadurch	einmal	den	Blut.
Heute	kochte	endlich	noch	ruhig	ein	Sonne.

3. Lückendiktat
In einen Lückentext sollten wir die uns diktierten Worte eintragen (etwa 20 Wörter)

z.B.	Appetit	aufs neue	Fischgräten
	parallel	interessieren	Paketbote
	Widerschein	Enthusiasmus	seit kurzem
	Clown	Niveau	Näheres folgt

4. Aufsatz
Uns wurden vier Themen zur Auswahl gestellt. Über eines dieser Themen durften wir eine Stunde lang schreiben, z.B.:

- Ist Konkurrenzdenken positiv oder negativ zu bewerten?
- Arbeiten in der Verwaltung
- Freizeit sinnvoll gestalten
- Gesetze und Verfassung – Fesseln oder Freiheitsgarantie?

LESE- UND ARBEITSHINWEISE
In diesem Buch:
➔ Allgemeinwissensfragen (s. auch unseren Titel *Testtraining Allgemeinwissen)*
➔ Tabellen-Interpretations-Aufgaben
➔ Rechen-Testaufgaben (s. auch unseren Titel *Testtraining Rechnen und Mathematik)*
➔ Rechtschreibungs-Testaufgaben
➔ Konzentrations-Testaufgaben (s. auch unseren Titel *Testtraining Konzentrationsvermögen*). Alle Literaturangaben finden Sie auf Seite 200.

Bewerberberichte

Ausgefragt und abgeblitzt — Öffentlicher Dienst / Deutsche Gesellschaft für Personalwesen

Ich habe mich bei diversen Behörden im öffentlichen Dienst (im Raum NRW) für die gehobene nichttechnische Laufbahn beworben. Gleich zu Beginn ein Hammer: Die Behörde beklagte allen Ernstes, daß sie nur 400 Bewerbungen auf 20 Ausbildungsplätze bekommen habe.

Zunächst mußte ich einen schriftlichen Vortest machen. Weil dieser offensichtlich gut ausfiel, wurde ich zum Haupttest eingeladen, der zwei Tage dauerte. Am ersten Tag wurden wir von der Deutschen Gesellschaft für Personalwesen ausschließlich mit schriftlichen Tests konfrontiert. Auch wenn ich die Reihenfolge nicht mehr genau erinnere, die Tests werde ich nicht so schnell vergessen!

Harmlos waren noch Fragen wie diese:

Welches Wort ist ein Synonym zu schal?
a) Wolltuch b) lau c) langweilig d) bläßlich e) fade f) eintönig

Lösung: e

Aber auch das Einsetzen von Kommata sowie der Vergleich einer Abschrift von unsäglich vielen Artikeln mit Bestellnummern (s. S. 143) waren noch zu bewältigen.

Die Rechenaufgaben fand ich schon etwas schwerer. Insbesondere das Schätzen von Ergebnissen zu Rechenaufgaben mit größeren Summen ist gar nicht so leicht, wenn man dafür pro Aufgabe nur wenige Sekunden Zeit hat (s. S. 139).

Ein Beispiel:
411 x 511 + 25 302 =
a) 235 323 b) 255 401 c) 300 425 d) 195 798

Lösung: a

Nervig wird es, wenn man drei Gesichter vergleichen muß, von denen sich eins minimal von den anderen beiden unterscheidet, und wenn man es mit 50 Aufgaben in etwa 10 Minuten zu tun hat (s. S. 112).

»Alle Bleistifte sind Würmer. Alle Würmer können fliegen«, hieß es in der nächsten Testaufgabe. »Können dann alle Bleistifte auch fliegen?« lautete die Frage. Natürlich können sie, zumindest im öffentlichen Dienst! Dies war aber nur das Beispiel, die richtigen Aufgaben waren länger und komplizierter (s. S. 50). Und es ging weiter.

Aus einem großen DIN-A3-Computerausdruck sollten Zahlen zwischen 1,000 und 3,600 mit einer bestimmten, darunter stehenden Ordnungsziffer (z.B. 345) herausgesucht werden (s. S. 146).

Sie sind schon durch das Lesen dieses Berichts verwirrt? Aber nach der Mittagspause ging es weiter. Es wurden kurze Texte aus verschiedenen Sachgebieten mit komplizierter Thematik vorgelegt, und später mußte man unter verschiedenen Möglichkeiten auswählen, welche Kurzzusammenfassung die richtige war. Dies war sehr schwer, weil die Lösungstexte nur minimal voneinander abwichen (s. S. 88).

Dann folgten Tabellen und Statistiken, die ausgewertet werden mußten. Mit dieser Art von Aufgaben hatte ich mich vorher noch nie auseinandergesetzt (s. S. 92). Der Zeitdruck machte mir sehr zu schaffen.

Das Auswendiglernen einer Geschichte war fast schon angenehm dagegen. Zum Schluß gab es noch eine Riesenabfrage zum Allgemeinwissen aus den Bereichen Politik, Wirtschaft, Geschichte, Literatur, Erdkunde, Biologie, bedeutende Persönlichkeiten und und und ...

Vielleicht bin ich wirklich »blöd«, aber der Begriff »Allgemeinwissen« ist hier total unberechtigt. Ein Germanistikstudent hätte vielleicht anders als ich im Bereich Literatur mehr als eine Aufgabe lösen können. Zum Beispiel: Wer gab die Volksliedsammlung »Des Knaben Wunderhorn« heraus? (Lösung: Clemens Brentano / Achim von Arnim).

Der obligatorische Schlußaufsatz mit dem Thema, warum ich mich beworben habe und was ich mir unter dem Berufsbild vorstelle, fehlte auch nicht. Soweit zu den Tests.

Am zweiten Tag folgte dann eine Gruppendiskussion (6 Teilnehmer, 6 Beobachter) über drei Themen, von denen wir uns eines selbst auswählen durften. Unter anderem ging es dabei um die 5%-Klausel zur Wahl in den Bundestag. In der Diskussionsrunde habe ich den Standpunkt vertreten, diese abzuschaffen, damit auch kleinere Parteien, wie ich sie bevorzugt wähle, eine Chance haben. Dieser Standpunkt sollte sich rächen.

Im Einzelgespräch wurde ich später von dem Vertreter der Behörde nach diesen kleinen Parteien gefragt und sollte erklären, warum ich nicht die großen Parteien wähle, die doch mehr erreichen könnten. Der anwesende Ausbildungsleiter und auch der mit anwesende DGP-Psychologe wollten dann wissen, was ich für Hobbys habe.

Es ist verständlich, daß ich alle diese Fragen beantwortet habe. Jetzt aber ärgere ich mich, weil ich den Ausbildungsplatz nicht bekommen habe. Dabei war das Ergebnis des schriftlichen Tests keinesfalls schlecht. Den negativen Ausschlag gab wohl das Gespräch. Der Psychologe, der mich offenbar nicht leiden konnte, hatte eine ganz blöde Tour, Fragen zu stellen, die mich kolossal verunsicherten (zum Beispiel: Heute haben wir Sozialversicherungen. Wie war es früher?). Erst hinterher ist mir klargeworden, daß einige Fragen (zum Thema Parteien und allzu genaue Nachfragen zu meinen Hobbys) nicht korrekt waren.

Und noch ein Bericht:

Dank meiner guten Vorbereitung empfand ich den Test für einen Ausbildungsplatz in der mittleren Beamtenlaufbahn (Raum Niedersachsen) als relativ einfach. Da gab es Zahlenreihen, die Rechtschreibverwirrung, Mathe-Textaufgaben, graphische Reihen waren zu ergänzen und die berühmte alphabetische Büro-Sortieraufgabe war zu lösen (s. S. 152).

Interessant waren die Aufsatzthemen, die ich sinngemäß so erinnere:
1. Warum haben einige europäische Länder Vorbehalte gegenüber dem wiedervereinigten Deutschland?
2. Freigabe der Mietpreisbindung – Pro und Kontra
3. Freizeitverhalten und Umweltschutz

Ein andere Aufgabe bestand darin, einen 5-Minuten-Kurzvortrag über folgende Themen zu halten:
1. Wie stelle ich mir meine Ausbildung vor?
2. Warum möchte ich diesen Beruf ausüben?
3. Meine Hobbys und persönlichen Neigungen

Mehrfach K.o. und trotzdem nicht aufgegeben – Polizeibeamter / diverse Bundesländer

Mit dem Abitur und nach meiner Bundeswehrzeit habe ich mich entschlossen, Polizist zu werden. Meine ersten Bewerbungserfahrungen machte ich bei der Hessischen Polizeischule in Wiesbaden. Da praktizierte man das sog. K.o.-Verfahren, bei dem man nach einem nicht bestandenen Testteil nach Hause gehen darf.

In der ersten Testphase, die von 7.30 bis 10.15 Uhr dauerte, waren ein Lückendiktat zu absolvieren sowie folgende Testaufgaben: logisches Denken, räumliches Vorstellungsvermögen, Konzentrationsvermögen.

Nach dieser Testbatterie gab es eine Pause. Die Auswahlkommission wertete die Testergebnisse aus, und die Bewerber, die den Anforderungen nicht genügten, wurden zu einem Gespräch gebeten. Ich gehörte zu dieser Gruppe, und der Polizeibeamte erklärte mir, daß ich den Konzentrationstest einfach nicht bestanden hätte. Zum Trost gab er mir mit auf den Weg, daß ich nach einem Jahr die Möglichkeit hätte, den Test zu wiederholen und mich neu zu bewerben.

Mein stark ausgeprägtes Gerechtigkeitsgefühl trieb mich dazu, ein Jurastudium zu beginnen. Zwei Semester später bewarb ich mich erneut bei der Hessischen Polizei. Auch jetzt scheiterte ich trotz Vorbereitung wieder an dem blöden Konzentrationstest. Man bescheinigte mir ein nicht ausreichendes Additionsvermögen und machte mir klar, daß man auch bei der Polizei rechnen müsse...

Logischerweise war ich nach dem Scheitern des zweiten Anlaufs sehr deprimiert. Der Polizeibeamte der Auswahlkommission versuchte mich mit dem Satz zu trösten: »Das Testergebnis sagt ja nur etwas über Ihre Eignung als Polizeibeamter aus...«

Ich würde gern einmal erklärt bekommen, was dieser spezielle Konzentrationstest (s. S. 111) für eine Aussagekraft für die Eignung als Polizeibeamter hat!

Nach einer Erholungsphase habe ich mich bei den unterschiedlichsten Behörden, aber auch in der freien Wirtschaft x-mal beworben und dabei an zahllosen Eignungstests teilgenommen. Nach einer Reihe von positiven Erfahrungen fühlte ich mich wieder stark genug, um mich in einem anderen Bundesland erneut als Polizist zu bewerben.

Hier habe ich die Prüfung bestanden, die übrigens wesentlich anspruchsvoller war als das Prüfverfahren in Hessen (90minütiger Aufsatz; diverse Psycho-Tests; Merkfähigkeitsüberprüfung; Sport).

Nun konnte ich meinen Studienplatz aufgeben. Ich habe es bis heute nicht bereut. Ich bin schon ein bißchen stolz, daß ich es geschafft habe durchzuhalten und daß ich mich nicht von meinem Berufswunsch abbringen ließ!

Ein weiterer Polizei-Bericht:

Ich habe mich in NRW bei der Polizei beworben. Der Test gliederte sich in drei Abschnitte.

1. Teil:
a) Das Übliche: Zahlenreihen, graphische Ergänzungsaufgaben, Wortanalogien, Rechentextaufgaben (Prozentrechnung, Dreisatz)
b) Ein relativ einfaches Diktat (Umfang: zwei DIN-A4-Seiten, ca. 300 Wörter).

2. Teil:
»Gedächtnisüberprüfung«
a) Eine kleine Geschichte in Form eines Diavortrags mit Ton mußte anschließend nacherzählt werden. Gleichzeitig hatte man zum Verhalten der in der Geschichte mitspielenden Personen Stellung zu nehmen.
b) Fünf »Steckbriefe«, versehen mit Personeninformationen, wurden etwa zwei Minuten lang vorgelegt. Anschließend mußte man auf einem Fragebogen etwa 25 Fragen nach Alter, Größe, Haar- und Augenfarbe sowie Art der Verbrechen beantworten.
c) Fünf verschiedene Bilder (Gebäude, Einkaufsstraße, Markt, Wohnzimmer, Grundriß einer Wohnung) waren zwei Minuten lang einzuprägen. Dann wurden Fragen gestellt, zum Beispiel zum Wohnzimmer: War eine Pfeife im Aschenbecher? Was zeigte die Uhr? Oder zum Straßenbild: Wie viele Personen waren auf der Straße? Zum Marktbild: Was kosteten die Äpfel? Zum Gebäude: Befand sich der Baum links oder rechts neben dem Gebäude?

3. Teil:
a) Eine Art Persönlichkeits-Test mit einfachen Fragen, bei dem wir uns – wie man uns freundlicherweise vorher sagte (!) – als selbstbewußt, voller Selbstvertrauen, kontaktfreudig und aufgeschlossen darstellen sollten.
b) Der Kreativitätstest: Zu zwei Oberbegiffen (Flüssigkeiten und Pflanzen) sollten wir in zwei Minuten möglichst viele Unterbegriffe finden (z.B. Wasser, Öl, Bier, Saft usw. / Strauch, Blume, Gras, Baum usw.).

Anschließend folgte das Vorstellungsgespräch. Da gab es auch Fragen zum persönlichen Bereich (Beruf der Eltern, Werdegang, warum man zur Polizei wolle usw.). Aber auch Allgemeinwissensfragen wurden gestellt (»Was sagt Ihnen das Datum 2. Dezember?«). Nicht zu vergessen der Sporttest und der Besuch beim Polizeiarzt.

Ich glaube, das Wichtigste ist, sich bei der ganzen Prüfung möglichst zu entspannen sowie ruhig und selbstsicher aufzutreten. Da ich mich intensiv vorbereitet hatte, konnte ich das einigermaßen überzeugend verwirklichen – ich werde Polizist.

Bank-/Versicherungs-/Wirtschafts-Testaufgaben

Wie sehen Tests bei Bankinstituten, Versicherungen und in der Industrie für Kauf- und Wirtschaftsfachleute aus? Natürlich sind sie nicht alle gleich. Dennoch kann man eine Globalbeschreibung geben: Allgemeinwissen (insbesondere über Wirtschaft und Finanzen), eine gute Portion Mathe, vor allen Dingen Rechentextaufgaben (Dreisatz), Rechtschreibüberprüfung, Kurzaufsatz oder auch ein etwa einstündiger Aufsatz.

Hinzu kommen häufig Aufgaben zum logischen Denken und Abstraktionsvermögen, wie

- graphische Reihen sinnvoll ergänzen,
- herausfinden, welches Element in eine graphische Reihe nicht hereinpaßt,
- Wortgleichungen,
- Gemeinsamkeiten,
- Zahlenreihen,

  aber auch Wort- und Sprachverständnis wie
- Wortbedeutungen und
- Satzergänzungen.

Manche Banken lassen Bildergeschichten interpretieren, andere legen umfangreiche Statistiken und Tabellen vor und stellen dazu konkrete Fragen. Verstärkt scheint sich der Trend durchzusetzen, auch Persönlichkeitstests durchzuführen, häufig in der Tarnung eines Personalfragebogens. Immer beliebter wird die Testform des Assessment-Centers (s. S. 115).

Aber auch berufsspezifische Wissens-Testfragen werden den Bewerbern gestellt, zum Beispiel:

- Was versteht man unter dem Begriff »Inflation«?
- Wie heißen die Währungen der folgenden Länder: GB, I, USA, UdSSR, NL, E, DK, F?
- Wer ist die Hüterin der DM?

Schauen Sie sich dazu gut die Aufgaben zum Allgemeinwissen (Wirtschaft, Staat und Politik) an, ebenso wie die sog. Intelligenz-Testaufgaben (hier finden Sie alle oben beschriebenen Aufgabengebiete). Großen Raum nehmen in Bank- und Wirtschaftskreisen die Konzentrations- und Belastungs-Testaufgaben ein. Auch dieses Kapitel sollte vorbereitend gut durchgearbeitet werden. Unter Umständen bekommen Sie es auch noch mit Büro-Tests zu tun.

Mit diesem Kapitel wollen wir Ihnen einen authentischen Einblick in die gesamte Bewerbungssituation bei Arbeitgebern aus Bank-, Versicherungs- und Wirtschaftskreisen geben. Statt einer Testaufgabensammlung wie in den vorherigen Kapiteln können Sie jetzt konkrete Bewerber-Erfahrungsberichte lesen, die unseres Erachtens eine optimale Prüfungsvorbereitung darstellen. Dies gilt für den schriftlichen wie auch für den mündlichen Testteil (Vorstellungsgespräch).

Bewerberberichte

Wie es einem jungen Bewerber bei einer großen deutschen Bank ganz konkret erging, schildert der erste Bericht:

Bankwissen würde – so sagte man mir als Bewerber bei dieser Bank – absichtlich nicht getestet. Auch Allgemeinwissen war kaum gefragt. Dafür erhielten wir aber jede Menge Testaufgaben, zum Beispiel

Logisches Denken/Abstraktionsfähigkeit:

- graphische Reihen sinnvoll ergänzen
- herausfinden, welches Element in eine graphische Reihe nicht hereinpaßt
- Wortgleichungen (Nadeln : Tanne = Blätter : ?)
- graphische Gemeinsamkeiten herausfinden
- sprachliche Gemeinsamkeiten finden (Auto – Fahrrad = Fortbewegungsmittel)
- Zahlenreihen

Wort- und Sprachverständnis:

- Wortbedeutungen (Welches Wort paßt am besten zu Regen?:
  a) Gorbatschow b) Schirm c) Niederschlag)
- Satzergänzungen (Vor dem Gewitter kommt immer der ...
  a) Regenbogen b) Sturm c) Steinschlag)

Mathematisches Denken:

- Rechentextaufgaben (viel Dreisatz)

Konzentrationsvermögen/Ausdauer/Belastbarkeit:

- Leistungs/Konzentrations-Rechenaufgaben

In der letzten Zeitstunde (Testzeit insgesamt: ca. 3 Stunden) wurden nacheinander vier Kurzaufsätze (jeweils 10 – 15 Minuten) zu einem Bild, zwei Statistiken und einer Bilderfolge abverlangt.

1) Folgendes Bild war zu interpretieren (etwa so:)

1) Eine Statistik wurde vorgelegt. Inhalt: Preisentwicklung und Arbeitszeitaufwand eines Industriearbeiters für verschiedene Produkte und Dienstleistungen (z.B. Nahrungsmittel, Kleidung, Porto) in einem Zeitabschnitt von ca. 1960 bis jetzt. Aufgabe: Interpretation (was wird dargestellt, wie kommt das zustande).

2) Ebenfalls Statistik-Interpretation. Thema: Geburtenstatistik der Bundesrepublik von ca. 1950-1980 jahrweise. Mit angegeben ist die Sterblichkeitsrate der Säuglinge und der Anteil der ausländischen Säuglinge.

3) Eine Bildergeschichte ist in Worte zu fassen (Ziel des Zeichners? Was wird dargestellt? Bedeutung? – etwa so:)

Ein anderer Bericht eines Bewerbers könnte überschrieben werden:

investitions güter produzierende industrie – klein, getrennt und/oder groß?

Gestern hatte ich einen Test bei einer Frankfurter Bank. Er bestand aus drei Teilen: Diktat – Mathetest – Allgemeinbildung und dauerte ca. 2 ½ Stunden. Das Diktat war relativ leicht. Es handelte über die Wirtschaftsentwicklung in der letzten Zeit, Überschrift: »Wirtschaftsbilanz in Kürze«.

Schwierigkeiten hatte ich mit folgenden Schreibweisen:

Im großen und ganzen (groß oder klein?); die investitionsgüterproduzierende Industrie (Problem: »Investitionsgüter« groß und von »produzierende« getrennt oder klein und zusammengeschrieben); von seiten (»seiten« groß oder klein?) sowie bei »einem Anteil von drei-fünfteln« (3/5tel mußte ausgeschrieben werden, ich weiß immer noch nicht, wie es richtig ist!?).[1] (*Die hochgestellten Ziffern beziehen sich auf das Lösungsverzeichnis.*)

Der Mathetest dauerte eine Stunde. Anfangs gab es einige Grundrechenaufgaben, dann bestand der Test jedoch im wesentlichen aus Dreisatzaufgaben. Zwei Beispiele:

18 Bauarbeiter benötigen für eine Arbeit 4 Stunden. Wie lange brauchen 24 Arbeiter?[2]

Eine Mutter ist 20 Jahre älter als ihre Tochter. Vor 2 Jahren war sie 3,5mal so alt wie ihre Tochter. Wie alt ist die Tochter?[3]

Nun kamen Umrechnungsaufgaben an die Reihe. Beispiel: 3,42 ha in qm, hl in l, t in kg, qbm in qbcm angeben.[4]

Die letzte Matheaufgabe bestand aus vier Zahlenreihen, in denen jeweils eine falsche Zahl vorhanden war. Diese galt es anzukreuzen. Zum Beispiel:

12 17 23 30 38 47 56 68[5]

Einige Fragen zum Allgemeinwissen erinnere ich so:
- Erklären Sie aktives und passives Wahlrecht.
- Seit wann besteht die BRD?
- Welche Länder grenzen an die BRD? Bitte im Uhrzeigersinn aufschreiben.
- Wie heißen die Währungen folgender Länder: GB, I, USA, UdSSR, NL, SP, DK, F usw.
- Was verstehen Sie unter dem Begriff Inflation?[6]

Sechs Arbeiter graben zwölf Stunden an einem Loch ...

Meine Bewerbung bei einer Bank hatte zur Folge, daß ich für einen Donnerstagnachmittag (donnerstags haben die Banken länger auf!) um 14 Uhr zu einem Test eine sogenannte Einladung erhielt. Wenn man so nett eingeladen wird, kann man natürlich nicht absagen, naturgemäß gerade dann, wenn man so dringend eine Lehrstelle sucht wie ich. Aber jetzt mal Spaß beiseite.

Ich gehe also da hin und muß zu meinem großen Erstaunen feststellen, daß die tatsächlich noch keine Vorbereitung bezüglich des anstehenden Tests getroffen haben. Da waren keine Stifte vorhanden, die Namenskärtchen lagen noch nicht aus, die Tests mußten erst geholt und die Stühle erst richtig hingeschoben werden. Na ja, auch kein guter Eindruck, den man von so einem Gastgeber bekommt.

Noch mehr erstaunt war ich aber, als mir die Testunterlagen vorgelegt wurden: genau der gleiche Test, den ich vor knapp einer Woche bei der Konkurrenz schon mal gemacht hatte. Nur Aufsatzthema und Rechtschreibüberprüfung waren anders.

Ja, genau denselben Test noch mal machen – erst habe ich mich gefreut, aber dann... Ich finde, das steigert auf keinen Fall die Sicherheit! Man weiß, daß man das letzte Mal a) ankreuzte, ist heute aber der Meinung ist, daß b) richtig sei.

Einige Fragen sahen ungefähr so aus:

Ein Flugzeug ist das ... Verkehrsmittel.
a) teuerste b) schnellste c) billigste d) unsicherste[7]

Was wollten die bloß da von mir wissen. Hätte ich doch nicht gestern die Tagesschau mit dem Flugzeugabsturz gesehen...

Oder:

Ein Hochwasser tritt am häufigsten auf durch...
a) Regen b) Unwetter c) Schneeschmelze d) Hagel[8]

Eigentlich dachte ich ja, mich bei einer Bank zu bewerben und nicht beim Wetteramt oder Alpenverein...

Von den Rechenaufgaben ist mir noch dies in Erinnerung:

6 Arbeiter graben zwölf Stunden an einem Loch. Wie lange würden 3 Arbeiter dafür benötigen?[9]

Zwei Schwestern sind zusammen 39 Jahre alt, wobei die eine 7 Jahre älter ist als die andere. Wie alt ist die ältere Schwester?[10]

In einer Klasse sind 60% Knaben. 10% von ihnen haben ein gutes Zeugnis. Von den Mädchen haben 15% ein gutes Zeugnis. Wieviel % der Schüler insgesamt haben ein gutes Zeugnis?[11]

Den Abschluß bildete dann ein Rechentest, bei dem es wohl hauptsächlich um die Konzentration ging. Beispiel:

1. Zeile: 2 + 9 – 6
   Ergebnis?
2. Zeile: 8 – 3 + 7

Zuerst muß man die obere Zahl ausrechnen. Ergebnis: 5. Dann die untere. Ergebnis: 12. Ist das Ergebnis der ersten Zeile größer als das Ergebnis der zweiten, muß man die zweite Zeile von der ersten abziehen. Ist das Ergebnis der ersten Zeile kleiner als das Ergebnis der zweiten Zeile, muß man es dazuzählen. Ergebnis: 17.

Das Ganze ist selbstverständlich nur im Kopf und ohne Notizen oder andere Hilfsmittel zu rechnen. Ich schätze, wir bekamen 300 Aufgaben vorgesetzt und hatten 30 Minuten Zeit. Da qualmt einem ganz schön der Kopf.

Von Ausbildungsplatzsuchern hörte ich, daß bei diesem Test, der auch von anderen Firmen gemacht wird, manchmal so nach etwa 15 Minuten eine Kassette mit Musik abgespielt wird. Darunter leidet natürlich die Konzentration, und die Kopfschmerzen vom anstrengenden Rechnen werden auch nicht besser.

Achtung: Persönlichkeitstest!

Der komischste Test, den ich je gemacht habe, wurde mir von der Bank X abverlangt. Nach ein paar allgemeinen Fragen und leichten Rechenaufgaben verdunkelte man den Raum und zeigte uns mehrere Dias (etwa 25 Stück), auf denen jeweils zwei Figuren zu sehen waren. Die Dias hatten einen grünen Hintergrund, die Figuren waren schwarz herausgehoben. Wir sollten entscheiden, welche Figur uns auf dem Dia am besten gefällt! Das muß man sich etwa so vorstellen:

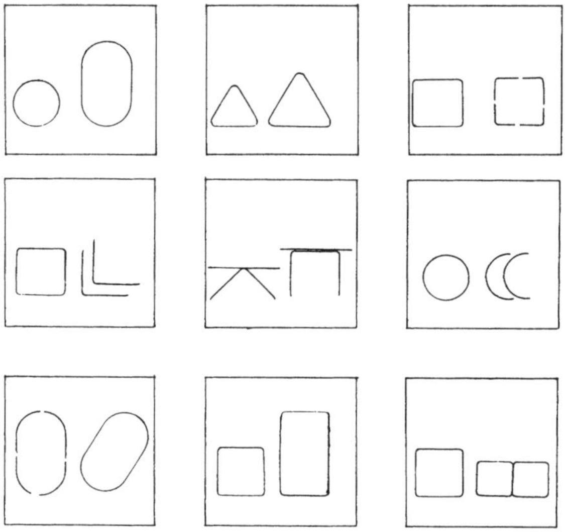

Anschließend mußten wir bei einer neuen Diaserie entscheiden, welches von zwei Bildern uns sympathischer ist. Zu sehen war ein Strichmännchen bei verschiedenen Tätigkeiten, ungefähr so:

Dann war die Dia-Show endlich zu Ende, und das Licht ging wieder an – ohne daß mir ein Licht aufging. Als letzter Test – hier war das Arbeitsmaterial wieder wie üblich Papier und Bleistift – stand die Bewertung von Aussagen bzw. Reaktionen in bezug auf einen zuvor aufgetretenen Konflikt oder ein Problem an. Die Bewertung sollte jeweils durch die Noten 1-5 erfolgen (1 ist die beste, 5 die schlechteste Note).

Dieser Aufgabentyp ist ausführlich ab S. 123 beschrieben, hier eine Beispielaufgabe:

Situation:
Ihr Nachbar bringt Ihnen Ihren zuvor geliehenen Werkzeugkasten total unordentlich und unvollständig zurück. Er sagt: »Da waren meine Kinder dran!«

Antworten (die wir mit 1-5 zu bewerten hatten):
- Aber ich bitte Sie, das macht doch gar nichts!
- Hätten Sie nicht besser aufpassen können?
- Ihnen leihe ich nichts mehr!
- Ich wollte mir sowieso einen neuen Werkzeugkasten kaufen.

Ungefähr 20 Aufgaben in diesem Stil waren zu bewältigen[12]. Es war kein Zeitdruck, aber es wurde auch nicht vorher gesagt, wieviel Zeit wir insgesamt zur Verfügung hätten.

Die Verabschiedung durch den Testleiter war übrigens mit der Bitte verbunden, doch nichts weiter über diesen Test verlauten zu lassen, da ja sonst die nächsten Bewerber ihre Kreativität gar nicht mehr herausstellen könnten! Da lachen ja die Hühner. Ach ja: Informationen über die Bank gab er uns auch noch.

Was würde passieren, wenn...

Kennen Sie schon die »Was würde passieren, wenn...«-Fragen? Bei einem Einstellungstest einer Bremer Bank wurden folgende Aufgaben gestellt:

- Was würde passieren, wenn es ab morgen kein Papiergeld mehr gäbe, sondern nur noch Münzen?
- Was würde passieren, wenn alle Menschen 150 Jahre alt würden?

Für die schriftliche Beantwortung hatte man insgesamt 5 Minuten Zeit. Ziel war es, möglichst viele Einfälle zu haben – so die Aufforderung. Glauben Sie bloß nicht, daß es hier um reine Quantität geht!

Wie eingangs erwähnt, gehören Assessment-Center-Tests zu den immer beliebter werdenden Testformen. Hier ein Bericht über ein eineinhalbtägiges Assessment-Center für Hochschulabsolventen bei der Bank Y. Zu den Eckdaten: 8 Bewerber stehen (oder sitzen) 5 Beobachtern gegenüber.

Der erste Tag beginnt um 14 Uhr, scheinbares Prüfungsende ist um 18.30 Uhr, das gemeinsame Abendessen (nichts ist zufällig, freiwillig oder zwanglos) ist nicht weniger Bestandteil des Auswahlverfahrens.

Zum Ablauf:

1. Selbstvor- und Darstellung (Lebenslauf auf Plakat mit Erläuterungen).

2. Diskussion folgender Situation: Ein Wirtschaftsingenieur wird von der Fertigungs- in die Verkaufsabteilung versetzt und ist dort plötzlich Vorgesetzter von 20 Leuten. Er hatte bisher gute Führungsqualitäten gezeigt, verfügt aber formal über keine Ausbildung und ist daher unsicher, ob er der Aufgabe gewachsen ist.

Aufgabe: 15 vorgegebene Empfehlungen, was der Mitarbeiter am besten machen sollte, um sich der neuen Aufgabe besser gewachsen zu fühlen, sind von jedem Bewerber in eine Rangfolge nach Wichtigkeit und Nützlichkeit zu bringen (z.B. Yoga, Vortrag über Führung von Mitarbeitern, Seminare besuchen, Bücher lesen etc.). Danach müssen sich alle Bewerber gemeinsam in einer Diskussion darauf einigen, welche Rangfolge der Empfehlungen am sinnvollsten ist. Wichtig dabei ist nicht nur das überzeugte Vertreten der eigenen Meinung, sondern das Kooperieren mit den anderen Gruppenteilnehmern sowie die Fähigkeit, sich unter Zeitdruck zu einigen.

3. Organisations-Aufgabe: Anhand gewisser vorgegebener Termine soll ein Zeitplan erstellt werden:

- ein eiliger Brief ist zur Post zu bringen
- wichtige Kunden sind zu besuchen
- bis 16 Uhr sind wichtige Papiere von der Bank abzuholen
- um 17.10 Uhr ist ein Treffen mit Freunden verabredet, die Dauer ist nicht festgelegt
- zwischen 16 Uhr und 16.30 Uhr muß einer neuen Sekretärin das Büro gezeigt werden
- das Motorrad ist kaputt und könnte zur Reparatur gebracht werden, Dauer: 1 1/2 Stunden; durch das Motorrad lassen sich alle Wegezeiten um 2/3 reduzieren, also statt 30 Minuten nur 10 Minuten
- hinzu kommt ein Kaufhauseinkauf (10 Minuten)
- ein Friseurbesuch (hier ist die Zeit für den Haarschnitt selbst zu bestimmen)
- am Bahnhof muß eine Fahrkarte gekauft werden

Ausgangspunkt (um 14 Uhr) und Zielort ist das Büro, das spätestens um 18 Uhr wieder erreicht sein muß. Alle Stationen sind zu besuchen. Dauer des Treffens, Friseurbesuch und Bahnhof sind selbst zu bestimmen, müssen aber realistisch sein. Sonstige Aufenthaltszeiten sind vorgegeben.

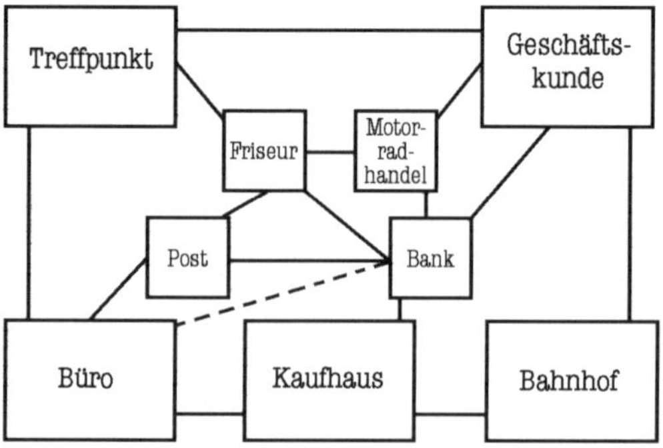

Mein Lösungsweg:
Büro ab 14.00 Uhr
? an ?
? ab ?
usw.

Die Arbeit an dieser Aufgabe wird durch eine Präsentation (10 Minuten Vorbereitung und 5 Minuten Redezeit) unterbrochen: Ein Patent zum Rohstoffrecycling ist angemeldet, und man soll nun in diesem Zusammenhang eine Marketingstrategie vorstellen, mit der diese »Wundermaschine« verkauft wird.

4. 40minütige Gruppendiskussion eines Fallbeispiels: Es soll für den Vorstand eines deutschen Fotoapparate-Herstellers eine Entscheidungsvorlage erstellt werden, die sich mit der Frage beschäftigt, ob man eine japanische Firma, die im Massengeschäft für Superkameras tätig ist, übernehmen sollte. Die eigene Firma ist im Profibereich mit hoher Qualität am Markt. Anhand verschiedener Stellungnahmen ist die Situation im Hinblick auf folgende Kriterien zu prüfen:

- Ist die Finanzierung gesichert?
- Einfluß auf das Image der bisherigen Firma
- Einfluß auf die Artikel des japanischen Massenanbieters bei Übernahme
- Marktchancen
- Umsatz
- Gewinn
- Kostensenkungspotential
- Wettbewerbsvorteile
- Erfahrung in den neuen Branchenbereichen

Wichtig bei der Lösung der Aufgabe ist, bei gut vertretener eigener Position, vor allem die Konsensfähigkeit der Gruppe und des einzelnen in ihr (Teamwork).

Ende 18.30 Uhr, gemeinsames Abendessen 20 Uhr.

Der zweite Tag beginnt um 8.30 Uhr, um 13 Uhr gibt es Mittagessen, und ab 14 Uhr wird das Feedback ausgeschenkt.

1. Postkorb-Aufgabe (30 Minuten) und dazwischen: Aufsatz (45 Minuten).
   Zur Postkorbaufgabe: Man kehrt abends von einem Kongreß nach Hause zurück und findet die Nachricht vor, daß am nächsten Morgen um 9 Uhr eine unaufschiebbare Geschäftsreise für mehrere Tage ansteht. Die Wohnung ist leer, das Au-pair-Mädchen ist für einige Tage verreist, Ehefrau und Tochter machen Urlaub und sind telefonisch zunächst nicht zu erreichen. Der Sohn kommt später abends heim. Auf dem Anrufbeantworter sind vier Telefonanrufe aufgezeichnet, und im Postkorb liegt ein Stapel von Briefen und Mitteilungen. Wichtig ist es nun, zu entscheiden, welche Informationen und Aufgaben Vorrang haben und welche Dinge man delegieren kann bzw. selbst machen muß.
   Beispiel: Im Postkorb befindet sich eine Karte, auf der die Telefonnummer von Ehefrau und Tochter notiert ist, d.h., man kann sie anrufen und bestimmte Dinge delegieren. Genauso kann man die Sekretärin benachrichtigen und dem später heimkehrenden Sohn

Dinge auftragen, wie z.B. die Tante anzurufen, damit sie am vorgesehenen Tag nicht einen Kuchen backt, weil das Gas wegen Reparaturarbeiten am Gaszähler abgestellt wird. Aus dem gleichen Grund muß der Sohn zu Hause bleiben. Nicht vergessen, ihm Geld hinzulegen, weil er Theaterkarten besorgt hat. Die Tochter informiert man über den Anruf eines Bekannten, der eigenen Frau trägt man auf, bei Gericht anzurufen, um einen Termin zu verschieben. Sie könnte eventuell auch die Mieterversammlung besuchen, da man selbst eine falsche Heizkostenabrechnung erhalten hat, usw. usw.
Zwischendurch ist in 45 Minuten ein Aufsatz zu schreiben, der folgende Themen behandelt:
- persönliche und fachliche Stärken
- berufliche Ziele in den nächsten fünf bis sieben Jahren
- Welche persönlichen und fachlichen Schwächen müssen in dieser Zeit überwunden werden?

Damit ist diese Schachtelaufgabe beendet, und man kommt zur nächsten:

2. In dieser Aufgabe geht es um eine Disziplinarentscheidung aufgrund von Fehlzeiten und dazwischen um eine Selbsteinschätzung und ein Verhandlungsrollenspiel.
   Jeder Bewerber bekommt einen Disziplinarfall aus der Personalabteilung vorgelegt, den er zu beurteilen hat. In einzelnen Situationen sind alternative Entscheidungen zu treffen, die dann wiederum den weiteren Verlauf der Entwicklung beeinflussen. Dazu werden Mappen ausgeteilt, auf deren Seiten jeweils Situationsbeschreibungen stehen und die je nach Entscheidung durch den Bewerber Verweise auf unterschiedliche weitere Seiten enthalten.
   Man selbst soll sich in die Rolle eines Landesbausparkassen-(LBS)-Zweigstellenleiters versetzen. Seit sechs Monaten hat man einen neuen Mitarbeiter, der bereits insgesamt drei Jahre für die LBS gearbeitet hat. Seit zwei Monaten fehlt dieser Mitarbeiter (nennen wir ihn Fritz Fleißig) regelmäßig jeden Montag.
   Nun werden einem verschiedene Entscheidungsmöglichkeiten zur Auswahl gegeben. Am Anfang zum Beispiel:
   a) ein Gespräch unter vier Augen
   b) ein Gespräch mit dem ehemaligen Vorgesetzten
   c) ein Gespräch mit den Arbeitskollegen von Fritz Fleißig
   d) eine schriftliche Abmahnung

Mein Lösungsvorschlag: Zunächst früheres Verhalten beim ehemaligen Chef erkunden, dann im persönlichen Gespräch so lange fragen, bis Fritz Fleißig seine Probleme erzählt, etwas später zur Not abmahnen. Wenn er frech wird, gegebenenfalls auch entlassen (es stellt sich nachher heraus, daß er Alki ist).

Während dieser Fallarbeit muß man eine Selbsteinschätzung zum besten geben. Dazu erhält man eine Liste von Eigenschaften und soll sich selbst auf einer Skala von 1-5 bei einzelnen Kriterien einstufen. Dabei geht es um Eigeninitiative, Kommunikations-, Delegations-, Kontakt- und Kooperationsfähigkeit, logisches Denken, Überzeugungs- und Durchsetzungskraft, Risikobereitschaft, Fachwissen, Selbständigkeit, Führungsqualitäten, Belastbarkeit, Entscheidungsfreude, Auffassungsgabe, Toleranz, Interesse am Detail und Organisationstalent.

Parallel ist noch ein Verhandlungsrollenspiel zu absolvieren: Ein Bewerber ist Verkäufer, ein anderer Käufer. Situation: Der Verkäufer soll einen High-Tech-Kopierer mit exzellentem Service verkaufen. Der Kopierer ist aber vom Gewicht her sehr schwer. Der Verkäufer kann vom Listenpreis (8.000 DM) maximal 500 DM runtergehen. Der Käufer soll auf jeden Fall einen Abschluß tätigen, er will eigentlich nur 7.000 Mark ausgeben, maximal kann er aber bis 7.700 DM gehen. Wichtig ist hier der Vertragsabschluß sowie gegebenenfalls eine originelle Argumentation bei plötzlich auftretenden Problemen (wie zum Beispiel hohes Gewicht: hier das Anbringen von Rollen anbieten).

3. Aufgabe: Gruppendiskussion. Alle Bewerber sind reisende Außendienstmitarbeiter eines Versicherungsunternehmens. Sie haben alle unterschiedliche Fahrzeuge (im Hinblick auf Modell, Fahrzeug und Kilometerleistung; einer fährt sogar einen Motorroller). Insgesamt steht für alle Außendienstmitarbeiter nur ein neuer BMW zur Verfügung. Aufgabe jedes einzelnen ist es, seine Ansprüche auf den neuen Wagen zu begründen.

Es bieten sich in der Diskussion folgende Argumente und Kriterien an: Alter der Fahrzeuge, Kilometerstand, Umsatzhöhe, Dienstalter und Firmenzugehörigkeit, Versprechen »unter der Hand«. Wichtig ist auch hier der Konsens in der Gruppe. Meiner Meinung nach ist das geschickteste ein Ringtausch. Das schlechteste Fahrzeug (Motorroller) wird ausrangiert, und jeder bekommt ein besseres als vorher.

Besonders stressig fand ich die Doppelbelastung durch das Verknüpfen von zwei Testaufgaben zur gleichen Zeit.

Nach Berichten aus dem Bankbereich folgen jetzt die Erfahrungen von angehenden Betriebswirten und Industriekaufleuten:

Was brauchen Sie, damit Ihnen die Arbeit Spaß macht?

Mit Abitur kann man sich auf einer Berufsakademie alternativ zu einem Hochschulstudiengang zum Betriebswirt ausbilden lassen. Große Firmen unterhalten eigene Berufsakademien.

Den angenehmsten Einstellungstest, sowohl vom Test selbst wie auch vom Umfeld, erlebte ich in einem großen Wirtschaftsbetrieb in Nürnberg. Zusammen mit zehn anderen Kandidaten war ich eingeladen. Das bedeutete Test, Gruppendiskussion und persönliches Gespräch.

Um 8.30 Uhr begann alles – nein, nicht gleich mit dem Test, sondern erst einmal mit Informationen über das Unternehmen, vorgetragen von keinem anderen als dem höchsten Boss der Zweigstelle Nürnberg selbst. Er machte das sehr gut und versuchte gleichzeitig, uns die Anspannung zu nehmen, damit wir »an die Sache ganz locker rangehen« könnten. Wir wurden keinesfalls mit Zahlen und Fakten gelangweilt, sondern bekamen wirklich interessante Informationen, zum Beispiel auch über das innerbetriebliche Klima.

Anschließend traten die beiden Testleiter auf und sagten ihre Meinung zum Thema Tests, tranken mit uns bereitgestellten Kaffee (Saft und Cola gab es auch) und informierten uns vorweg, was in diesem Auswahlverfahren alles verlangt werden würde und was man damit bezwecken wolle. Dadurch entstand eine richtig lockere Unterhaltung, die ganz im Sinne aller war. So schafft man Entspannung.

Um 10 Uhr (1 ½ Stunden später!!!) ging's an den Test, der insgesamt eine Stunde dauerte und die beiden Bereiche »Rechtschreibung« und »Logisches Denken« beinhaltete.

Zuerst der Rechtschreibtest: Uns wurde ein fortlaufender Text von ca. 8 Seiten gegeben, in dem die gleichen Wörter in verschiedener Schreibweise wiederholt wurden und man sich für die richtige Schreibweise entscheiden mußte. Beispiel:

Melodie, Takt und (A) Rytmus (B) Rütmus (C) Rhythmus (D) Rythmus (E) Rhytmus bestimmen die Musik.[13]

Die Zeit war gut bemessen, und man konnte in aller Ruhe den Text durchgehen. Anschließend folgte der Testteil »Logisches Denken«. Hier mußte man die bekannten Bilderreihen sinnvoll ergänzen. Ungefähr 35 Aufgaben mit ansteigendem Schwierigkeitsgrad waren in ausreichender Zeit zu bearbeiten. Alles in allem nicht geschenkt, aber auch kein übermäßiger Streß.

Nach kurzer Pause schloß sich die Gruppendiskussion an. Themen:
a) Ist die hohe Bezahlung der Spitzensportler gerechtfertigt?
b) Können Sie sich vorstellen, daß Firmen aus eigenem Engagement etwas für den Umweltschutz tun?

Für jedes Thema standen etwa 15 Minuten Diskussionszeit zur Verfügung. Die Testleiter mischten sich nicht ein und machten während der gesamten Diskussionszeit ihre Aufzeichnungen.

Nach einem von der Firma bezahlten Mittagessen und der sich anschließenden Erholungspause begannen die persönlichen Gespräche. Während der Einzelgespräche (nur ein Interviewer / ein Bewerber) konnten die anderen Kandidaten die Wartezeit mit Kaffee und Kuchen überbrücken.

Im persönlichen Gespräch tauchten folgende Fragen auf:
- Welche guten bzw. schlechten Charakterzüge können Sie an sich feststellen?
- Was brauchen Sie, damit Ihnen die Arbeit Spaß macht?
- Angenommen, Sie hätten zwei Stellen zur Auswahl; bei der einen in Nürnberg würden Sie 2.500,- DM, bei der anderen in Dortmund 3.000,- DM Gehalt bekommen – wie würden Sie sich entscheiden?
- Wo haben Sie sich noch beworben und als was?

Abschließend kann ich nur feststellen: Bei meinen sieben Einstellungstest-Erfahrungen (ich weiß also, wovon ich spreche) ist dies die bei weitem positivste, die ich erlebt habe. Leider sind zu wenige Firmen in dieser Art bemüht, die Atmosphäre für die Bewerber angenehm zu gestalten. Viele Firmen scheinen ihre sonst so ernstgenommene Imagepflege beim Thema Einstellungstests total zu vergessen.

Erlebnisse in drei anderen großen Firmen

Bei der Firma X erlebte ich mit Abstand das unpersönlichste Auswahlverfahren. Vorne stand eine Leiterin und paßte auf, daß keiner zu früh mit seinen Testaufgaben anfing. Die ganzen Testanweisungen (Testdauer ca. 60 Minuten) kamen von einem Tonband. Mich wunderte nur, daß die noch keine Computer eingesetzt haben.

Insgesamt waren acht Aufgaben zu bewältigen:
- Richtig raten: Nur durch wenige Striche angedeutete Bilder sind zu erkennen.
- Original und Fälschung: Zeilen mit ca. 7 Zahlen oder Buchstaben müssen verglichen und auf Fehler untersucht werden.
- Verstümmelte, schwer lesbare Worte mit Rechtschreibfehlern sind zu identifizieren und zu korrigieren.
- Buchstaben ordnen: Aus durcheinandergewürfelten Buchstaben muß ein Wort gebildet werden.
- Raumvorstellung: Wie viele Flächen hat der abgebildete Körper?
- Schnelles Addieren: Ca. 9 Zahlen, die in einer Reihe stehen, addieren und die Quersumme des Ergebnisses weiterverarbeiten.
- Falsches herausstreichen: Ein Zeichen paßt nicht in eine logisch aufgebaute Reihe.
- Rechtschreibfehler ausbessern.

Bei der Firma Y war ich aufgrund meiner Noten unter den letzten 300 von 2000 Bewerbern. Dabei blieb es aber auch. Eine solche psychologische »Unterdrucksetzung« hatte ich vorher noch nie erlebt. Der IQ wurde angeblich in zwei Minuten ermittelt. Zahlen von 1-90, die über eine DIN-A4-Seite verstreut waren, mußten verbunden werden. Man kann seinen IQ von einer Woche zur anderen nur aufgrund von Übung um mindestens 20 Punkte erhöhen!! Faßt man den Stift weit oben an, versperrt man sich natürlich weniger die Sicht, als wenn man ihn in normaler Schreibstellung hält.

In der folgenden Woche war ich bei der Firma Z und schlauer, weil geübter. Statt nur 47 Zahlen zu verbinden, kam ich bereits auf 69. So können zwei Minuten schon alles entscheiden...

Noch etwas zum Aufsatzthema: »Ein einschneidendes Erlebnis in Ihrem Leben« wollte man bei der Firma Z von mir erfahren.

Die Diskussionsthemen, die wir in einer Gruppe erörtern sollten, lauteten:
- Karriere – erstrebenswert?
- Ist das Bild der Jugend wirklich so, wie in den Medien dargestellt?
- Ein frei zu wählendes Thema.

Dann folgten Einzelgespräche über Wirtschaftsthemen. Es wurden auch viele persönliche Fragen gestellt. Hier hat mir Ehrlichkeit am besten geholfen. War ich nicht der selben Meinung wie die Herren vor mir, hab' ich das klipp und klar gesagt. Zudem kam ich nach der Enttäuschung bei der Firma Y mit der Haltung zur letzten Firma: »LMAA, ich sitze doch gleich wieder vor der Tür« – wahrscheinlich das einzig Wahre, ich bin einer von 15 aus 1.800...

Wo lebt Elie Wiesel?

»Leben heißt lernen, und warum haben wir mit der Schulentlassung noch lange nicht ausgelernt?« lautete das Aufsatzthema bei meiner Bewerbung zur Ausbildung als Betriebswirt bei der Stadt Ludwigshafen.

Warum wohl? Beinahe hätte ich geschrieben, daß man mit dem schulischen Allgemeinwissen kaum einen Eignungstest bestehen kann, aber dann habe ich mich doch nicht getraut.

Unter »Allgmeinwissen« verstanden die potentiellen Arbeitgeber Fragen wie diese:

Wo findet das Young-Masters-Turnier statt?
Was war am 13.8.1961?
Was versteht man unter dem Begriff »gläserner Mensch«?
Wer ist und wo lebt Elie Wiesel?
Was verdanken wir Ernst Ruska?[14]

Gesucht war außerdem ein »Wort des Jahres«, aus welchem Gebiet dieses Wort jedoch stammen sollte, war nicht Teil der Fragestellung. Ferner wollte man noch wissen, wer Deutschlands beste Tennisspielerin ist und wann in Deutschland das letzte Mal eine Fußballweltmeisterschaft stattgefunden hat. Minister wurde übrigens nur einer verlangt, dafür hatte der Test hohen Aktualitätsbezug: Die Folgen des Balkankrieges sollten in eine Lücke von ca. 5 cm passen.

Ach ja, die Frage, wer denn »die Gnade der späten Geburt« hatte, vergaß ich fast, Ihnen zu berichten.

Die Frage, in welchem Stadtteil sich die Mülldeponie befindet, fand ich geradezu peinlich, außerdem kann sie auswärtigen Bewerbern Schwierigkeiten machen.

Auch die Tatsache, daß vorne zwei Azubis vom Vorjahr anfingen, den ersten Test-Teil zu korrigieren und dabei vor Lachen fast zusammenbrachen, war nicht gerade beruhigend. Zum Glück hatte der Ausbildungsleiter vorher gesagt, daß nur 300 Leute zu den Tests eingeladen werden. Das beruhigt, wenn man mit der Einstellung zum Test geht, daß man es sowieso nicht schafft. So fällt wenigstens der größte Streß weg. Vielleicht klappt's dann unerwartet doch einmal.

Und jetzt noch zum Röntgen

Ich bin Abiturient, habe zwölf Einstellungstests und neun Vorstellungsgespräche hinter mich gebracht und möchte von einem Bewerbungserlebnis berichten, in dem ein Testverfahren praktiziert wurde, das meiner Meinung nach ganz besonders nahe an die Grenzen des Unerlaubten ging.

Ich habe mich bei einem Betrieb beworben und bekam darauf eine Einladung zu einem »persönlichen Kennenlernen mit einem kleinen Test«. Ich zitiere weiter aus dem Einladungsschreiben: »Darüber hinaus erhalten Sie Gelegenheit, sich im Gespräch mit dem Ausbildungsverantwortlichen über die Ausbildung ausführlich zu informieren.«

Schon morgens um 7 Uhr sollte ich dort erscheinen. Was allerdings nicht in dem Schreiben stand, war, daß gleich am Vorstellungstag bei allen Ausbildungsplatzbewerbern eine ärztliche Untersuchung durchgeführt werden sollte. Diese beinhaltete Hör-, Sehtest, Röntgen, Messen des Lungenvolumens und noch einiges mehr, wie zum Beispiel eine Befragung durch den Werksarzt nach bereits aufgetretenen Krankheiten usw.

Von dieser Firma, bei der ich mich als Diplombetriebswirt (BA) und Industriekaufmann beworben habe, bekam ich eine Absage.

Ob ich die BILD-Zeitung lese ...

Ich hatte gestern mein erstes Vorstellungsgespräch bei einem chemischen Kleinunternehmen. Beworben hatte ich mich als Industriekauffrau. Der Interviewer, kaufmännischer Leiter, ein väterlicher Typ, sagte, daß Ausbildungstests unfair wären und er sich dieses Jahr nur auf seine persönliche Menschenkenntnis verlassen wolle.
Auf die meisten Fragen hatte ich mich gedanklich schon eingestellt. Aber eine neue Gattung kam hinzu: Psychotestfragen. Die Antworten hielt er auf einem Fragebogen fest, um am Ende des Gesprächs – es dauerte 1 ¼ Stunden – daraus eine Statistik zu machen.
Es kamen Fragen wie:

- Lieblingsfach (ob und warum)?
- Wo ich in Urlaub war (allein oder mit der Familie)?
- Ob ich die BILD-Zeitung lese oder regionale Zeitungen?
- Ob ich in der Schülerverwaltung mitarbeiten würde?
- Wie viele gute Freunde ich habe?
- Wie viele Bekannte ich habe?
- Was für Bücher und Zeitschriften (in Themengebieten) ich lese?
- Politik: Was geschieht zur Zeit?
- und und und...
- Ob ich lieber a oder b machen würde? (mit Abstufungen: viel lieber, etwas weniger lieber als ...). Für a) war eingesetzt zum Beispiel lesen, diskutieren, fernsehen ... für b) Mitläufer sein, basteln, kochen ...

Allerdings, muß ich sagen, hatte er mich vorher um Erlaubnis gefragt, ob er mich fragen dürfte...

15 von 1500 ...

Bei drei Münchener Firmen habe ich mich um einen Ausbildungsplatz als Industriekaufmann beworben. Alle drei luden mich auch aufgrund meiner schriftlichen Bewerbung und meines Zeugnisses zum Test ein. Diese Tests wiesen starke Unterschiede auf. Während zwei der drei Firmen die üblichen Testaufgaben durchführten (hauptsächlich Konzentrationsfähigkeit, logisches Denken, Mathe usw.), stellte die dritte Firma unmögliche Fragen, die ich meist sogar daheim nicht mal mit Hilfe eines Lexikons herausbekommen habe und die in keinerlei Zusammenhang mit dem zukünftigen Beruf standen.

Der Testleiter (immerhin der Ausbildungsleiter dieser Firma) startete Einschüchterungsversuche in alle Richtungen: »Wir haben 1500 Bewerbungen, davon stellen wir 15 ein. Eigentlich weiß ich gar nicht, warum wir diesen Test veranstalten, da Sie ja doch keine Chancen haben.« Den Mädchen empfahl er zudem dringend, doch lieber Büroassistentin zu werden...

Leider hatten wir in dieser Streßsituation keine Antenne für seine makabren Anmerkungen, die er – glaube ich – für sehr gelungen und witzig hielt. Erstaunlicherweise wurde ich auch von dieser Firma – wie von den beiden anderen auch – zum Vorstellungsgespräch eingeladen.

Das Schweigen – ein 10-Minuten-Kurzaufsatz

Wissen Sie, wie die Aktie der Firma ABC steht? Ohne diese Information im Kopf sollten Sie bei dieser Firma nicht um einen Ausbildungs- oder Arbeitsplatz nachsuchen. Dabei handelt es sich um eine Bewerbungs-Standardfrage, die häufig mit der Frage nach dem aktuellen Dollarkurs verbunden wird.

Bei der Bewerbung um einen Ausbildungsplatz als Industriekauffrau/-mann bekommen die Kandidaten (in Berlin) zunächst ein Hausaufsatzthema (Themenbeispiele: Die wirtschaftliche Bedeutung Ihrer Heimatstadt; Was ist bei der Planung einer zweiwöchigen Klassenreise zu bedenken?).

Der Test im kaufmännischen Bereich dauert etwa drei Stunden und besteht aus etwa 12 Bausteinen.

Berühmt-berüchtigt sind seit Jahren eingesetzte Kurzaufsatzthemen, für die man 10 Minuten Zeit hat (»Legen Sie in Form eines Aufsatzes Ihre Gedanken nieder zum Thema...«). Beispiele:

- Das Fenster
- Das Schweigen
- Das Wort
- Der Verkehr
- Die Straße
- Das Telefon
- Das Bild

Sogenanntes Allgemeinwissen wird überprüft, indem ein Lückentext auszufüllen ist, zum Beispiel: »Die ... ist die Hüterin der deutschen Währung« (Deutsche Bundesbank). Weitere Inhalte (Schwerpunkt Wirtschaft): neben Dollarstand und Aktie der Firma (s.o.): Wer führt Tarifverhandlungen? usw.

Zum Thema Fremdwörter gibt es zwei Aufgaben:

1. Etwa 20 Definitionen sollen etwa 25 Fremdwörtern zugeordnet werden, wobei logischerweise Fremdwörter übrig bleiben, und
2. zu einer Reihe von Fremdwörtern soll man das Gegenteil finden und dies ebenfalls als Fremdwort aufschreiben.

Beispiele:

aktiv	... (passiv)
objektiv	... (subjektiv)
Egoismus	... (Altruismus)

In einem Zeichensetzungstest sind (vor allem) Kommata in einen vorgegebenen Text einzusetzen und die Positionsnummern der Satzzeichen in Kästchen rechts auf dem Blatt einzutragen, zum Beispiel

```
Und noch etwas möglicherweise das Wichtigste müssen
 1   2    3          4          5    6       7
wir schon in jungen Jahren lernen die Bedeutung des Geldes
8    9  10   11     12     13     14      15      16   17
```

und wie man damit umgeht.
18 19 20 21 22[15]

Wortanalogien sind zu knacken, d.h. »Gleichungen« von Worten, die in einer bestimmten ähnlichen Beziehung zueinander stehen, zum Beispiel:

Kugel : Kreis = Würfel : ?
a) Viereck b) Pyramide c) Quadrat d) Körper e) Rechteck[16]

Außerdem ein Test zum logischen Denken. Aussagen sind jeweils mit richtig oder falsch zu bewerten. Dabei muß man aufgrund von Vorinformationen Schlußfolgerungen unabhängig von ihrem Realitätsgehalt beurteilen, zum Beispiel

Tiere haben Füße. Ein Elefant ist ein Tier. Also
- hat ein Elefant Füße r ( ) f ( )
- ist er ein Säugetier r ( ) f ( )
- sind Füße Elefanten r ( ) f ( )[17]

Als schwierig wird die folgende Aufgabe geschildert: Etwa 25 typische Exportgüter sollen ihren entsprechenden Exportländern (etwa 20) zugeordnet werden. Beispiel:

Exportgüter	**Exportländer**
1. Kaffee	A. Polen
2. Champagner	B. Kuba
3. Steinkohle	C. Frankreich
4. Rohrzucker	D. Brasilien[18]

Auch Mathematik ist gefragt. Zahlenreihen, Rechen und Textaufgaben müssen bearbeitet werden.

Eine etwas ausgefallene, in den Bereich der Informatik übergreifende Aufgabe ist ein Ablaufdiagramm, in dem die Ankunft des Postboten dargestellt wird, der einen Brief oder ein Päckchen bringt. Man soll die Fehler in diesem Ablaufdiagramm markieren, wobei entweder ein falsches Symbol verwendet wird oder der Inhalt falsch formuliert ist oder die Ja/Nein-Pfeile vertauscht sind.

Zum Abschluß kommt ein Aufgabenteil mit Physikaufgaben, der angeblich (wie auch der Kurzaufsatz) nur bewertet wird, wenn man in die engere Wahl kommt (zum Beispiel: Wie mißt man Spannung, Stromstärke und Widerstand; was ist ein Schwingkreis; Magnetismus).

Warum glüht der Draht?

Bei meiner Bewerbung als Industriekauffrau bei der Fima ABC wurde ich nach überstandenen Tests zu einem Vorstellungsgespräch eingeladen, das ausdrücklich als »mündliche Eignungsprüfung« tituliert wurde. In der Vorankündigung hieß es zwar, es solle sich ein lockeres Gespräch entwickeln, die Realität aber war ein reines Abfragen ohne Übergänge:

- Wie funktioniert eine Glühbirne?
- Warum glüht der Draht? Die Drähte in der Wand glühen doch auch nicht.
- Wie funktioniert eine Schleuse?
- Kann der Wasserstand in einer Schleuse höher sein als in dem höherliegenden See?

Von anderen Bewerbungsgesprächen hörte ich, daß diese »Wie funktioniert...«-Fragen zum Standardrepertoire gehören. So wurde u.a. danach gefragt, wie Plattenspieler und Staubsauger funktionieren.

- Warum wollen Sie diesen Beruf ergreifen?
- Was produziert die Firma ABC?
- Wo gibt es überall Niederlassungen?
- Wie viele Mitarbeiter hat die Firma ABC?
- Wie stehen die Aktien der Firma ABC? (immer wieder...)
- Welche Zeitung lesen Sie?
- Welche Bücher lesen Sie gerade?
- Stellen Sie sich vor, Sie wollen Ihre alte Stereoanlage auf dem Flohmarkt verkaufen. Wie müssen Sie sie auspreisen, wenn sie 450,- DM haben wollen, aber einkalkulieren müssen, daß 20% runtergehandelt werden? (Kopfrechnen!)[19]

Mit zwei umfangreicheren Fragen (sog. Assessment-Center) wurde ich mündlich getestet:

- Wie gehen Sie vor, wenn Sie 10.000,- DM haben und eine Boutique aufmachen wollen? Und:
- Stellen Sie sich vor, Sie sind im Sommer mit Ihrem Fahrrad zu einer Wiese gefahren, um sich auf dieser auszuruhen und ein Buch zu lesen. Als Sie mit Ihrem Fahrrad wieder nach Hause fahren wollen, stellen Sie fest, daß Sie den Schlüssel zum Fahrradschloß auf der Wiese verloren haben. Sie müssen aber das Fahrrad unbedingt benutzen, um wieder nach Hause zu kommen. Was machen Sie jetzt?

Schiffbruch bei der Firma ABC

Meinen zweiten Eignungstest habe ich bei der Firma ABC mitgemacht. »Stammhauslehrling« bei dieser Firma ist mein eigentlicher Ausbildungswunsch. Mein Vater arbeitet auch dort.

Einen Sommer zuvor hatte ich meine schriftliche Bewerbung übrigens bereits abgeschickt. In der Einladung zum Vorstellungsgespräch stand nur, daß wir um 8 Uhr da sein sollten.

Nähere Informationen über den Test oder die Dauer des Tests gab es nicht. Dafür wurden wir dann ungefähr mit folgenden Worten begrüßt: »Sie haben ja bestimmt schon erfahren, daß der Test bis etwa 11.30 Uhr dauert. Ich hoffe, Sie haben sich etwas zu Essen mitgebracht!«

Der Test war nicht leicht und schien speziell auf Abiturienten zugeschnitten zu sein (Ablauf siehe voriges Beispiel). So weit, so gut.

Inzwischen hatte mein Vater von der Sekretärin der Personalabteilung gehört, daß ich von ca. 20 Leuten das zweitbeste Ergebnis erzielt hatte. Insgesamt sollten vier Lehrlinge eingestellt werden. Vorher wird man allerdings noch zu einem sogenannten Assessment-Center eingeladen. Was dort genau passiert, hat man uns nicht gesagt. Sicherlich soll überprüft werden, wie man in einem Team arbeitet, wenn man vor unbekannte Aufgaben gestellt wird. Dieses Assessment-Center dauert einen Tag. Danach muß man noch das Vorstellungsgespräch bestehen. Dann kann man mit einem der vier Ausbildungsplätze rechnen (wobei Beziehungen auch nicht so besonders weiterhelfen, aber immerhin). Allein bei dem ersten Testtermin waren vier »Mikis« (= Mitarbeiterkinder) dabei.

Der Tag bei der Firma ABC mit dem Assessment-Center-Test verlief so: Mehrere Herren der Personalabteilung aus XY und München sowie Betriebs-Psychologen (sechs Personen, von denen sich aber fünf im Hintergrund hielten) waren anwesend. Zuerst sollte jeder der Bewerber einen fünfminütigen Vortrag über sein Hobby halten (auf ein Hobby beschränkt).

Danach sahen wir uns einen Zeichentrickfilm an (»Die Schiffbrüchigen«), in dem zwei Personen sich nach dem Sinken ihres Schiffs gerade noch an einen Baumstamm klammern können. Doch als sie beide gleichzeitig zwei verschiedene Inseln sehen, zersägen sie den Baumstamm und schwimmen jeder zu seiner Insel. Zuerst freuen sich beide, doch jeder will nach und nach mehr Annehmlichkeiten und Luxus haben als der andere, und sie beginnen mit der Aufrüstung bzw. der Zerstörung der Insel des anderen. Schließlich klammern sie sich wieder beide an einen Baumstamm und treiben im Meer.

Zu diesem Film sollten wir folgende Fragen diskutieren:

- Was führte zu dem Verhalten der beiden schiffbrüchigen Männer?
- Kann man den Film auf die gesamte Menschheit übertragen?
- Wie kann man das Verhalten der Menschen allgemein ändern?

Anschließend gab es Mittagessen in der Kantine. Danach kam die letzte Diskussionsrunde. Hierzu wurden wir in zwei Gruppen aufgeteilt. Wir sollten uns vorstellen, daß wir zu einer Firma gehören, die sich einen guten Ruf durch die Herstellung von Mittelklasse-Fahrrädern erworben hat. Um den Fortbestand der Firma zu sichern, gab es zwei Möglichkeiten. Entweder sollten Spitzenfahrräder oder Massenfahrräder produziert werden. Jede Gruppe bekam 30 Minuten Zeit zur Vorbereitung sowie Informationen, die ihre Meinung unterstützten (Marktforschungsergebnisse, Berichte aus Fachzeitschriften usw.).

Als letztes erfolgte ein Einzelgespräch mit einem der anwesenden Herren. Hierbei wurde ich gefragt, wie ich diesen Tag einschätzen würde (vor allem das letzte Drittel), was ich leicht bzw. schwierig fand und welche Vorstellung ich von meinem Beruf hätte, aber auch, welche Schwerpunkte, Interessen und Abneigungen in der Schule usw.

Die Ausbildungsplatz-Absage hat mein Vater einige Tage später persönlich bekommen, und in der mündlichen Begründung erklärte man ihm, die Firma suche Führungskräfte! Da muß ich wohl den Herren zu wenig Führungsqualitäten gezeigt haben...

Piloten-Testaufgaben

Einleitung

Zur Gruppe der beliebtesten Berufe gehört seit langem der Beruf des Piloten. Üblicherweise wird diese Ausbildung in Deutschland bei der Lufthansa Verkehrsfliegerschule in Bremen absolviert und startet erst nach einer ausgiebigen Testprozedur beim Deutschen Zentrum für Luft- und Raumfahrt (DLR). Diese Tests gelten bundesweit als die schwierigsten Einstellungstests und haben eine Durchfallquote von 90%! Es sind aber nicht nur die künftigen Piloten, die zum DLR reisen müssen, auch Fluglotsen, Bordmechaniker und Flugdienstberater – egal ob sie sich bei einem privaten Unternehmen oder zum Beispiel der Bundeswehr, Polizei oder dem Bundesgrenzschutz beworben haben – müssen die Testhürden auf sich nehmen.

Auf den folgenden Seiten wollen wir Ihnen einen Einblick in genau diese Testbereiche bieten. Wenn Sie noch nähere Informationen wünschen, so können wir Ihnen unser Buch »Der Pilotentest« empfehlen. Oder schauen Sie einmal ins Internet unter *http://www.pilotentest.de*. Dort finden Sie ebenfalls die neuesten Informationen zu den Tests beim DLR und können auch das Buch »Der Pilotentest« und eine Übungs-CD-ROM direkt beim Eichborn Verlag bestellen.

Die ersten Tests zu Hause

Haben Sie sich für einen fliegerischen Beruf beworben, so bekommen Sie meist kurze Zeit später Post mit Ihrem DLR-Termin. Als nächstes müssen Sie den Termin mit einem beigefügten Formblatt bestätigen und bekommen dann im Gegenzug ein kleines Vorbereitungsheft zugesandt. Daneben erhalten Sie aber auch noch ein Blatt, auf dem zehn Fragen notiert sind, die Sie handschriftlich beantworten sollen. Interessant ist, daß diese Fragen angeblich erst für den Haupttest von Bedeutung sind. Bedenkt man, daß 90% aller Bewerber schon den Vortest nicht bestehen, drängt sich einem der Verdacht auf, daß diese Fragen doch nicht so bedeutungslos sind. Auffällig ist ferner, daß Sie die Fragen handschriftlich beantworten sollen. Vermutlich legt die DLR Ihre Antworten jemandem vor, der dann Aufschluß über Ihre Psyche geben soll.

Um Ihnen einen Vorgeschmack auf die zehn Fragen zu ermöglichen, haben wir sie im folgenden aufgeführt:

1. Wodurch wurden Sie zu Ihrem jetzigen Berufswunsch angeregt?
2. An welchen anderen Berufen/Tätigkeiten sind Sie interessiert?
3. Welches waren die wesentlichen Aspekte Ihrer Jugendentwicklung?
4. Wie denken Sie heute über Ihre Schul-/Ausbildungszeit, über Mitschüler, Lehrer, Kollegen, Vorgesetzte?
5. Welche Rollen haben bzw. hatten Sie in Schule, Ausbildung, Beruf, Vereinen oder anderen Gruppen inne?
6. Was waren besondere Ereignisse, Anerkennungen, Mißerfolge in Ihrem Werdegang?
7. Welches sind Ihre wichtigsten Freizeitbeschäftigungen, Interessen und Hobbys?

8. Welche Unfälle oder schweren Krankheiten hatten Sie bisher?
9. Welche persönlichen Eigenschaften betrachten Sie als Ihre Stärken, welche dagegen als Ihre Schwächen?
10. Wie haben Sie sich auf diese Untersuchung vorbereitet?

Im folgenden finden Sie einige Testbeispiele, die Sie auch beim DLR erwarten. Die Reihenfolge der zu absolvierenden Tests variiert. Auch kommen nicht unbedingt alle zur Verfügung stehenden Tests vor. Üblicherweise starten Sie dort mit einem

1. Englischtest

Dieser Test gliedert sich auf in zwei Teile, die im späteren Verlauf der Testtage noch einmal in veränderter Form auf Sie zukommen. Im ersten Teil müssen Sie Synonyme zu ca. 30 Vokabeln finden. Das Ausgangswort und die angebotenen Lösungssynonyme sind alle in Englisch. Deutsche Übersetzungen gibt es nicht.

Im zweiten Teil bekommen Sie einen Englisch-Grammatiktest vorgelegt. Dieser besteht aus Sätzen, bei denen jeweils eine Vokabel fehlt. Aus den angebotenen Lösungen sollen Sie diese Vokabel herausfinden und grammatikalisch richtig ergänzen.

Das Niveau der Tests ist sehr unterschiedlich. Der erste Teil wird im allgemeinen als sehr schwer empfunden, während der zweite Teil etwa dem Niveau der 9. Klasse in der Schule entspricht.

Zum Üben haben wir Ihnen für den ersten Teil Vokabeln aus der 12. Klasse eines Gymnasiums herausgesucht. Wir empfehlen dringend, besonders den ersten Teil dieses Tests zu üben. Für den zweiten Teil sollte Ihre Schulbildung reichen, jedoch haben wir aus Rückmeldungen unserer Testkandidaten erfahren, daß sich selbst Kandidaten mit Englisch als Leistungskurs beim ersten Testteil überfordert fühlten.

Versuchen Sie nun, die folgende Aufgabe zu bearbeiten. Sie arbeiten im übrigen bei diesem Test nicht unter Zeitdruck, die Bearbeitungszeit ist vollkommen ausreichend.

1. Teil: »Choose that word which fits best to the first one«

1. aberration
   A error — B abnormality — C go wrong

2. to abrogate
   A to evoke — B to question — C to annul

3. adherent
   A follower — B plaster — C agreement

4. baton
   a) truncheon — b) cement — c) battlefield

5. befitting
   a) training — b) suited to — c) getting fit

6. blur
   a) fuzz b) blunt c) transparent

7. bouncer
   a) ball b) bound c) doorman

8. chilly
   a) food b) cold c) country

9. choice
   a) selection b) name c) happiness

10. civil
   a) public b) no uniform c) well-behaved

2. Teil: »Fill in the missing word or phrase«

1. They flew from Berlin ... London
   a) at b) to c) for d) by

2. Julie has gone to the airport, ... she?
   a) hasn't b) was c) hadn't d) doesn't

3. It's Jane's birthday. She ... 21 years old.
   a) will b) will be c) becomes d) grows

4. I can help you, ... you wait for a moment.
   a) when b) if c) because d) before

5. Betty tells the untruth, she ...
   a) lays b) lies c) leis d) lais

6. When do I ... a letter from you?
   a) become b) get c) got d) have

7. A: »Excuse me, I'm sorry.« B: »Never ...«
   a) ever b) again c) mind d) you

8. A twin-engine DC-3 was ... over the town
   a) going b) winging c) crossing d) sailing

9. The night before the big game, do anything that will take your ... ... the coming challenge.
   a) mind off b) hand off c) foot off d) dress off

10. We have to ... a visit to aunt Mary.
   a) do b) see c) enjoy d) pay

2. Rechentest

Der Rechentest bei der DLR gestaltet sich sehr ausführlich. Überwiegend werden Sie Textaufgaben vorfinden, die sich zumeist gut in der vorgegebenen Zeit lösen lassen. Als schwieriger werden jene Aufgaben empfunden, bei denen Sie Formeln beweisen bzw. herleiten sollen. Schriftliche Nebenrechnungen sind erlaubt und werden angeblich auch nicht gewertet. Trotzdem sollen Sie auf jedes Blatt Ihren Namen schreiben... Achten Sie also auch auf die Form Ihrer Rechnungen, daß Sie zum Schluß nicht nur sauber eingetragene Lösungen, sondern auch ein sauber geführtes Nebenrechnungsblatt abgeben. Können Sie die Aufgaben im Kopf lösen, so sollten Sie dies tun, solange Sie sich sicher sind, sich nicht zu verrechnen. Die Benutzung eines Taschenrechners ist übrigens verboten.

1. Teil:

1. Claudia kann 1,75 m in ¼ Sekunde laufen. Wieviel Meter kann sie in 10 Sekunden laufen?

2. Für je 3 DM, die Sebastian hat, hat Andrea 5 DM. Wenn sie zusammen 120 DM haben, wieviel hat dann Andrea davon?

3. Inga gab 1/10 ihres Geldes für Eis aus und 4mal so viel für Süßigkeiten. Sie hatte noch 60 Pfennig übrig. Wieviel Pfennig hatte sie vor ihrem Einkauf?

4. Wenn eine Scheune 15 m südlich von einem Feld steht und das Feld 30 m südlich von einem Haus, wieviel Meter sind es dann von der Scheune zum Haus?

5. Wenn 4,5 m Teppich 90 DM kosten, wieviel Mark kosten dann 2,5 m?

6. Sieben Bauarbeiter können eine Arbeit in 6 Stunden beenden. Wie viele Leute braucht man, um die Arbeit in einer halben Stunde zu beenden?

7. Ein 48 cm langer Eisendraht dehnt sich beim Erwärmen auf 52 cm aus. Wie lang wird ein 72 cm langer Draht nach dem Erwärmen?

8. Dennis fährt mit seinem Fahrrad 60 m, während Julian mit seinem Fahrrad 40 m weit fährt. Wieviel Meter fährt Dennis, wenn Julian 60 m fährt?

9. Um einen Kreis mit dem Radius r wird mit 1 kg Farbe ein Streifen gemalt. Wie groß ist die Fläche dieses Streifens?

   a) $2/3\ \pi \times D / r$

   b) $r^2\ \pi \times 1$ kg

   c) $^1/_2\ \pi \times r^2 \times 1$ kg

   d) keine Lösung ist richtig

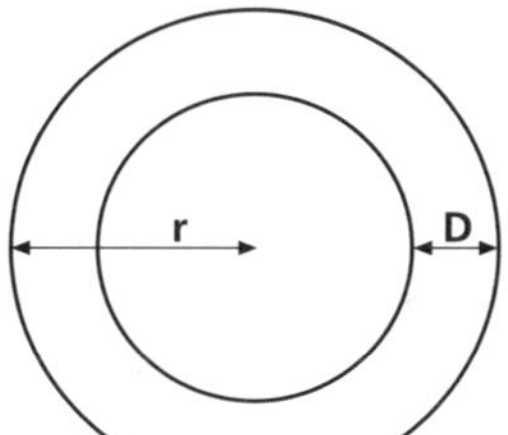

10. Die Reihe 1/1 + 1/2 + 1/4 + 1/8 wird 10mal fortgesetzt bis 1/512. Welcher Zahl nähert sich diese Reihe?

3. Rechts- und Linksabbiegen

Hier gilt es, Rechts- und Linkskurven auszuzählen – natürlich unter einem enormen Zeitdruck.

Das folgende Übungsbeispiel (linkes Bild) zeigt die Linkskurven, die hier zu zählen sind, und ist deshalb mit einem L gekennzeichnet. Beim rechten Bild sollen die Rechtskurven (R) gezählt werden. In der akustischen Anleitung wird einem gesagt, daß man sich in die Pilotenkanzel eines Flugzeuges zu versetzen und die Strecke inklusive aller Kurven abzufliegen habe.

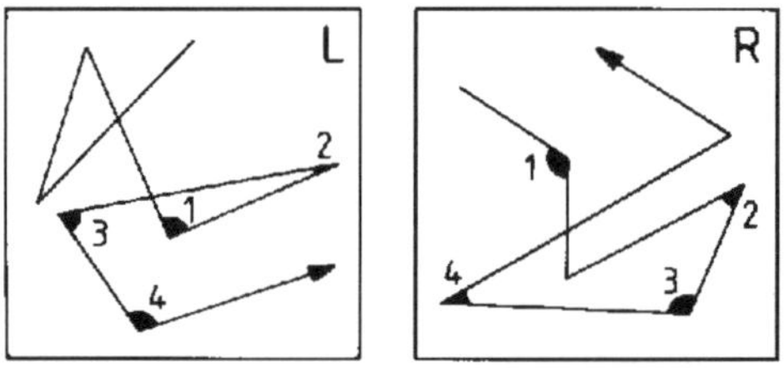

Da die Zeit, um sich gedanklich die Kurven vorzustellen, sehr begrenzt ist, sollten Sie sich den Test folgenderweise vereinfachen:

Wenn Sie z.B. bei dem oberen Beispiel die Rechtskurven zählen sollen, setzen Sie Ihren Stift rechts von der Startlinie an, fahren Sie diese entlang, und zählen Sie alle Innenwinkel. Bei Linkskurven setzen Sie entsprechend den Stift links an.

Für 20 Aufgaben haben Sie 3,5 Minuten Zeit. Bitte zählen Sie alle Rechtskurven!

1.

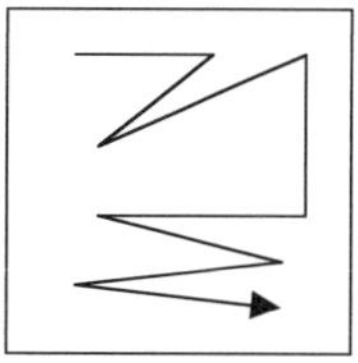

2.

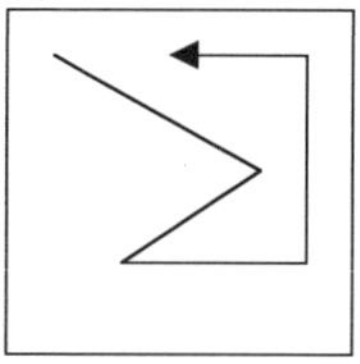

3.

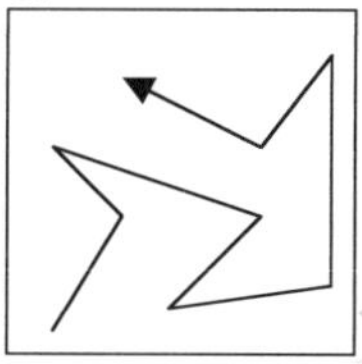

4.

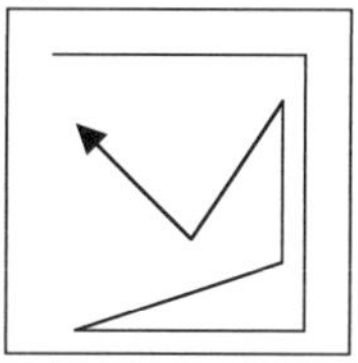

5.

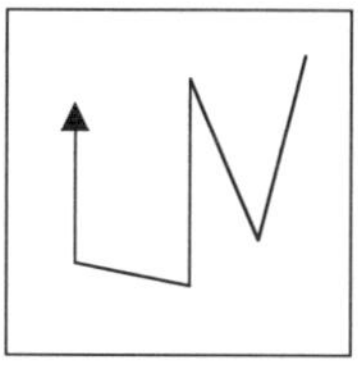

6.

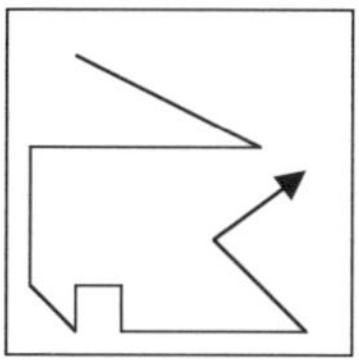

7.

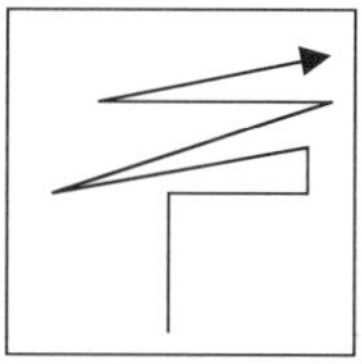

8.

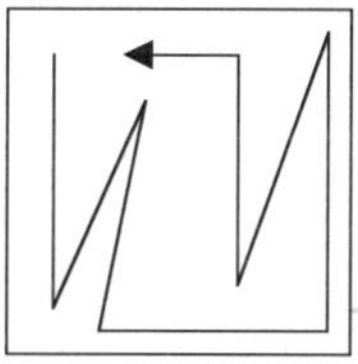

9.

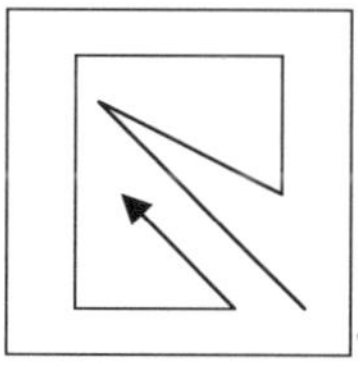

10.

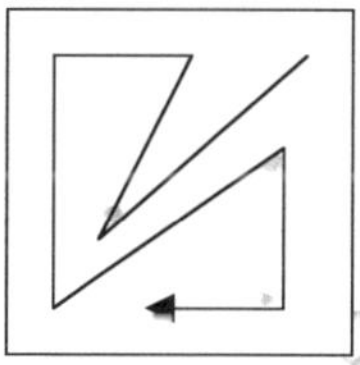

11.

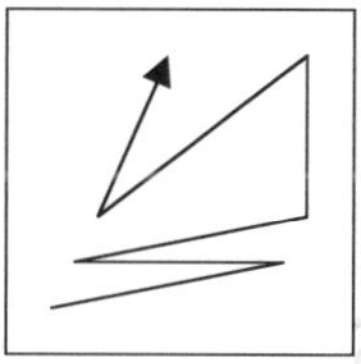

12.

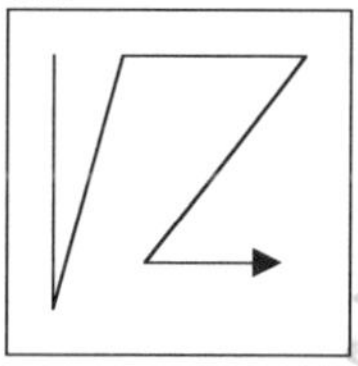

13.

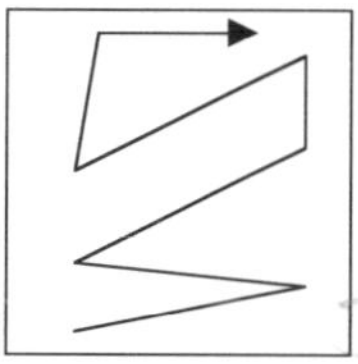

14.

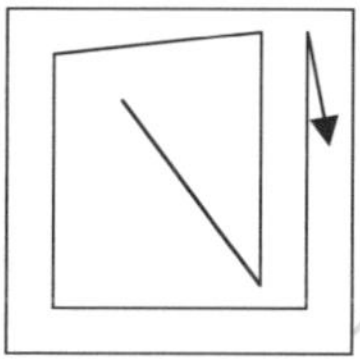

15.

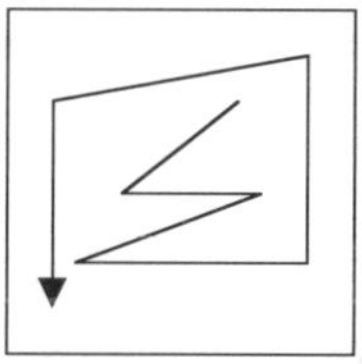

16.

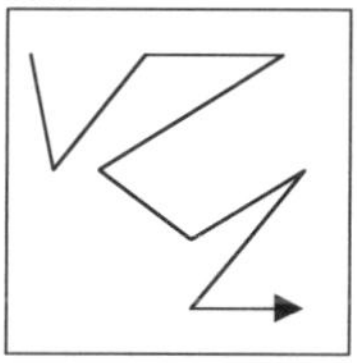

17.

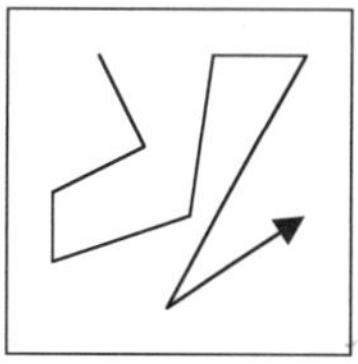

18.

19.

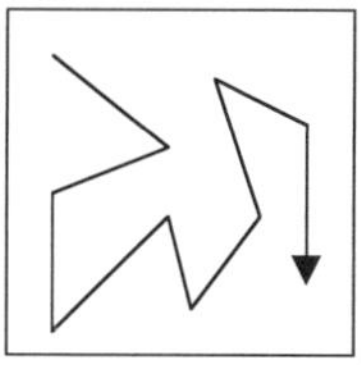

20.

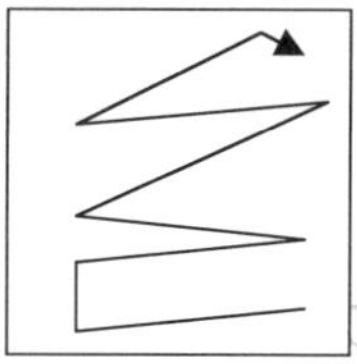

4. Der ZQD-Test

(Zeiger/Quadrate/Dreiecke-Test)

Der ZQD-Test ist ein Konzentrationsleistungs-Test, bei dem vor allem die visuelle Aufmerksamkeit und visuelle Auffassungsgabe getestet wird. Auf einem Computermonitor sind zwei Tachoskalen, eine verschiedene Anzahl an Quadraten und eine verschiedene Anzahl von Dreiecken zu sehen. Die Quadrate befinden sich im unteren Teil des Bildes, die Dreiecke im oberen und die Tachoskalen im mittleren Teil.

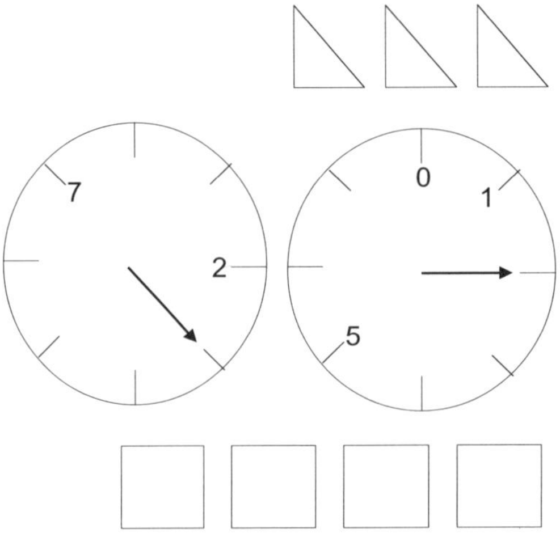

Dem Bewerber wird das Testbild für ca. 2 Sekunden gezeigt. In diesem Zeitraum muß er die Anzahl der Quadrate und die Anzahl der Dreiecke zählen. Gleichzeitig müssen die Anzeigen der beiden Tachos abgelesen werden. Die Schwierigkeit besteht in dem sehr kurzen Zeitraum und darin, daß der Nullpunkt der Tachometer bei beiden Tachos zwar gleich ist, aber pro Bild (Testsequenz) verschoben wird.

Nachdem das Bild wieder ausgeblendet wurde, werden folgende Fragen gestellt:

- »Welche Anzeige hatte der linke Tacho?«
- »Welche Anzeige hatte der rechte Tacho?«
- Zusatzfrage (variabel): »Wie viele Dreiecke/Quadrate waren zu sehen?«

Die Anzahl der Dreiecke und Quadrate variiert von Bild zu Bild. Dabei sind diese nicht immer nur hintereinandergereiht, sondern kommen teilweise auch gestapelt vor.
Der Test läuft ausschließlich computergesteuert ab. Nach Ablauf der zwei Sekunden wechselt die Bildschirmmaske, und die für die Fragestellung richtige Lösung muß aus einem Multiple-choice-Feld ausgewählt werden. Dabei müssen der Tachostand immer, die Anzahl der Quadrate/Dreiecke je nach Fragestellung angegeben werden.

5. Figuren ergänzen

Bei diesem Test sehen Sie ein vollständiges Ausgangsbild und Teile vom Ausgangsbild, die gedreht und gespiegelt wurden. Ihre Aufgabe ist nun, das zweite Bild, entsprechend der Drehung/Spiegelung, zu vervollständigen.

Für die folgenden 5 Aufgaben haben Sie insgesamt 2,5 Minuten Zeit.

1.

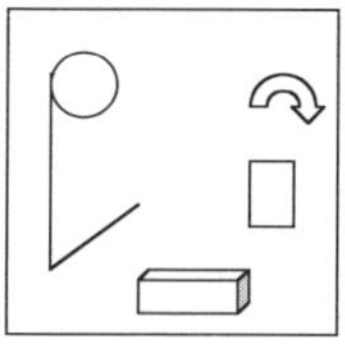

1.

2.

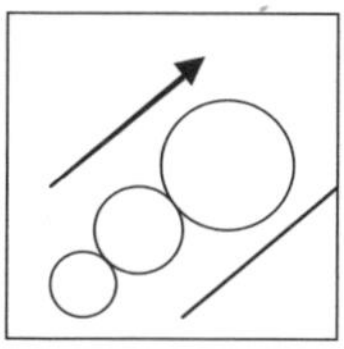

2.

3.

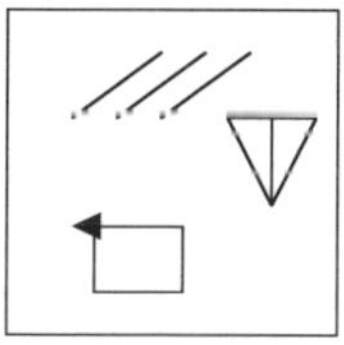

3.

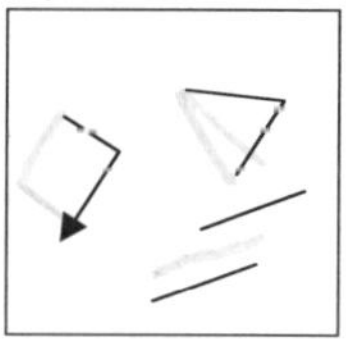

4.

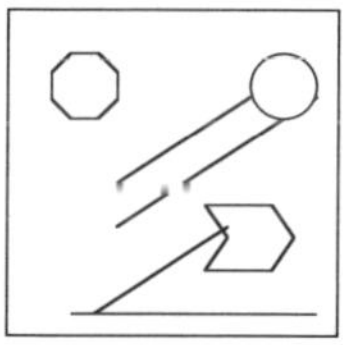

4.

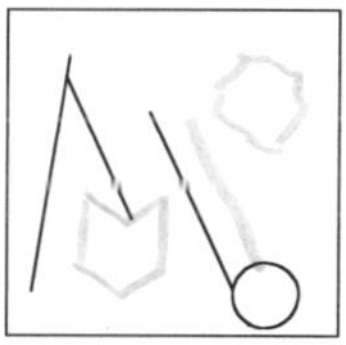

5.

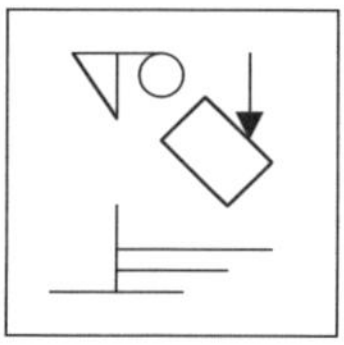

5.

6. Flugwissentest

Dieser Test wird angeblich nicht gewertet, soll aber Ihr bereits vorhandenes Wissen über die Fliegerei abprüfen. Bei der DLR haben Sie zur Beantwortung der Fragen ausreichend Zeit, so daß wir Ihnen hier keine Zeitvorgaben geben.

1. Was versteht man unter »Windscherung?«
   a) Luftstrom, welcher durch die Turbinen erzeugt wird
   b) Spaltung des Windes beim Umströmen des Flugzeugs
   c) Windrichtungsänderung
   d) Messung der Windgeschwindigkeit

2 Die Machzahl wird wie folgt berechnet:
   a) Geschwindigkeit durch die Luft : Schallgeschwindigkeit
   b) Geschwindigkeit durch die Luft : Schallgeschwindigkeit x 1,2
   c) Schallgeschwindigkeit : Geschwindigkeit durch die Luft
   d) Schallgeschwindigkeit : Geschwindigkeit durch die Luft x 1,2

3. Was ist ILS?
   a) ein System, mit welchem man nach Instrumenten landen kann
   b) eine isländische Fluggesellschaft
   c) Notausstieg im Heck eines Flugzeuges
   d) Steuereinheit für die Querruder

4. Wofür ist ein Querruder am Flugzeug?
   a) um Drehungen um die Horizontalachse zu erzeugen
   b) um Drehungen um die Längsachse zu erzeugen
   c) um nach links oder rechts zu lenken
   d) keine Antwort ist richtig

5. Wofür ist ein ADF?
   a) ADF ist ein automatisches Warngerät vor Kollisionen
   b) ADF ist eine automatische Auslösung der Notrutschen bei Notlandungen
   c) ADF ist ein automatisches Warngerät bei plötzlichem Höhenabfall
   d) ADF ist ein automatisches Peilgerät (zur Navigation)

6. Wofür wird TCAS benutzt?
   a) zur Navigation
   b) bei der Landung, um sich am Leitstrahl zu orientieren
   c) um Kollisionen in der Luft zu vermeiden
   d) beim Start, als zusätzliche Schubkraft

7. Konzentrations-Rechenleistungstest

Der Konzentrations-Rechenleistungstest zählt zu den Tests des DLR, auf welche besonders hoher Wert gelegt wird. Im Test selbst ist die Zeit so angelegt, daß Sie die Aufgaben unter normalen Umständen nicht schaffen können. Trotzdem sollte es Ihnen mit einiger Übung möglich sein, zu den Besten des Tests zu gehören und sich so einen Platz im Haupttest zu sichern.

Bei diesem Test besteht die Aufgabe darin, daß Sie bestimmte Symbole aus einem Suchfeld in Zahlen umwandeln müssen, diese addieren und dann mit einem Lösungsvorschlag vergleichen. Ist Ihr errechnetes Ergebnis kleiner als die Lösungsvorschlagszahl, so müssen Sie das linke Antwortfeld markieren. Ist Ihre Zahl identisch mit der Lösungsvorschlagszahl, so markieren Sie das mittlere Feld, und ist sie höher, das rechte Lösungsfeld. Als nächstes schlüsseln Sie das zweite und dritte Symbol um (bzw. merken sich einfach das zuletzt umgeschlüsselte Symbol). Diese werden wieder addiert und und mit der zwischen den Symbolen stehenden Zahl verglichen. Die Addition / der Vergleich sollte natürlich so schnell, konzentriert und zügig wie möglich erfolgen.

Ein Beispiel zur Verdeutlichung:
Im folgenden sehen Sie ein kleines Suchfeld mit 4 Symbolen und den Zahlen 1 bis 4. Jede Zahl ist einem Symbol zugeordnet.

ξ	ψ	ζ	χ
1	2	3	4

Betrachten Sie nun das Aufgabenbeispiel.

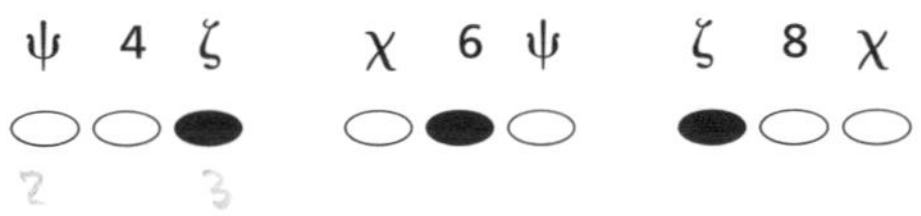

Ersetzen Sie die ersten beiden Symbole durch Zahlen, so erhalten Sie die 2 und die 3. Addieren Sie diese beiden Zahlen nun, so ist das Ergebnis 5. Die 5 ist größer als die zwischen den Symbolen stehende 4, also müssen Sie das rechte Lösungsfeld (hier mit einem Kreis markiert) ankreuzen. Bei der nächsten Aufgabe erhalten Sie nach Umschlüsselung und Addition der Zahlen als Ergebnis 6. Da Ihr Ergebnis mit dem angebotenen Ergebnis identisch ist, müssen Sie das Feld in der Mitte markieren. Bei der letzten Beispielaufgabe erhalten Sie die 7. Da diese Zahl kleiner als die angebotene Zahl ist, müssen Sie das linke Lösungsfeld markieren.

Beginnen Sie nun mit den Übungsaufgaben. Für dieses Aufgabenbeispiel haben Sie nur 2,5 Minuten Zeit!

Konzentrations - Rechenleistungstest

Suchfeld

€	f	*	¥	Â	Á	À	Š	+	ø	®	©	@	~	†	‡
5	8	6	4	1	9	2	7	3	4	6	1	5	2	8	2

€	14	Á	14	€	10	Á	10	®	8	©
~	10	+	7	ø	9	~	8	*	18	†
¥	13	ø	6	†	9	€	14	Á	10	Â
Á	7	Â	4	Â	15	*	11	ø	5	~
š	4	®	15	f	9	€	7	~	3	À
©	12	À	3	@	16	À	9	š	14	š
*	12	f	9	¥	11	š	10	®	9	Â
@	8	+	13	Á	9	~	12	+	7	®

8. Konzentrations-Aufmerksamkeits-Leistungstest

Beim DLR wird einem ein Blatt mit 42 Reihen zu je 40 Buchstaben vorgelegt. Alle a, b und q sollen waagerecht markiert werden. Es empfiehlt sich, diesen Test unbedingt vorher zu üben, so daß er dann zeitlich genau zu schaffen ist. Lassen Sie sich auch am besten von Bekannten noch ein Suchfeld erstellen. Mit Hilfe einer einfachen Textverarbeitung ist dies auf dem Computer eine Sache von ca. einer Viertelstunde. Sie werden sehen, je öfter Sie diesen Test üben, desto schneller und besser werden Sie.

Versuchen Sie nun, die folgenden 42 Aufgaben in 15 Minuten zu lösen. Markieren Sie alle a, b, und q mit einem geraden, waagerechten Strich.

1. o i z a d f h z b t i q p f r t w q p p h a f q d e h j o e d c b d b h b d z
2. u k l k b z p b q t h j f e q p o b h t q b d s a ö p ü ä g b a q z q u h f a
3. n c g j b a r j g t e r s a m k b a r t z q m g v a d s b a q z u h j g r t f d
4. v x y u l k h t z a g f d a h a z g q s s b j k a m n g f d s w a r z u q k l
5. l j g f d b f d h j k l o p j g d a z u b h t q q d e j u b t g q j k m n v c d
6. e r w f s d g j k o a i z t a q f q s b v n m k l o u i z t f g t h j g f d d d f
7. v n m k j h t z f d r e s f r g h j k u t g g f m n j a i q p b b q h g f d a y
8. x q v n g a r e w q j h q f r t z u q o i b z t r e d f g h q r a d a h b h j b
9. l k m q n a z u b h t b f r e d q r g q j k a z a h q q r b t g b g a f r q c
10. k b n v q d f a r e d a g t h z j u j i k l m n h b u z g t r f v d e r g h j k
11. o b u b a g h q v f b h a a a t e w ö q o k b j q n ö b u q h q j a n m d t
12. h a r t a h q j u q ö k b u j h a g f r e d s q s d b g t h z u j a n h j u z
13. h g t r f d e a w d f c v b g h q h t z a u m n b g f r e h j g n v f g h t z
14. q g b r f d e u j a q k i o b k j h a t z u a n m h q s r d d d d b s s x q v
15. a m k a o q m q n h z g t z h j a h a r d q v c b n g t z u q n m b l o i u
16. h q g ä ö b k u j h t a n m h g f d e a a y x x q f b q q z j u j a i b u h q
17. t r a b b n j m q h g t r t z u j k a v f c d a f g a h z j u q l m b h g t f r
18. d e d e d a w l k q o k j u q z t z g f b d f r a t q z j a k i l o b n h q v f
19. r a g z q j b u a h q g n b z j u q r d e a s a g h d s e r l a r s w q z t b
20. g v q r l k j z q h g t a d e b z u h g a r f r i q h g r d f e r n m v f g h j
21. u z d e r f h a t r f d e j u h t g v f d c x s w g h k l p o m n f r d e g h
22. w s d g e h j z t d w a b c x o p i u t z h j m l k o p p p b g r t f d w q z
23. t h g f t t z h g d w e v b n j k i o u z t b p o i n p b g t e w s f h j z t r
24. g n m l k h g f d s a e r t z u i o k m n b g v f c d x s y a q w s e d r f t
25. g h z u j k i o l p k m j n h z g t f r d b f d e s w a e g h j u z t r n b g f
26. t z j k l m n b v g f t h u o i u z g n m k h b f l o k i j u n h b v g f c d e
27. r f t g z h u j i k m n b v f h i p o i u z t r e w q a s d f g h j k l m n b v
28. c x s f j h g r t e w q a d f h j u i o p p p m n h t r q f h j u d c f v g b h
29. n j m k u z t r f t g h z b g f r t g h j k o l o i u z h j u i k l g t h u k q g
30. t r j k i o p ü ö l m n h g b t z u h g f d s a q w e r f d e w s a q w e d f
31. r g t h z u j k i o l ö p l k m n j u h b g t r f v c d e r t z u i o p ü ö l k t
32. r e f k j z u g w o k j h w e d s c v x y a q w e r f g j k l m k o p j u h n
33. b g t f r d v b g h n m j k m l o i u z t g h t h j k l u h b v b g t z h j n m
34. k i u h j n b g t f r e d c v f g h j o p p w a s e d f c x y s d f r e d s c g
35. h u j z g t f t g b n m n m j k m n j k m n m l ö p o i u h g f d s x y s d e
36. r t g f v g h u j z h u j i k o l e w s x c v b f d s w a q w s d f g b h z w
37. q a s y x d f g h j k l o i u z t r e w q a s d f g h j k l ö ä m n b v c x y a

38. s d ö l k i u z h j k l m n b v g f r e d d g t h z j n m g f d a s w u h t w
39. q a s d f b g n j m l ö p o i u z t r f d f c v b n t q w e s f h p o a p o o
40. p l k r w q a d c v b g h n m j h g f z u j k l j h t w q a s x c v b n g f h
41. n j u i k j z t r f d e w e r f g j m k l k j u z h g t r f d e s w a s d t h j u
42. n b g f v c d e w s f g h j k l o i u z t g b v f e w q s d f g h j t q a s d f

Hinweis

Alle hier vorgestellten Tests stellen nur einen kleinen Auszug aus den Bereichen dar, die Sie beim DLR erwarten. Insgesamt dauern dort die Tests bis zu knapp einer Woche, jeweils von morgens bis abends. An den Bewerber werden ausgesprochen hohe Anforderungen in physischer und psychischer Belastbarkeit gestellt. Ein gutes Wissen in Mathematik und Physik, in Mathematik besonders im Kopfrechnen, ist von Vorteil für das Bestehen dieser Tests. Weiterhin müssen Sie mit Tests zur Mehrfachbelastbarkeit, zu visuellem und akustischem Aufnahmevermögen, mit Konzentrationsleistungstests, Psychologietests, Tests zur räumlichen Orientierung usw. rechnen. Alle Tests werden an einem Computer absolviert, an dem Sie auch ihre Lösungen eingeben müssen.

Wir empfehlen dringend, sich auf alle Tests vorzubereiten und mit den Übungsphasen nicht zu spät zu beginnen!

LESE- UND ARBEITSHINWEISE

→ Zur umfassenden Vorbereitung auf Tests beim DLR empfehlen wir unser Buch »Der Pilotentest« (s. S. 200).

Nachwort

Willkommen an dieser Stelle. Durchgehalten! Sie haben es geschafft, sich bis hierher durchzuarbeiten, bisweilen sicher auch durchzukämpfen.* Zweifelsohne haben Sie dabei viel gelernt. Wir sind sicher, das wird Ihnen in der Testsituation, die Ihnen bevorsteht, von größtem Nutzen sein.

Zum Schluß möchten wir noch auf die Frage eingehen, warum Testverfahren eingesetzt werden, und unsere Meinung zur Testpraxis darlegen.

Testbefürworter argumentieren etwa so:

- Die auf Tests basierenden Personalentscheidungen sind gerechter, rationaler und transparenter als solche, die auf Zeugnisse, Gesprächseindrücke oder gar Graphologie zurückgreifen.
- Ein Vorzug von Tests besteht in der direkten Vergleichbarkeit der gezeigten Leistungen. Alle Bewerber haben die gleichen Chancen, jeder bekommt die gleichen Testaufgaben, alle haben die gleiche Testbearbeitungszeit, und das Testergebnis wird nach dem gleichen Schema ausgewertet. Damit sind Tests objektiver.
- Einstellungstests werden regelmäßig auf ihre Vorhersagequalität (Gültigkeit/Validität) untersucht. Deshalb sind Einstellungstests besonders fair.
- Man kann Schulnoten, Zeugnissen usw. nicht trauen. Sie ermöglichen auch keine Aussage über zukünftige Leistungen. Da kann nur ein Test helfen.
- Tests dienen dazu, dem Arbeitgeber teure Fehlentscheidungen bei der Bewerberauswahl zu ersparen. Sie helfen aber auch dem Bewerber, indem sie ihm ein Feedback darüber geben, ob er für eine bestimmte berufliche Aufgabe geeignet ist oder nicht.

Solche und ähnliche Argumente kann man immer wieder hören, wenn Testbefürworter sich bemühen, den Einsatz von Testverfahren bei der Personalauslese zu rechtfertigen. Tests sind also prima – oder kommen Ihnen vielleicht doch ein paar Zweifel? Wenn Tests so gut wären, wie von einigen behauptet wird, dann müßten eigentlich doch auch wichtige Führungs- und Spitzenpositionen in Wirtschaft, Politik, Wissenschaft und Kultur per Eignungs- und Einstellungstests besetzt werden.

Haben Sie schon mal etwas davon gehört, daß Positionen wie die eines Topmanagers, Professors oder gar die des Bundeskanzlers mittels eines Tests besetzt worden sind? Getestet werden in der Regel nur »die Kleinen«, die sich gegen derartige Prozeduren nicht wehren können. Ein Kultusminister (studierter Germanist), der sich freiwillig einem Rechtschreibtest unterzogen hatte, machte so viele Fehler, daß er nirgendwo eine Chance auf einen Ausbildungsplatz hätte. Und das noch vor der Rechtschreibreform! Nur allzu verständlich und auch menschlich, daß Arbeitgeber bei der Auswahl ihrer Mitarbeiter den Wunsch haben, in die Zukunft zu schauen. Leider können aber auch Tests diesen uralten Menschheitstraum nicht verwirklichen. Wir halten die gängige Testpraxis bei der Auswahl von Bewerbern für höchst frag- und kritikwürdig.

* Oder sollten Sie etwa zu denen gehören, die die Nachspeise vor dem Hauptgang einnehmen? Macht nichts. Den Test für unabhängige Vorgehensweise haben Sie so in jedem Fall bestanden.

Zusammengefaßt beziehen sich unsere wichtigsten Kritikpunkte auf:

A. Die Instrumente (Tests)
a) die fragwürdigen theoretischen Grundlagen der Verfahren (wie »Intelligenz«, »Berufseignung« und »Persönlichkeit« genau definiert oder gar »gemessen« werden können, ist in der Psychologie höchst umstritten)
b) die fragwürdigen Test-Inhalte (meist völlig fehlender Bezug zur angestrebten Berufstätigkeit bzw. zur täglichen Berufspraxis)
c) die fragwürdigen Aussagen/Vorhersagen aufgrund von Tests (von wissenschaftlicher Seite wird der Ableitung und Vorhersagbarkeit des Berufserfolgs vom Testerfolg entschieden widersprochen, trotzdem werden Entscheidungen von oft »lebenslänglicher« Bedeutung von Tests abgeleitet)

B. Die Test-Situation
Erniedrigende Art des Umgangs mit dem Bewerber: Die Bewerber werden in der Regel in einer Herr-Knecht-Situation durch Undurchschaubarkeit der Situation, sinnlose Fragen und Aufgaben, enormen Zeitdruck etc. systematisch geängstigt; »gemessen« wird in diesen häufig sadistisch gefärbten Ritualen lediglich die Angsttoleranz.

C. Juristische Aspekte
Die juristischen Zulässigkeitsvoraussetzungen für Tests werden in der Regel nicht erfüllt: meist keine fachlich kompetente Leitung der Tests (Laien statt Fachpsychologen); keine Beschränkung auf arbeitsplatzbezogene Merkmale; rechtswidriger Einsatz selbstgestrickter/wissenschaftlich nicht ausreichend abgesicherter Verfahren; rechtswidriger Einsatz von Persönlichkeitstests u.a.

Auch wenn immer mehr kompetente Leute Einstellungs- und andere Testverfahren für äußerst fragwürdig halten: Man kommt an ihnen zur Zeit noch nicht vorbei. Deshalb gilt: Schlaue Vorsicht walten lassen und sich sorgfältig vorbereiten!

Zu guter Letzt: Verleihung des eisernen Testhammers

Es ist an der Zeit, einen Negativ-Preis auszusetzen, der künftig jährlich verliehen werden soll. Dieser Preis ist für Firmen oder Institutionen bestimmt, die sich durch besonders groben Umgang mit Bewerbern – sei es in Einstellungstests oder bei Vorstellungsgesprächen – auszeichnen.

So wie Personalchefs Arbeitsplätze vergeben, haben jetzt Bewerber die Möglichkeit, bei der Vergabe des Eisernen Testhammers mitzumachen. Erlebnisberichte aus Bewerbungs- und Testsituationen, die wegen der Art des Umgangs mit Bewerbern »preisverdächtig« und veröffentlichungswürdig sind, bitten wir, uns zuzuschicken *(Adresse siehe unten).*

Diese Preisverleihung ist Teil unseres Bemühens, eine breitere Öffentlichkeit auf teilweise höchst fragwürdige, manchmal wirklich inhumane Praktiken im Umgang mit Bewerbern aufmerksam zu machen.

Die positiven Ansätze von einigen Arbeitgebern, sich um einen sensibleren Umgang mit den Bewerbern zu bemühen – einer Personengruppe, die keine Lobby hat –, sollen durch diese jährliche Preisverleihung weiter ermutigt und gefördert werden. Denn: Wir haben mit Freude festgestellt, daß seit Beginn unserer Veröffentlichungen zu diesem Thema ein Prozeß des Umdenkens und der etwas kritischeren Reflexion bei Arbeitsplatzvergebern und Personalabteilungen ansatzweise spürbar geworden ist.

Ignoranten, unsensiblen Firmen sowie Institutionen auf dem Gebiet der Personalauswahl soll durch die Preisverleihung und die damit verbundene Resonanz in der Öffentlichkeit ein Nachdenken über den Umgang mit dem Mitmenschen in einer existentiellen Situation ermöglicht werden.

Liebe Leser: Leider können wir an dieser Stelle nicht sagen, daß wir uns über Ihre Zuschriften und Vorschläge zur Preisverleihung freuen, da wir annehmen müssen, daß Anlaß und Inhalt der Bewerbungsberichte stets unerfreulich sind. Wir erwarten Ihre Briefe dennoch mit Spannung und freuen uns auch über jede Anregung in diesem Zusammenhang.

Unsere Anschrift:
Hesse/Schrader
Büro für Berufsstrategie
Oranienburger Straße 4-5
10178 Berlin
Tel. 0 30 / 8 51 92 06
Fax. 0 30 / 8 51 92 61
www.berufsstrategie.de

Literaturhinweise

Zum Thema Tests und Bewerbung ist mittlerweile viel geschrieben worden. Papier ist geduldig, und viele »Werke« sind Ihr Geld nicht wert. Titel wie »Achtung ... keine Angst ... kein Problem mit ... Tests, Tests, Tests ... zur Bewerberauswahl ... und dem Finden eines Ausbildungsplatzes« gehören in diese Gruppe, ebenso wie die Teste-dich-selbst-Bücher, Intelligenzschulen und Test-Rat-Hilfe-Geber.

Wir empfehlen:

Hesse/Schrader
Der Pilotentest. Die optimale Vorbereitung auf den härtesten Einstellungstest. Testtraining für Piloten, Fluglotsen, Bordmechaniker, Flugdienstberater. Frankfurt a.M. (Eichborn) 2000

Hesse/Schrader
Testtraining Allgemeinwissen. Eignungs- und Einstellungstests sicher bestehen. Frankfurt a. M. (Eichborn) 1999

Hesse/Schrader
Testtraining für Ausbildungsplatzsuchende. Wie man Assessment Center und andere Gruppenauswahlverfahren erfolgreich besteht. Frankfurt a.M. (Eichborn) 1999

Hesse/Schrader
Testtraining Konzentrationsvermögen. Eignungs- und Einstellungstests sicher bestehen, Frankfurt a.M. (Eichborn) 1999

Hesse/Schrader
Testtraining Logik. Eignungs- und Einstellungstests sicher bestehen. Frankfurt a. M. (Eichborn) 1999

Hesse/Schrader
Testtraining Persönlichkeit. Eignungs- und Einstellungstests sicher bestehen. Frankfurt a. M. (Eichborn) 1999

Hesse/Schrader
Testtraining 2000. Einstellungs- und Eignungstests erfolgreich bestehen. Frankfurt a.M. (Eichborn) 1998

Hesse/Schrader
Das neue Test-Trainings-Programm
München (Goldmann) 1998

Berichte über Bewerbungen und Auswahlverfahren, Anregungen und Hinweise sind uns herzlich willkommen.

Sollten Sie uns schreiben, weil Sie spezielle Fragen zu Test- und Bewerbungssituationen haben, sind wir bemüht, Ihnen weiterzuhelfen. Wir bitten Sie aber, uns durch einen adressierten und frankierten Rückumschlag zu unterstützen und, wenn irgend möglich, auch Ihre Telefonnummer mitzuteilen. Oftmals kann man so viel besser und schneller helfen.

Unsere Anschrift finden Sie auf Seite 199.

Lösungsverzeichnis

1. Teil

Allgemeinwissens-Testaufgaben

1. Staat und Politik
1:b / 2:b / 3:c / 4:d / 5:a / 6:c / 7:a / 8:c / 9:b / 10:b / 11:c / 12:d / 13:a / 14:b / 15:d / 16:a / 17:b / 18:c / 19:d / 20:c / 21:a / 22:c / 23:b / 24:c / 25:d / 26:b / 27:a / 28:c / 29:c / 30:c / 31:b / 32:b / 33:c / 34:c / 35:c

2. Geschichte
1:d / 2:a / 3:c / 4:b / 5:d / 6:c / 7:c / 8:c / 9:d / 10:c / 11:a / 12:b / 13:c / 14:b / 15:b / 16:c / 17:d / 18:a / 19:c / 20:a

3. Bedeutende Persönlichkeiten
1:a / 2:c / 3:b / 4:a / 5:b / 6:c / 7:c / 8:c / 9:a / 10:b / 11:a / 12:a / 13:c / 14:b / 15:d / 16:c / 17:c

4. Wirtschaft
1:b / 2:a / 3:d / 4:b / 5:a / 6:a / 7:b / 8:a / 9:c / 10:c / 11:b / 12:a / 13:c / 14:b / 15:c / 16:d / 17:b / 18:b / 19:d / 20:c

5. Geographie
1:b / 2:d / 3:d / 4:b / 5:c / 6:b / 7:b / 8:c / 9:c / 10:b / 11:b / 12:c / 13:b / 14:c / 15:c

6. Literatur
1:d / 2:c / 3:c / 4:a / 5:c / 6:a / 7:c / 8:a / 9:a / 10:c / 11:c

7. Kunst
1:b / 2:d / 3:b / 4:d / 5:a / 6:b / 7:a / 8:d / 9:d / 10:b

8. Musik
1:d / 2:b / 3:a / 4:b / 5:d / 6:a / 7:b / 8:c / 9:d / 10:d

9. Sport
1:a / 2:d / 3:a / 4:c / 5:c / 6:a / 7:b / 8:c / 9:d / 10:c

10. Technik
1:a / 2:b / 3:c / 4:b / 5:b / 6:c / 7:a / 8:d / 9:a / 10:c

11. Biologie
1:d / 2:b / 3:b / 4:a / 5:d / 6:b / 7:c / 8:d / 9:a / 10:a / 11:b

12. Physik
1:d / 2:d / 3:b / 4:c / 5:d / 6:b

13. Chemie
1:c / 2:b / 3:b / 4:c / 5:c / 6:b

Intelligenz-Testaufgaben

1. Wortbedeutungen
1:c / 2:b / 3:d / 4:a / 5:d / 6:b / 7:d / 8:c / 9:c / 10:c / 11:a / 12:d / 13:b / 14:d / 15:c / 16:b / 17:c / 18:c / 19:c / 20:d / 21:a / 22:d / 23:a / 24:a / 25:b / 26:b / 27:d / 28:c / 29:c / 30:a

2. Sprichwörter
1:d / 2:c / 3:a / 4:c / 5:c / 6:c / 7:a / 8:d / 9:c / 10:c / 11:d / 12:a / 13:a / 14:d / 15:c

3. Wortanalogien
1:d / 2:c / 3:d / 4:b / 5:d / 6:d / 7:b / 8:c / 9:d / 10:a / 11:c / 12:d / 13:b / 14:c / 15:c / 16:b / 17:c / 18:c / 19:b / 20:d / 21:a / 22:b / 23:c / 24:b / 25:a / 26:d / 27:c / 28:b / 29:d / 30:c / 31:c2 / 32:b3 / 33:c1 / 34:b1 / 35:c2

4. Unmöglichkeiten (f = falsch, r = richtig)
1:df / 2:af / 3:br / 4:dr / 5:cr / 6:cr / 7:cr / 8:cr / 9:dr / 10:cr / 11:ar / 12:dr / 13:cr / 14:dr / 15:br / 16:ar / 17:cr / 18:ar

5. Logisches Denken
1:B / 2:J / 3: keine / 4: keine / 5:A / 6: Alfred / 7: Dagmar / 8: Bärbel / 9:b / 10:a / 11:b / 12:a / 13:a / 14:b / 15: keine (Elfriede könnte z.B. ein Schwein sein, sie ist nicht als Mensch definiert) / 16:c,e / 17:a,c,d / 18:c,d / 19: keine / 20:a,c,d

6. Buchstabenreihen
Teil A: 1:OONN / 2:RRSR / 3:EGIK / 4:OQQP / 5:TSRQ / 6:IJLM / 7:OOPO / 8:FHGI / 9:PONM
Teil B: 1:kl / 2:wy / 3:cf / 4:gf / 5:sn

7. Graphische Aufgaben zum logischen Denken
A. 1:b / 2:e / 3:c / 4:g / 5:b
B: 1:d / 2:a / 3:f / 4:c / 5:a / 6:e / 7:c / 8:b / 9:e / 10:b / 11:f / 12:d
C: A:5 / B:5 / C:6 / D:4 / E:3 / F:9 / G:5 / H:2 / J:1 / K:3 / L:4 / M:1 / N:0 / P:2 / Q:6

8. Räumliches Vorstellungsvermögen
A. Spiegelbilder: 1:C / 2:E / 3:A / 4:D / 5:B / 6:F / 7:A / 8:E / 9:F / 10:C / 11:F / 12:B / 13:D / 14:A / 15:E / 16:C / 17:D / 18:A / 19:F / 20:C
B. Abwicklungen: 1:d / 2:b / 3:c / 4:a / 5:b / 6:c / 7:a / 8:d / 9:c / 10:b / 11:a / 12:d / 13:c / 14:b / 15:d
C. Würfelaufgaben: 1:d / 2:b / 3:a / 4:e / 5:c / 6:e / 7:c / 8:b / 9:a / 10:e / 11:d / 12:a / 13:e / 14:c / 15:b

Rechen-Testaufgaben

1. Zahlenreihen

1. Block

A	31	+ 1 + 2 + 3 + 4 + 5...
B	20	+ 1 + 1 + 2 + 2 + 3 + 3...
C	3	– 2 : 2 – 2 : 2...
D	174	+ 2 x 2 + 2 x 2...
E	8	: 2 + 2 : 2 + 2...
F	220	x 2 x 2 – 10 x 2 x 2 – 10...
G	60	– 3 : 2 x 3 – 3 : 2 x 2...
H	56	: 4 + 4 x 4 + 4 : 4 + 4 x 4 + 4...
I	24	– 3 x 3 + 3 : 3 – 3 x 3 + 3 : 3...
J	14	+ 2 – 10 + 4 – 8 + 6 – 6 + 8 – 4...

2. Block

A	11	: 2 + 3 : 2 + 4 : 2 + 5...
B	17	– 1 x 1 – 2 x 2 – 3 x 3...
C	50	: 4 x 3 + 2 – 1...
D	27	+ 3 + 2 – 1 + 3 + 2 – 1...
E	74	+ 4 + 6 + 8 + 10 + 12 + 14 + 16...
F	29	+ 2 x 2 – 1 – 2 x 2 + 1 + 2 x 2 – 1...
G	24	– 3 : 2 x 3 – 3 : 2 x 3...
H	25	+ 7 – 2 x 1 + 6 – 3 x 1 + 5 – 4 x 1...
I	8	+ 2 – 15 + 4 – 12 + 6 – 9...
J	44	+ 4 – 2 + 4 + 2 ...

2. Schätzaufgaben

A:a / B:c / C:d / D:d / E:c / F:b / G:d / H:a

3. Kettenaufgaben

A:10 / B:37 / C:24 / D:109 / E:10 / F:39 / G:6 / H:4

4. Zahlenmatrizen

A

?	4	6	8	System: + 2 + 2...	
3	5	7	9		
1	3	?	7	5	
?	6	8	?	4	10

B

12	34	56	System: Zahlen hochgezählt 1 2 3 4...
23	?	67	45
34	56	78	

C

16	64	68	System: x 4 + 4...
12	48	?	52
8	32	36	

D

48	51	17	20	System: + 3 : 3 + 3
51	54	18	21	
54	57	??	22	19
??	60	20	23	57

E

5	3	6	System: – 2 + 3 – 4 + 5 – 6 + 7 – 8 + 9
2	?	1	7
8	0	9	

F

1	4	9	System: 1 x 1 2 x 2 3 x 3 4 x 4 5 x 5 6 x 6 ...
16	25	?	36
49	64	81	

5. Textaufgaben
A:43 m / B:13 000 DM / C:26,6 m / D:26 km / E:256 000 DM / F:60 % / G:50 % / H:144 / I:37% / J:1187,50 DM / K:50 kg / L:50 % / M:40 Min.

Testaufgaben zum Logischen Denken / Abstraktionsvermögen

1. Wochentage
1:So / 2:Do / 3:Do / 4:Fr / 5:Mi / 6:Do / 7:Mo / 8:Mo / 9:Do / 10:Sa

2. Grafik-Analogien
1:d / 2:e / 3:b / 4:a / 5:e / 6:b / 7:a / 8:c / 9:e / 10:c / 11:a / 12:b / 13:d / 14:e / 15:b / 16:c

3. Meinung oder Tatsache
1:b / 2:b / 3:a / 4:b / 5:b / 6:b / 7:a / 8:a / 9:a / 10:a

4. Flußdiagramme
1. Fahrkartenautomat: 1.1.:a / 1.2.:c / 1.3.:d
2. Einbruch: 2.1.:a / 2.2.:d / 2.3:b
3. Waschmaschinen: 3.1.:d / 3.2.:a / 3.3.:d

5. Textanalyse
1:d / 2:c

6. Sprachsysteme
erste Aufgabengruppe: 1:c / 2:a / 3:d
zweite Aufgabengruppe: 4:d / 5:d / 6:a

7. Interpretation von Tabellen und Schaubildern

A Geographie – 1. Aufgabe

1: Berlin, Bremen und Hamburg / 2: 442 km / 3: 29,1 km^2 / 4: 343 km lang, davon 243 km schiffbar / 5: Bayern mit 70.550,87 km^2 / 6: Belgien / 7: Rhein / 8: an achter Stelle / 9: NRW mit 17.948.000 Einwohnern / 10: Baden-Württemberg, Berlin, Bremen, Hamburg, Hessen, Nordrhein-Westfalen, Saarland und Sachsen

A Geographie – 2. Aufgabe

1:a / 2:b / 3:a / 4:b / 5:b / 6:b / 7:a / 8:a / 9:b / 10:b

B Tourismus – 1. Aufgabe

1:b / 2:b / 3:a / 4:b / 5:a / 6:b (Mittelwert = 6,3) / 7:a / 8:a

B Tourismus – 2. Aufgabe

1:b / 2:a / 3:a / 4:b / 5:a / 6:b / 7:a

Rechtschreibungs-Testaufgaben

1. Diktat

Hier die richtigen Schreibweisen (die unterstrichenen Stellen waren falsch):

1. Ein Vorteil, der uneingeschränkt unseren Großkunden zugute kommt.
2. Im großen und ganzen ist die Rechtschreibung nun einfacher geworden.
3. Wir wissen, daß seit Jahrzehnten viele hundert Millionen Mark für Überflüssiges aufgewendet werden.
4. Es ist also nichts Erstaunliches, wenn wir hören, daß dem menschlichen Wollen enge Grenzen gesetzt sind.
5. Die Achttausender des Himalajas wurden schon manchem Bergsteiger zum Verhängnis.

2. Richtige Schreibweise

1: allmählich / 2: Kilojoule / 3: wohlweislich / 4: gesundheitsschädigend / 6: Depesche / 8: Satellit / 9: Corned beef / 10: athletisch / 11: Gelee / 13: Lithographie / 16: Methode / 17. Filiale / 18. Sauerstoffflasche / 19: Labyrinth / 20: Rhododendron / 21: Portemonnaie / 22: Rhinozeros / 23: Widerstand / 24: Zyklop

3. Orthographie

1:c / 2:e / 3:d / 4:e / 5:e / 6:e / 7:d / 8:b / 9:c / 10:d / 11:b / 12:b / 13:c / 14:d / 15:a / 16:c / 17:e / 18:d

4. Zeichensetzung

1. Für eine verbindliche Antwort (0) wäre ich Ihnen äußerst zu Dank verpflichtet.
2. Sie schälte die Orange (0) und schnitt sie in einzelne Stücke.
3. Er sang (0) und sang (0) immer tiefer (,) bis es nicht mehr weiter ging.
4. Für eine baldige Zusage (0) wäre ich Ihnen sehr verbunden.
5. Aus diesem Grund sind gerade Pinguine geeignete Testobjekte für das Studium von Ausmaß (,) Dauer und Bedingungen der Kältegewöhnung.
6. Sie nahm sich eine Taxe (,) um noch rechtzeitig zum Vorstellungsgespräch zu kommen.
7. Im Zusammenhang mit der steigenden Kriminaliät (0) nehmen die Verdächtigungen (,) insbesondere was Ausländer anbetrifft (,) beträchtlich zu.

8. »Ich darf es nicht vergessen« (,) dachte der Mann bei sich (,) bevor er endlich einschlief (,) und schon klingelte das Telefon.

Rechtschreibreform

Aufgabe 1

1. Das Kanzleramt gibt ein Kommuniqué/ Kommunikee heraus.
2. Die Sekretärin führt ihre Arbeiten sehr selbständig / selbstständig aus.
3. Maria war die fleißigste Schülerin in der Klasse.
4. Mein Freund ist morgens immer sehr munter.
5. Die Freunde gehen Samstagabend ins Theater.
6. Im Großen und Ganzen hat er die Aufgaben der Klausur lösen können.
7. Erklären Sie mir das bitte auf Deutsch.
8. Das Geschäft musste dem Kunden den Betrag gutschreiben.
9. Wir fuhren mit dem Fahrrad den Waldweg entlang.
10. Der Kapitän heuerte für sein Schiff eine Mannschaft an.
11. Die Punkte der Tagesordnung sind zur besseren Übersicht nummeriert.
12. Die Kinder mögen Spaghetti / Spagetti am liebsten mit Tomatensoße.
13. Marion hat ihr Necessaire / Nessessär im Urlaub vergessen.
14. Er hat die Aufgaben nicht 100-prozentig lösen könnnen, da er zu aufgeregt war.
15. Da der Bankangestellte nur wenig Zeit hat, ernährt er sich vorwiegend aus Fastfood / Fast Food.

Aufgabe 2

1. selbst gemacht
2. Rad fahren
3. Wissbegierde
4. Tollpatsch
5. Geographie / Geografie
6. After-Shave-Lotion / Aftershavelotion
7. Gräuel
8. Geschirrreiniger
9. hart gekocht
10. i-Tüpfelchen
11. Saxophon / Saxofon
12. wund liegen
13. Panther / Panter
14. aufwendig / aufwändig
15. existenziell
16. überschwänglich
17. Smalltalk / Small Talk
18. Stängel
19. Glacé / Glacee
20. 18-jährig

Konzentrations-Testaufgaben

1. Buchstaben einkreisen

	Anzahl
1) u g k l o b u s o j e (c d e) k p d e g k a q r n m g d b f n m l	1
2) a b k n x y h j f (a b c) l b v c x g h l n l f l m x a x e r z f j h k	1
3) t h k l u i r s e f j a b i p k o m b c (g (h i) j) r d c d s z z s g d	2
4) (k l m) g f d e r s j o l b c a b x c x v x s x y b k u b u m u v e	1
5) (h i j) g d r t u c f (c d e) t n k l p q d r d t d u d b d e c m a x	2

6) s f j t z h u j i k o l z h k g g b f v d c s x a y j m h n g f l h o f — 0

7) y d x y h t g b d v c (h (i (j) k) l) o i u z t r e d s t z u i o p s v — 3

8) l h k l u i r s e c d a b h r k o m b c (g (h i) j) r d c d s z z s f — 2

9) a b m g f d e r s j o l b c a b x c x v x s x y b k u b u m u d s — 0

10) d m o g d r t u c f (c d e) t n k l p q d r d t d u d b d e c m d k — 1

2. Buchstaben/Zahlen

	A	U	G	K	L	T	Z	C	F	J	B	E	P	T	B	V	X
	3	X	5	X	6	2	X	4	X	0	8	X	7	2	8	X	X

1)	K	C	M	P	D	P	N	J	O	B	M	F	D	T	R	Z
	X	4	X	7	X	7	X	0	X	8	X	X	X	2	X	X

2)	Z	R	D	V	J	O	P	S	E	J	L	B	C	M	H	O
	X	X	X	X	0	X	7	X	X	0	6	8	4	X	8	X

3)	O	P	T	Z	E	R	W	A	D	C	X	Y	B	G	I	K
	X	7	2	X	X	X	X	3	X	4	X	9	8	5	1	X

4)	K	H	G	F	D	S	A	Q	W	E	R	T	Z	U	I	O
	X	8	5	X	X	X	3	X	X	X	X	2	X	X	1	X

5)	J	A	P	T	Z	B	C	V	H	L	O	B	X	I	A	C
	0	3	7	2	X	8	4	X	8	6	X	8	X	1	3	4

6)	A	B	Y	X	N	M	C	V	W	R	T	D	L	H	G	I
	3	8	9	X	X	X	4	X	X	X	2	X	6	8	5	1

7)	O	T	H	J	D	S	O	L	A	U	T	Z	R	G	B	Y
	X	2	8	0	X	X	X	6	3	X	2	X	X	5	8	9

8)	J	L	S	A	L	M	U	I	J	T	Z	R	E	D	L	H
	0	6	X	3	6	X	X	1	0	2	X	X	X	X	6	8

9)	C	H	T	E	W	K	L	G	H	D	I	O	U	T	R	W
	4	8	2	X	X	X	6	5	8	X	1	X	X	2	X	X

10)	F	R	E	H	L	A	P	X	Y	V	C	D	R	T	K	O
	X	X	X	8	6	3	7	X	9	X	4	X	X	2	X	X

3. Buchstabensalat

1: Aster / 2: Efeu / 3: Veilchen / 4: Seerose / 5: Leberblümchen / 6: Margerite / 7: Nelke / 8: Primel / 9: Löwenzahn / 10: Iris / 11: Rainfarn / 12: Rose / 13: Wicke / 14: Enzian / 15: Fingerhut / 16: Distel / 17: Akelei / 18: Fresie / 19: Königskerze

Pflanzen-Rätsel

B	R	E	A	S	T	E	R	T	Z	U	R	U	B	S	T
C	H	I	R	X	V	E	I	L	H	O	E	A	B	R	E
V	U	X	L	I	E	S	L	I	E	F	A	R	G	I	E
E	B	E	C	H	W	I	Q	U	E	K	H	E	I	P	R
I	G	E	L	F	R	U	S	O	T	Z	E	I	N	R	M
L	A	R	M	S	E	E	R	O	S	E	S	M	S	I	E
C	A	E	L	C	K	U	S	C	H	G	L	A	S	M	I
H	O	S	E	H	L	A	U	T	I	E	A	D	U	E	L
E	N	B	B	U	V	E	R	K	D	I	N	U	B	L	A
N	A	R	R	F	R	A	G	O	A	X	Y	E	O	J	A
F	M	A	R	G	E	R	I	T	E	U	L	R	L	E	B
X	I	R	B	O	L	L	X	C	H	L	A	E	N	K	M
E	I	B	L	K	I	E	S	J	U	B	E	L	Q	U	E
I	S	R	U	B	K	E	H	T	S	C	H	E	I	N	M
N	O	N	M	U	R	D	A	R	M	S	O	N	N	A	N
L	U	S	C	H	E	L	O	W	E	N	Z	A	H	N	O
W	A	R	H	N	A	S	T	G	I	R	L	A	B	U	S
O	P	F	E	I	L	E	I	M	G	N	O	K	A	W	I
R	R	A	N	G	S	V	E	U	R	A	S	T	W	I	R
A	U	S	T	S	X	A	L	A	U	O	A	D	E	C	L
C	I	R	I	S	B	O	F	O	T	S	S	E	U	K	A
P	F	E	R	D	E	N	E	R	G	T	O	E	L	E	E
P	F	A	D	U	I	A	H	T	E	S	C	H	A	F	A
C	I	M	T	A	U	S	E	E	N	Z	I	A	N	L	U
A	N	A	R	R	S	D	W	R	T	I	G	R	E	R	F
E	G	E	R	L	O	I	S	T	E	I	M	S	I	N	R
B	E	I	L	O	S	S	E	L	H	J	I	E	R	O	E
N	R	O	I	Y	S	T	A	B	U	R	L	A	F	F	S
O	H	R	E	V	O	E	G	R	L	E	B	B	A	L	I
R	U	D	E	L	A	L	L	E	K	R	O	S	T	I	E
V	T	E	R	E	N	S	C	A	B	R	I	L	Z	U	M
W	I	E	G	G	L	I	M	M	E	S	C	H	U	H	L
U	R	M	E	K	O	N	I	G	S	K	E	R	Z	E	O

4. Der Zwei-d/bq-Test
1:5 / 2:7 / 3:6 / 4:7 / 5:7 / 6:5 / 7:7 / 8:5 / 9:6 / 10:10

5. Rechen-Konzentrations-Leistungs-Test
a:7 / b:3 / c:2 / d:2 / e:5 / f:14 / g:1 / h:11 / i:5 / j:6 / k:11 / l:2 / m:1 / n:11 / o:2 / p:6 / q:0 / r:2 / s:1 / t:16 / u:4 / v:0 / w:2 / x:12 / y:8 / z:11

6. Beobachten
1:b / 2:a / 3:c / 4:b / 5:b / 6:c / 7:a / 8:c / 9:b / 10:a / 11:c / 12:c / 13:a / 14:b / 15:a / 16:c / 17:a / 18:b / 19:c / 20:b / 21:a / 22:c / 23:c / 24:b / 25:a / 26:c / 27:b / 28:b / 29:a / 30:b / 31:a / 32:c

Persönlichkeits-Testaufgaben

2. Drei Persönlichkeitsmerkmale

		a) stimmt	b) teils/teils	c) stimmt nicht
1.	E	3	2	1
2.	L	3	2	1
3.	K	1	2	3
4.	E	1	2	3
5.	E	1	2	3
6.	K	1	2	3
7.	E	1	2	3
8.	E	1	2	3
9.	K	3	2	1
10.	E	3	2	1
11.	K	1	2	3
12.	E	1	2	3
13.	E	1	2	3
14.	L	1	2	3
15.	L	1	2	3
16.	K	1	2	3
17.	L	3	2	1
18.	L	3	2	1
19.	E	1	2	3
20.	L	1	2	3
21.	K	1	2	3
22.	K	3	2	1
23.	E	1	2	3
24.	K	1	2	3
25.	L	1	2	3
26.	L	1	2	3
27.	K	1	2	3
28.	L	3	2	1
29.	K	1	2	3
30.	L	1	2	3

E = Emotionale Stabilität / Labilität
K = Kontakt- und Kommunikationsfähigkeit /-unfähigkeit
L = Leistungsmotivation / eingeschränkte Lm.

Sollten Sie nun Ihre E-Werte ausgezählt haben, ergibt sich vereinfacht folgende Interpretationsmöglichkeit:

10 – 17 Punkte: emotional labil
18 – 22 Punkte: indifferent
23 – 30 Punkte: emotional stabil

Je stärker Sie an die Eckwerte einer Gruppe kommen, desto deutlicher ist das Merkmal ausgeprägt (z.B. sprechen 10, 11 oder 12 Punkte für eine erhebliche emotionale Labilität, dagegen 27, 28 und mehr Punkte für eine – fast schon unglaubwürdige – emotionale Stabilität).

Nun sind die K-Werte dran (s.o.):

10 – 17 Punkte: kontaktarm
18 – 22 Punkte: indifferent
23 – 30 Punkte: kontaktfreudig

Z.B. sprechen 15-17 Punkte für eine eher kontaktarme Persönlichkeit, 23-25 Punkte für eine eher kontaktfreudige Persönlichkeitsstruktur.

Schließlich zu den L-Werten:

10 – 17 Punkte: eingeschränkte Leistungsmotivation
18 – 22 Punkte: indifferent
23 – 30 Punkte: leistungsmotiviert

Die Anmerkungen zu den ersten beiden Persönlichkeitsdimensionen gelten vice versa auch hier.

Sie können jetzt Ihr »Persönlichkeitsprofil« erstellen, indem Sie Ihre Werte in das nachstehende Schema eintragen:

	10	12	14	16	18	20	22	24	26	28	30	
Emot. Labilität												Emot. Stabilität
kontaktunfähig												kontaktfähig
eingeschränkte Leistungsmotiv.												leistungs-motiviert
offen												verschlossen

Die zuletzt aufgeführte Dimension Offenheit/Verschlossenheit errechnet sich aus der Gesamtzahl der Teils-teils-Ankreuzungen. Addieren Sie für die ersten 6 Teils-teils-Antworten 10 Punkte, für jede weitere Teils-teils-Ankreuzung 3 Punkte. Sollten Sie über 30 Punkte kommen, wäre Ihr gesamtes Testergebnis unglaubwürdig, und Sie würden den Verdacht riskieren, ein »Test-Saboteur/Verweigerer« zu sein.

Achtung, aufgepaßt: Diese kleine Testauswertung sollte Ihnen lediglich verdeutlichen, wie in der Bewerbungs- und Auslesepraxis in etwa vorgegangen wird.

Sollten Sie bei der Aufgabe, die einzelnen Statements den Persönlichkeitsdimensionen zuzuordnen, sechs oder weniger pro Dimension richtig eingeschätzt haben, müssen Sie unbedingt Ihr »Testaufgaben-Durchschauungsvermögen« für Persönlichkeitstests weiter trainieren.

LESE- UND ARBEITSHINWEISE

➔ Weitere Aufgabenbeispiele zu Persönlichkeitstests und wichtige Informationstexte finden Sie in: *Testtraining 2000* (s. dort S. 338 ff.).

3. Persönliche Bewertungen
1: b eher passend; Rest eher unpassend
2: c,d eher passend; Rest eher unpassend
3: c,d eher passend; a unpassend
4: b passend; c unpassend
5: c passend; Rest unpassend
6: d passend; a unpassend
7: a passend; d unpassend
8: c eher passend; a,b unpassend
9: c eher passend; Rest unpassend
10: d,b eher passend; a,c unpassend

Technik-Testaufgaben

1:b / 2:a / 3:a / 4:b / 5:a / 6:c / 7:d / 8:b / 9:c / 10:b / 11:a / 12:a / 13:C / 14:C / 15:C / 16:A / 17:B / 18:B / 19:C / 20:D / 21:D / 22:C / 23:C / 24:B / 25:B / 26:A / 27:B / 28:C / 29:A / 30:C

Teil 2

Büro-/Verwaltungs- und Öffentlicher-Dienst-Testaufgaben

1. Allgemeinwissen
1:c / 2:c / 3:d / 4:c / 5:d / 6:b / 7:a / 8:b / 9:a / 10:d / 11:b / 12:d / 13:c

2. Rechen-Schätzaufgaben
A:b / B:c / C:a / D:b / E:a / F:b / G:d / H:a / I:c / J:d

3. Summen überprüfen

69	20	=	75	**a**
21	56	=	77	**b**
90	66			
c	**d**			

Bei diesem Beispiel sind a und d = falsch.

Für die 15 Aufgaben sind im folgenden nur die falschen Summen angegeben:

1:b,c / 2:b,d / 3:b,c / 4:a / 5 – / 6:a,c / 7:b,c / 8:a,d / 9:a,d / 10:b,c / 11:a,b,d / 12:c / 13:a,b,d / 14:c / 15:b,d / 16:b,d / 17:d / 18:b

4. Rechtschreibungskorrekturen
3: Filialleiter / 4: Meßapparat / 5: nachschlagen / 6: tagelang / 7: verpulvern / 8: alles Liebe / 9: Qual / 11: bösartig / 12: des Abends / 13: Theke / 14: Telegrammbote / 16: Illustrierte / 17: Notizblock / 23: Publikumserfolg / 24: Luxus / 25: Akkord / 26: Fahrradwerkstatt / 31: Widerstand / 36: Savanne

5. Zeichensetzung
1. Ohne es zu wollen (,) kam er des Rätsels Lösung fast schon auf die Spur (,) als er durch das Telefon abgelenkt wurde.
2. Sie ist keine zartbesaitete Maid (,) dachte er und nahm noch eine Beruhigungstablette (,) bevor er sich weiter mit ihr unterhielt.
3. Der Mannheimer Drehorgelmann (,) von Hause aus mit der Rechtschreibung auf Kriegsfuß (,) machte sein Instrument zu (,) schloß den Wagen ein (0) und fühlte den unwiderstehlichen Drang (,) ein Bier trinken zu müssen (0) oder wenigstens (0) in ein Gasthaus einzukehren.
4. In der Bundesregierung hält sich leider niemand (,) nicht einmal der (0) Bundeskanzler (,) für kompetent (,) um eine derartige Prognose zu wagen.
5. Er ist hilfsbereit (,) allerdings fehlt ihm das rechte Geschick.
6. Ich machte Licht (,) denn es war inzwischen dunkel geworden.
7. Die dritte Gruppe (,) nämlich Physiker und Chemiker (,) hielt ihre Kolloquien im Laborgebäude.
8. Die Verhandlung wurde auf Dienstag (,) den 15. Juli (,) vertagt.
9. Er fuhr (,) ohne zu gucken (,) geradewegs (0) mit seinem schönen neuen Fahrrad (0) in die Hecke.
10. Als der Mann in den Hof trat (,) bellte der Hund (0) und schnatterten die Gänse.

Textaufgaben (Rechnen)
A:15 l, 400 km / B:2 Monate / C:24,75 qm / D:31,28 / E:32 / F:35

7. Listenüberprüfung
Die folgende Liste zeigt die Abschrift mit den Änderungen bzw. Fehlern gegenüber dem Original, die zur besseren Übersichtlichkeit unterstrichen sind.
In der Spalte am rechten Rand ist die Anzahl der Änderungen/Fehler pro Zeile angegeben.

Artikel	Größe	Bestellnummer	Lieferbar	F
Nadelstreifen-Blazer	34-46	214878	in 3 Wochen	1
Hosen mit Nade_streifen	34-46	420651	sofort	1
Schnürpömps in Antikoptik	36-42	322672	sofo_t	2
Schnürpumps in Antikoptik	36-42	705670	in 3 Wochen	1
Bluse aus zweifa_bigem Gewebe	34-42	144442	in 3 Wochen	3
Rolllkragen-Pullover mit Halbarm	32-46	160217	in 3 Woohen	2
Hose mit Nadelstreifen	34-46	999343	in 3 Wochen	1
Rock mit Nadelstreifen in Patsch-Optik	34-46	254473	in 3 Wochen	1
Ledergürtel mit attraktiver Schleiße	70-110	285448	sofort	2
Weste im Trachtenlock	34-48	491159	sofort	1
Trachtenbluse, aufwen_ig verarbeitet	34-46	439911	sofort	2
Trachtenrock mit Seitenschlietzen	34-48	476229	sofort	2
Schopperssocken	35-42	445191	sofort	1
Miedergürtel aus Glatzleder	70-100	3_7930	sofort	2
Trekkingsstiefelette aus Vel_ursleder	36-46	208556	in 3 Wochen	4
Karo_Hemdbluse mit Stickerei	34-46	429882	sofo_t	3
Trachtenhose mit Gürtelsch_aufen	34-48	480629	sofort	1
Janker aus kuschelweichem Material	34-48	361692	sofort	1
Gürtel aus Veloursreder	70-100	296887	sofort	2
Rollkragenpullover in legerrer Form	34-40	338668	sofort	3
Karo-Hemdbluse mit Sticker_i	34-40	365471	sofort	2
Karo-Hemdbluse mit Stickerei	34-48	398288	sofort	1
Janker aus kuschelweichem Mater_al	34-48	112839	in 3 Wochen	2
Trachtenlose mit Gürtelschlaufen	34-46	187842	in 3 Wochen	3
Bluse mit Spitzen	34-46	305576	sofort	4
Blazer in Frischgrätoptik	34-48	218443	in 3 Woch_n	2
Hose in Fischgiätmuster	34-48	4387_0	sofort	2
Bluse mit Spritze	34-44	492373	sofort	1
Rock mit Fischgrätmusster	34-46	204105	in 3 Wochen	3
Jacquard-Pullover mit Stehkragen	32-50	418467	sofort	0
Hose in Fischgrätmuster	34-48	370853	sofort	0
Swaetshirt aus Frottee	36-42	252040	in 3 Wochen	1
Freizeitschuh im Materialmix	36-42	386280	sofort	0
Sweatshirt mit Krapuze	36-44	258682	in 3 Wochen	1
Freizeitschuh im Materialmix	36-42	119911	in 3 Wochen	0
Schopperstocken	35-42	255599	in 3 Wochen	2
Jacke aus Lederim_tat	32-44	269362	in 3 Wochen	1
Hose mit Schlag	32-44	94510	in 3 Wochen	1

Shirt mit Prolokragen	32-44	148058	in 3 Wochen	2
Pumps in Antik-Optik	36-42	325991	sofort	0
Shirt mit Polokragen	32-46	168_37	in 3 Wochen	2
Hose mit aufgesetz_en Taschen	32-46	394956	sofort	1
Tasche aus Lachsynthetik	alle	452634	sofort	2

Zahlensuche
1:D / 2:BC / 3:BC / 4:CG / 5:AFG / 6:AE / 7:C / 8:DE / 9:G / 10:DEG / 11:BC / 12:CG / 13:AFG / 14:AE / 15:C

9. Post, Porto und Tarife
1:3,00 / 2:7,90 / 3:5,00 / 4:5,10 / 5:7,50 / 6:7,50 / 7:6,10 / 8:6,80 / 9:22,60 / 10:5,00 / 11:19,60 / 12:5,00 / 13:22,20 / 14:19,20 / 15:7,10 / 16:22,90 / 17:20,90 / 18:8,10 / 19:6,10 / 20:6,80 / 21:8,50 / 22:3,50

10. Gleichmäßiges Verteilen und Ordnen
Verdeutlichen Sie sich, daß Sie von 100 % auszugehen haben und somit in jedem Karteikasten 10% der Namen zu verteilen haben. In alphabetischer Reihenfolge bedeutet das:

1. **Karteikasten:** A / **2. K.**: B,C / **3. K.**: D,E,F / **4. K.**: G / **5. K.**: H,I,J,K / **6. K.**: L,M / **7. K.**: N,O,P / **8. K.**: R,S,T / **9. K.**: U,V,W / **10. K.**: X,Y,Z

11. Sortieren (Nr.:Code)
01:1908 / 02:3018 / 03:0215 / 04:2613 / 05:0817 / 06:1721 / 07:2704 / 08:1303 / 09:2223 / 10:2505 / 11:0622 / 12:1608 / 13:0412 / 14:2120 / 15:0207 / 16:0716 / 17:1318 / 18:2802 / 19:2924 / 20:2501 / 21:1129 / 22:2430 / 23:0311 / 24:0102 / 25:0506 / 26:2609 / 27:1210 / 28:1818 / 29:0428 / 30:1929 / 31:1621 / 32:3013 / 33:2927 / 34:0212 / 35:1811 / 36:0014 / 37:2407 / 38:0822 / 39:2228 / 40:1627

12. Dienstplan (Lösungsvorschlag)

	Montag	Dienstag	Mittwoch	Donnerstag	Freitag
Nachtdienst	Anna	Dagmar	Gabi	Ludwig	Renate
	Birgit	Erik	Heinz	Palja	Sonja
	Bernd	Else	Karin	Robert	Sabine
Tagesdienst	Andreas	Detlev	Fritz	Katrin	Nora
	Berta	Doris	Karl	Mailin	Susanne

13. Wegeplan (Beste Lösung)

von	nach	Wegezeit (in Min.)	Gesprächszeit (in Min.)
Zentrale	A	7	3
A	B	4	3
B	C	4	3
telefon.	D		3
	E		3
	F		3
C	Zentrale	5	
		20	18

Gesamtzeit: 38 Minuten. Bitte beachten Sie, daß Sie kein funktionierendes Telefon in der Zentrale haben, und vergessen Sie nicht, den Rückweg in die Zentrale zu berechnen.

Bank- und Wirtschafts-Testaufgaben

im großen und ganzen

1 * Investitionsgüter produzierende Industrie
* von seiten
* drei Fünfteln

2 * 3 Stunden

3 * 10 Jahre

4 * 34 200 qm (1 ha = 10 000 qm)
* 1 hl = 100 l
* 1 t = 1000 kg
* 1 qbm = 1 000 000 qcm

5 * 56 (+ 5 + 6 + 7 + 8 ...)

6 * aktiv = Recht, selbst zu wählen; passiv = Recht, gewählt zu werden
* 1949
* Dänemark, Polen, CSFR, Österreich, Schweiz, Frankreich, Luxemburg, Belgien, Niederlande
* Engl. Pfund, ital. Lira, US-Dollar, Rubel, holländ. Gulden, Peseta, dän. Krone, französ. Franc
* Einer großen Geldmenge steht eine geringe Gütermenge gegenüber. Die Preise steigen, der Geldwert sinkt.

7 * b

8 * c

9 * 24 Stunden

10 * 23

11 * 12 %

12 * Hier gibt es keine richtige Lösung wie bei einer Mathematikaufgabe. Man sollte unangemessen aggressive und unangemessen unterwürfige Antworten nicht positiv bewerten.

13 * C

14 * wechselnder Austragungsort (Tennisturnier für Spieler unter 21 Jahren)
* Bau der Mauer in Berlin
* die zunehmende Speicherung von persönlichen Daten in Computern und die Vernetzung ganzer Datenbanken (Stichworte: Volkszählung / computerlesbarer Ausweis).
* Schriftsteller, Friedensnobelpreisträger 1986, lebt in den USA
* Elektronenmikroskop

15 * Kommata an Positionen 3, 6. Doppelpunkt an Position 13.

16 * c

17 * r / f / f

18 * 1:D / 2:C / 3:A / 4:B

19 * 562,50 DM

Piloten-Testaufgaben

1. Englischtest
1. Teil
1:b / 2:c / 3:a / 4:a / 5:b / 6:a / 7:a / 8:b / 9:a / 10:a

2. Teil
1:b / 2:a / 3:c / 4:b / 5:b / 6:b / 7:c / 8:b / 9:a / 10:d

2. Rechentest
1:70 m / 2:75 DM / 3:120 Pf / 4:45 m / 5:50 DM / 6:84 / 7:78 cm / 8:90 m / 9:D / 10:2

3. Rechtsabbiegen
1.:4 / 2.:1 / 3.:3 / 4.:4 / 5.:3 / 6.:4 / 7.:3 / 8.:2 / 9.:1 / 10.:3 / 11.:2 / 12.:2 / 13.:3 / 14.:1 / 15.:1 / 16.:3 / 17.:3 / 18.:3 / 19.:4 / 20.:5

5. Figuren ergänzen – Lösungen

1. 1. 1. – Lösung

2. 2. 2. – Lösung

3. 3. 3. – Lösung

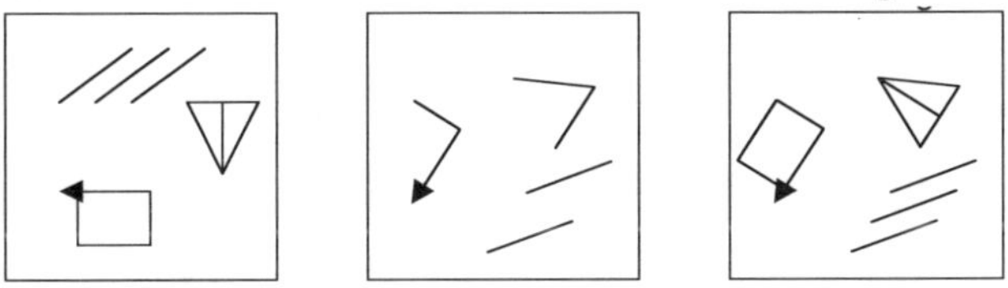

4 4. 4. Lösung

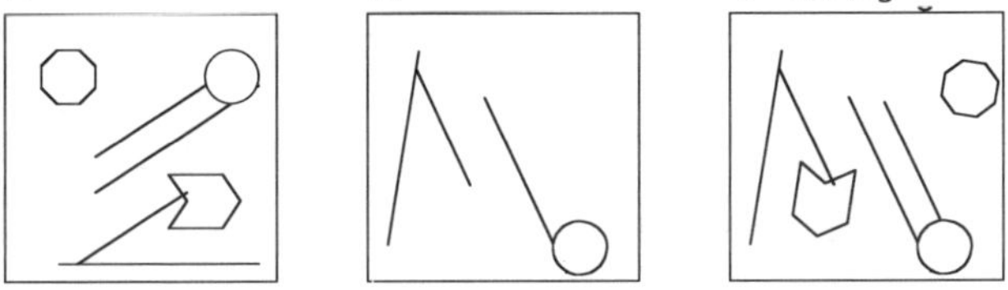

5. 5. 5. – Lösung

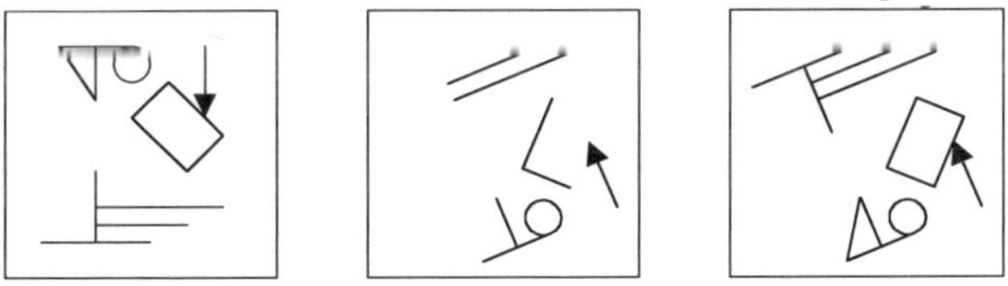

6. Flugwissentest

1:c / 2:a / 3:a / 4:b / 5:d / 6:d

7. Konzentrations-Rechenleistungstest

Suchfeld

€	*f*	*	¥	Â	Á	À	š	+	ø	®	©	@	~	†	‡
5	8	6	4	1	9	2	7	3	4	6	1	5	2	8	2

€	14 ○●○	Á	14 ○●○	€	10 ○○●	Á	10 ○○●	®	8 ●○	©
~	10 ●○○	+	7 ○●○	ø	9 ●○○	~	8 ○●○	*	18 ●○	†
¥	13 ●○○	ø	6 ○○●	†	9 ○○●	€	14 ○●○	Á	10 ○●	Â
Á	7 ○○●	Â	4 ●○○	Â	15 ●○○	*	11 ●○○	ø	5 ○○	~
š	4 ○○●	®	15 ●○○	*f*	9 ○○●	€	7 ○●○	~	3 ○○	À
©	12 ●○○	À	3 ○○●	@	16 ●○○	À	9 ○●○	š	14 ○●	š
*	12 ○○●	*f*	9 ○○●	¥	11 ○●○	š	10 ○○●	®	9 ●○	Â
@	8 ○●○	+	13 ●○○	Á	9 ○○●	~	12 ●○○	+	7 ○○	®

8. Konzentrations-Aufmerksams-Leistungstest

1:9 / **2**:13 / **3**:10 / **4**:8 / **5**:7 / **6**:5 / **7**:6 / **8**:11 / **9**:14 / **10**:5 / **11**:15 / **12**:9 / **13**:5 / **14**:10 / **15**:10 / **16**:11 / **17**:9 / **18**:9 / **19**:12 / **20**:6 / **21**:1 / **22**:4 / **23**:3 / **24**:4 / **25**:3 / **26**:3 / **27**:4 / **28**:4 / **29**:2 / **30**:5 / **31**:1 / **32**:2 / **33**:4 / **34**:2 / **35**:1 / **36**:4 / **27**:6 / **38**:2 / **39**:6 / **40**:6 / **41**:1 / **42**:5

Die individuellen Ratgeber rund um Karriere und Beruf. Mit den richtigen Tipps für den schnellsten Weg zum Traumjob. Hier finden Sie die erfolgreichen Werke der beiden Erfolgsautoren **Jürgen Hesse** und **Hans Christian Schrader,** den führenden Experten auf dem Gebiet der Bewerbungsberatung.

Hesse/Schrader
Die überzeugende Initiativbewerbung
158 Seiten
DM 25,90 (öS 189,–*/sFr 24,–)
ISBN 3-8218-3806-X

Schürmann/Mullins
Weltweit bewerben auf Englisch
184 Seiten
DM 29,80 (öS 218,–*/sFr 27,50)
ISBN 3-8218-3807-8

Hesse/Schrader
Das 1 x 1 der erfolgreichen Bewerbung
108 Seiten
DM 12,80 (öS 94,–*/sFr 12,50)
ISBN 3-8218-3802-7

Hesse/Schrader
Testtraining 2000plus
508 Seiten
DM 39,80 (öS 291,–*/sFr 37,–)
ISBN 3-8218-3800-0

Hesse/Schrader
Testaufgaben. Das Übungsprogramm
224 Seiten
DM 25,90 (öS 189,–*/sFr 24,–)
ISBN 3-8218-3801-9

* unverbdl. empf. Preis